이미 시작된 인간 지배 음모

그림자 정부

이미 시작된 인간 지배 음모

그림자 정부

미래사회편

이리유카바 최 지음

"과거를 이해하지 못한다면 현재 일어나는 일을 이해할 수
없다······."

오스왈드 스펭글러(Oswald Spengler)

"거짓으로 조작된 역사는 인간에게 알려진 그 무엇보다 인
류의 발전을 저해하였다."

장 자크 루소(Jean Jacques Rousseau)

차례

우리는 지금까지 우리가 알고 있던 인간세계를 마무리하는 시점에 살고 있다. 이 말은 100여 년 전 이미 인간사회를 설계하고 건설하는 어떤 특정 집단이 계획한 세 차례 세계전쟁의 마지막인 제3차 세계대전 직전 단계에 있다는 뜻이다. 일반대중의 상식으로 전쟁이란 열전(熱戰), 다시 말해서 부서지고 터지고 불나고 이로 인해 사람이 죽는 것을 말한다. 3차 세계대전은 당연히 이 열전을 포함한 광범한 전쟁이 될 것이다. 보는 관점에 따라서 기간은 짧을 수도 있고 길 수도 있다. 광범위하게 보면, 3차 세계대전은 2001년 9·11을 기점으로 이미 시작되었다고 보기도 하지만 본격적인 열전은 아직 시작되지 않았다. 그러나 전쟁이 발발하면 발칸으로부터 시작해 중동, 중앙아시아, 인도-파키스탄 등등과 아시아의 대만 해협이나 한반도가 주요 지역이 될 것이다.

이 전쟁은 폭발무기로 시작하여 연무기로 끝날 것이다. 폭발무기는 화약을 이용한 권총 같은 소형무기부터 원자탄 같은 핵무기까지를 말한다. 이것을 경무기(硬武器)라고도 한다. 전쟁의 시작 단계와 중반까지는 분명 이것으로 우열이 판가름나겠지만 후반에는 전자기파를 이용한 기후무기 같은 신무기를 비롯해 화학무기, 세균무기, 식량무기 등등이 등장할 것이다. 이것들을 연무기(軟武器) 또는 조용한 무기라 하며 지구의 인구를 조정하기 위해 사용될 것으로 보인다. 기후무기라는 것은 태풍이나 장마와 가뭄은 물론 벼락, 번개, 천둥, 지진, 화산 등도 포함하고, 지구를 둘러싼 대기권 조작도 뜻한다.

인구 축소폭은 여러 정황으로 추측하건대 최대 20분의 1정도까지 되지 않을까 한다. 가까운 사람 20명 중 한 사람만 살아남고, 나머지는 모두 죽는다고 상상해 보라. 이것도 세계의 평균수치일 뿐, 만약 한반도가 전쟁터가 된다면 20명에 한 명 정도가 아니라 수십 명 중 하나가 될 수도 있다. 1952년 가을, 허가를 받고 한강다리를 건너는 군용트럭을 노량진에서 얻어 타고 삼각지까지 간 적이 있었다. 그때 남영동에 있던 우리 집이 폭격으로 없어져 후암동의 빈 친척집에서 자고 남대문으로 가는데 사람이라곤 겨우 두 명밖에 없었다. 3차 세계대전이 끝난 후의 모습이 이와 비슷하지 않을까!

이번 3차 세계대전은 1차·2차 세계대전 후와는 다를 것이다. 그때는 어려웠어도 그럭저럭 평온을 되찾고 세상을 회복했다. 그러나 이번 3차 세계대전은 '아마겟돈'이나 개벽이라 부를 정도가 될 것이다. 아마겟돈은 '시온의 왕국'이 세워지기 전에 있을 지구상의 마지막 전쟁이라는 뜻이고, 개벽은 마지막 전쟁이 끝나면서 이루어지는 새 천지창조를 뜻한다. 그러나 실상은 전쟁 후 이런 이상향이 세워지지는 않을 것이다. 달리 말해 '우리' 인간들은 가축처럼 감시당하고 통제당한다는 것이다.

그렇다면 어떻게 그런 일이 벌어지며, 어떤 무리들이 무엇 때문에 이런 일을 벌이는 것인가. 이미 필자가 쓴 『그림자 정부』 정치편과 경제편에서 설명했듯이 그들의 외형적인 목적은 세계통일이다. 여기서 다시한번 간략하게 설명해 보자. 다른 나라 혹은 세계를 정복하는 방법은 세가지로 나눌 수 있다. 첫째는 무력이고, 둘째는 종교이다. 종교를 통한정신적인 정복은 이미 로마교황이 중세기 유럽을 통일하여 통치한 전례가 있다. 그러나 무력이나 종교는 모두 완벽하지 못했고, 종국에는 멸망했던 것을 우리는 잘 알고 있다. 그래서 이제는 그런 방법을 독자적으로사용하지 않고 경제적 수단과 함께 사용하고 있다. 그리하여 경제·종교(정신)·무력이 총망라된, 역사에 유래 없는 이 방법은 가히 인간사의마지막 장이라고 할 수 있을 것이다.

여기서 주의해야 할 점은 종교 또는 정신적 정복이다. 단순히 신을 믿거나 나라의 지도자를 신으로 믿게 만드는 정도가 아니라 과학기술을이용하여 강압적으로 정신을 통제하는 새로운 세상에 당면하게 되었다는 것이다. 다시 말해서 과학적으로 사람의 생각을 다운로드하고 업로드해서, 생각의 자유를 빼앗는 정도를 넘어 각 개인이 생각하는 바를 당국이 읽을 수도 있고, 당국이 원하는 바에 따라 각 개인의 생각을 조작할 수도 있다는 것이다. 구 소련 스탈린 시대에는 정부의 의사와 조금만다른 말을 해도 굴락(Gulag)이라는 강제수용소에 잡혀가 평생 가축처럼 통제당했다. 그러나 아무리 그때가 무시무시했어도 생각의 자유는있었다. 아무리 반공산, 반체제 사상을 갖고 있어도 겉으로 열성당원인양 꾸미면 무사하게 살 수 있었고 출세도 가능했다. 그러나 이제는 그런당국이나 사상에 대한 반대생각 자체가 불가능하다는 것이다. 바로 '마인드컨트롤'이라는 기술 때문이다.

사람의 마음을 통제하는 이 기술은, 전쟁이 끝나고 전 세계 단일정부가 수립되고 난 뒤 세상의 모든 인간을 다스리기 위한 수단으로 사용될 것이다. 물론 반항이나 불복종은 생각 단계부터 불가능해진다. 사람이 더 이상 사람이 아니고 가축에 불과하다는 말이다. 세계대전 후 전 세계의 인류가 종주인종 외에는 종속인종으로 노예화되어, 다시는 신분이 바뀌지 않는 신세로 전락하게 될 것이다.

나의 간절한 바람은 세상이 지금 어떤 상태에 있으며 우리의 위치가 어떠한지를 냉정히 살피고, 현명하게 앞길을 헤쳐나갈 궁리를 이 책을 통해 해나가는 것이다.

1

인간 감시의 시작

전 세계 모든 통신을 감청한다

에셜론의 성립

제2차 세계대전 승전보의 흥분이 가라앉을 즈음인 1947년, 영어권 5
개국의 첩보기관들—미국의 국가안보국(NSA)*, 영국의 일반통신청
(GCHQ)*, 캐나다의 통신안정청(CSE)*, 오스트레일리아의 국방안전국
(DSD)*, 뉴질랜드의 정보통신안보국(GCSB)*—은 '유쿠자'(UKUSA)
라는 안보조약을 비밀리에 만들어 서로 협력하는 일에 합의를 보았고
그 암호명을 '에셜론'(ESCHELON)이라고 불렀다. 이 조약은 처음에는

---

* NSA, National Security Agency.
* GCHQ, General Communications Headquarters.
* CSE, Communications Security Establishment.
* DSD, Defence Security Directorate.
* GCSB, General Communications Security Bureau.

단순하고 간단했다. 그저 서로 수집한 정보를 주고받고 이를 중앙 정보 처리 본부로 보내는 정도였다. 그러나 1950년대 미국 NSA가 공식화 되고부터 양상은 달라졌다. 끊임없이 새로운 첩보기술을 개발하고 이 기술을 회원국에 공급하고 있으며, 회원국들은 대신 감청기지를 공급하고 있는 것이다.

이 에셜론에 대한 이야기가 언론기자들 입에 오르내린 것은 1981년 부터이지만 자세한 내용이 밝혀진 것은 1996년 뉴질랜드의 기자 헤이 거(Nicky Hager)가 『숨겨진 권력, 국제스파이 망에서 뉴질랜드의 역할 (*Secret Power-New Zealand's Role in the International Spy Network*)』이라는 책을 발간하면서부터다.

사실상 미국의 NSA가 주도하고 있는 '에셜론'은 세계 각처에 설치해 놓은 도청장치를 통해 하늘에 떠도는 모든 인공위성과 지상에서 이루어지는 통신을 검열하면서, 전 세계 인류의 사생활을 감시하고 있는 프로그램이다. 소위 전파를 이용하는 통신은 전화든, 이메일이든, 휴대폰 통화든, 팩스통신이든 관계없이 모두 NSA의 '에셜론 딕셔너리'라는 초특급 컴퓨터를 통과하게 되는데, 그때 요시찰 어휘로 등록된 단어가 나오면 음성감별과 영상감별 장치를 이용하여 마치 지문을 등록하듯 음색과 모습이 등록된다. 요시찰 인물로 등록이 되면 그 사람의 목소리는 계속해서 자동적으로 감별된다. 계약, 정보, 비밀, 고안, 계획, 조사, 데모, 항의, 집회, 연좌, 투쟁 등등이 요시찰 어휘로서, 이 단어들이 나오는 모든 대화나 통신이 특별한 여과를 받고 분석되는 것이다.

또다른 방법이 시내에서 데모가 있을 때 많은 사진을 찍어두는 것이다. 그러고는 사진에 나타난 주요 인물들의 사진과 함께 모든 인적사항을 데이터 뱅크에 입력한다. 그후로부터는 수초간의 통화로도 상대방의 위치는 물론 전화번호, 이름, 자동차번호 등등 신분을 모두 확인할 수 있게 된다. 따라서 일단 국가정책에 대한 반대론자나 반정부 인사로 지목되면 그때부터 그 사람의 사생활은 완전히 노출되는 것이다.

에셜론의 뿌리인 유쿠자는 브루자 코민트(BRUSA COMINT)라는 동맹에서 유래했다. 이것은 2차 세계대전 중 첩보활동의 중요성을 느낀 미국과 영국이 1943년 5월 17일 맺은 첩보동맹인데, 이후 영국이 오스트레일리아(DSD), 뉴질랜드(GCSB), 캐나다(CSE)등 영연방 국가들과 함께 참여했기 때문에 자연스럽게 영어권 5개국이 모두 포함된다.

에셜론을 주도하고 있는 미국의 NSA는 트루먼 대통령이 만들었지만, 1952년에서야 그 존재가 인정되었다. NSA의 창립목적은 영연방의 SIGINT(Signal Intelligence)와 COMSEC(Communications Security)이라는 첩보기관에 일원으로 가담하기 위해서였다. 1984년에서 1988년 사이 레이건 대통령 집권시에는 정보안보와 통신안보 강화훈련 프로그램을 만들었으며, 1986년에는 법개정으로 국방부의 전투활동에도 관여하게 되었다.

이 NSA에는 세계유수의 수학자들과 암호전문가들이 많기로 유명하다. 이들은 100여 개의 언어로 온갖 암호문을 만들고 있으며, 정보부와 함께 새로운 감찰방법과 도청장치를 개발해 다른 정보부원들에게 가르치기도 한다.

에셜론의 목적은 대체로 다음 두 가지로 볼 수 있다. 하나는 정치첩보이다. 2차 세계대전 때 범독일주의를 붕괴시키고 승리로 이끈 범앵글로색슨 세력은 그후 미국을 선두로 세계패권을 견고히 하기 위해 인간의 기본권마저 저버리면서 자국인뿐 아니라 세계 모든 인류에 대한 도청을 시작했다. '워터게이트'처럼 미국의 대통령까지 끌어내리는 도청문화는, 일반국민은 말할 것도 없고 각광을 받는 유명 정치인들의 활동이나 정체가 이상한 단체의 활동에 특히 관심이 많았다. 1992년 영국 일반통신청(GCHQ) 요원 수명이 양심의 가책을 느껴 런던《옵서버》지에 폭로한 기사가 있는데, 그때 '에셜론' 대상명단에는 국제 앰네스티, 그린피스, 기독교단체 같은 비폭력 단체들도 들어 있었다고 하니 국가원수부터 시작해 안전한 사람은 거의 없는 지경이다.

에셜론의 또다른 목적은 상업적 이용이다. 구 소련이 붕괴한 이후 첩보대상이 산업 스파이까지 확대되었다. 이를 정당화하기 위해 이들은 국가안보의 정의에 정치 분야뿐 아니라 경제와 상업과 자국 회사들의 이익까지 포함시켰다. 그래서 미국 상공부 내에 각 사업체로 정보를 알려 주기 위한 첩보연락실을 설치하기도 했다.

이들은 전 세계 요지마다 도청장치를 설치해 놓았고, 7대양 요소요소 정찰용 선박을 배치해 놓았다. 우리 머리 위로는 극비의 인공위성들이 우리를 정찰하고 있어 이 도청망을 벗어날 수 있는 곳은 세계 어디에도 거의 없는 실정이다. 영국의 일반통신청은 유럽, 아프리카, 러시아(우랄 산맥 서부)를 담당하고 있으며, 오스트레일리아의 국방안전국(DSD)은 공동으로 동남아시아, 남서 태평양 지역과 동쪽 인도양 지역을 관장하며, 뉴질랜드의 정보통신보안국(GCSB)은 남태평양 지역, 특히 남태평양의 여러 작은 섬들을 관찰한다. 캐나다의 통신안전청(CSE)은 북부 러시아와 북부 유럽 그리고 미국을 담당하고 있다.[1]

이들이 설치한 주요 시설 중에는 '인텔새트'(Intelsat)와 '인마르사트'(Inmarsat)라는 인공위성이 있다. 적도 위 고정궤도에 배치되어 있는 20개의 인텔새트는 민간통신을 주로 감시하고 있으나 각국간의 외교통신과 UKUSA의 관심사가 되는 일 또한 특별감찰을 하고 있다. 영국 모웬스토우에서는 대서양과 인도양을 지나면서 수집한 정보를 인텔새트로 하여금 유럽과 아프리카와 서부 아시아에 송신하도록 관장하고 있고, 미국 시애틀 근교의 야키마는 극동과 태평양 지역 및 북반구에서 수

메워드힐(Menwith Hill)

바드아이블링(Bad Albling)

모웬스토우(Morwenstowl)

레이트림(Leitrim)

야키마(Yakima)

슈거그로브
(SUGAR Grove)

미사와(Misawa)

쇼알 만(Shoal Bay)

제랄드톤(Geraldton)

와이호파이(Waihopai)

에셜론 도청 시스템

집한 정보를 관장하고 있으며, 이에 더하여 NSA는 버지니아 주 슈거 그로브에서 남북미를 통괄하고, 오스트레일리아 DSD는 서부의 제랄드톤에, 그리고 뉴질랜드의 GCSB는 와이호파이에 시설을 만들어 태평양 연안, 남태평양, 아시아 지역을 각각 담당하고 있다.

그런가 하면 브라질과 앙골라 중간쯤에 위치한 대서양의 아셴손 섬은 남반부를 지나는 인텔새트 인공위성과 연결되어 있는 것으로 짐작되고 있다. 그 외에도 오스트레일리아의 쇼알 만, 독일의 바드아이블링, 캐나다의 레이트림, 일본 혼슈 북단에 있는 아오모리 현의 미사와 시에도 기지가 있다. 쇼알 만에는 인도네시아 인공위성만 특별히 상대하는 시설이 있는가 하면, 레이트림 기지에서는 멕시코 전화국 모렐로스(Morelos) 인공위성을 포함하여 멕시코 전체와 라틴 아메리카를 특별 대상으로 하는 시설도 있다.

약 100여 개의 UKUSA 라디오 청취기지가 미군의 재외국 기지에 설치되어 있다. 이 기지들은 인공위성 시대 전까지는 대개 라디오 전파를

현재 사용중인 미국 스파이 위성

인공위성명	개수	궤도(마일)	생산업체	목적
Advanced KH-11	3	200	Lockheed Martin	5인치 레조루션 첩보사진
LaCross Radar Imaging	2	200-400	Lockheed Martin	3-10피트 레조루션 첩보사진
Orion/Vortex	3	22,300	TRW	전화통신 감시
Trumpet	2	200-22,300	Boeing	휴대폰통신 감시
Parsae	3	600	TRW	해양통신 감시
Satellite Data Systems	2	200-22,300	Hughes	데이타 릴레이 감시
방위 보조 프로그램	4+	22,300	TRW/Aerojet	미사일 조기경보
방위 기상 보조 프로그램	2	500	Lockheed Martin	기상, 핵폭발 감지

이용한 통신이 대부분이었기 때문에 매우 중요한 기능을 했다. 특히 고주파 라디오 전파통신은 인공위성을 이용한 통신방법이 보편화된 지금도 특별한 목적으로 많이 사용되고 있다. 고주파 통신은 군선박이나 항공기에 주로 사용하는 방법이며, VHF나 UHF는 자국내 군통신 방법으로 애용되기 때문이다. UKUSA 네트워크 중에서 중요한 라디오 시설은 뉴질랜드의 탄지모아나와 오스트레일리아의 바마가와 케이프 요크, NSA와 GCHQ 합동으로 운영하는 인도양의 디에고 가르시아 초호(礁湖)가 유명하다.[2] 그리고 고주파 방향탐지(HFDF) 네트워크라는 것이 있는데, 이는 통신내용을 분석하는 일보다는 군사목적으로 이동하는 선박이나 항공기 등의 이동상황을 기록하는 중요한 역할을 한다.

캐나다 CSE의 UKUSA 고주파 방향탐지 네트워크는 클래식 불스아이(Classic Bullseye)라는 코드명으로, 냉전시대에 태평양과 대서양에 움직이는 소련의 선박과 잠수함 따위의 이동상황을 감시했다. 대서양

쪽에는 온타리오 주의 킹스톤과 레이트림, 뉴파운드랜드의 갠더가 있고 태평양 쪽에는 캐나다 가장 북쪽 북극해에 있는 앨러트에서 블라디보스토크와 페트로파블로브스크를 감시했으며, 밴쿠버 섬 북쪽에 위치한 퀸 샤롯 섬의 매셋트에서는 NSA의 지휘하에 태평양 항로를 이용하는 상선을 포함한 모든 이동을 관찰했다.[3] 또한 미국 텍사스 주 산 안토니오의 래크랜드 공군기지에 작은 촉탁시설이 있는데, 그 목적은 라틴 아메리카의 통신을 도청하기 위한 것으로 알려져 있다.

소위 진공청소기라는 별명으로 불리는 여러 개의 인공위성들을 UKUSA와 CIA와 국가첩보실(NRO)*이 합동으로 설치했으며 옆의 표와 같다. 이 감시용 인공위성들은 거대한 두꺼비처럼 전 세계의 라디오 및 TV를 포함한 모든 전자장치를 이용한 통신매체의 전파를 삼킨다. 이것은 우리가 사용하는 가정전화기와 휴대전화는 물론 팩스나 이메일 통신 따위가 모두 포함된다는 뜻이다. 이렇게 해서 얻어진 자료는 주로 영국의 멘위드힐과 중부 오스트레일리아의 파인 갭이란 곳으로 보내져 분석된다.

멘위드힐 기지는 영국 북부 요크셔에 위치하고 있다. 이 기지가 중요하다는 점은 1998년 1월 유럽의회의 STOA 보고서에 잘 나타나 있다. "유럽 내의 모든 이메일과 팩스통신은 미국 NSA에 도청당하고 있다. 유럽 대륙에서 수집된 모든 정보가 런던을 거쳐 '멘위드힐'로 전송되어 여기서 인공위성을 통하여 미국 매릴랜드 주 포트 메드로 전달된다."[4]

멘위드힐 기지의 존재와 중요성에 대한 경고는 영국의 언론인 캠벨(Duncan Campbell)에 의해 1980년 처음 세상에 드러났다.[5] 현재 이 기지는 세계에서 가장 큰 스파이 시설로, 여기에 속한 인공위성만 최소 25

---

* NRO, National Reconnaissance Office.

멘위드힐 기지.

개 이상이며 미국의 NSA 산하직원 1,400명과 영국 국방성 직원 350명이 근무하고 있다. 캠벨의 폭로 이후 이곳에서는 지방 평화민간단체들의 항의와 민간사찰과 산업스파이를 염려하는 유럽 여러 나라 정치인들의 항의가 잇따랐다. 그러나 NSA는 1966년 임대계약을 한 이래 계속 시설을 확충시키고만 있는 실정이다.[6]

사실 멘위드힐 기지는 1951년 미 공군이 영국 국방성과 임대계약을 했던 곳인데 1966년부터 NSA가 사용해 오고 있다. 이 기지는 1970년대 중반까지는 국제 대행 전화업체(ILC)와 비외교통신에 대한 도청을 주로 해왔으나 1960년대 초반 IBM의 고성능 컴퓨터를 도입하고,[7] 1974년에 기본 시설에 8개의 거대한 접시 안테나를 설치하고 나서부터는 정부와 군대와 상업적 가치가 있는 전보, 텔렉스, 전화통신을 다량 도청하고 분석하고 있다.

맨위드힐 기지가 세상에 공개된 것은 1997년 기지측이 데모하던 여자 두 명을 무단침입죄로 고소한 사건 때문이다. 그들이 재판을 받는 중에 세상이 놀랄 만한 정보가 공개되었다. 증인으로 출두한 영국전화국의 비상사태계획 부서의 책임자 모리스(R. G. Morris)가 영국에서 가장 으뜸가는 광케이블 전화선 트렁크가 최소 세 개는 멘위드힐 기지를 통과한다고 말한 것이다. 트렁크의 광케이블 다발 하나가 10만 회선의 동시 통신기능을 갖고 있는데, 영국 통신망의 심장부가 멘위드힐을 통과하게 만들어 미국으로 하여금 도청을 허락한 것이라고 설명하였다.[8] 이때 크랩트리(Jonathan Crabtree) 판사는 모리스의 증언을 중지시키고 영국의 안보문제를 공개한다고 꾸짖었다. 캠벨에 의하면 멘위드힐과 영국 전화국이 1975년 비밀 스파이 협력 프로그램의 일환으로 헌터스스톤에 있는 영국 전화국 지사와 거기서 4마일 떨어진 멘위드힐 기지를 코액샬 케이블로 연결해 놓았으며 이 연결은 지금도 유지되어 있는 상태라고 했다.[9]

또 멘위드힐에는 그 외에도 트라우트맨(Troutman), 울트라퓨어(Ultrapure), 토털라이저(Totalizer), 실버위드(Silverweed), 록커스(Ruckus) 등 SIGINT 정보수집 시설이 있어 그 규모와 성능은 일반인들은 들어보지도 못한 미래의 세계에 도달해 있다고 할 수 있다. 여기에 전자파장으로 된 자료가 들어오면 실크워스 같은 거대한 컴퓨터에 입력되어 음성 및 화상분별을 하고 분석하게 된다. 예를 들어 실크워스 컴퓨터 내 소프트웨어의 하나인 매지스트랜드(Magistrand)라는 프로그램은 핵심단어를 찾는 기능이있고, 보이스캐스트(Voicecast)라는 프로그램은 목소리로 사람을 분간하는 기능이 있다.

각 기지는 나름의 지역적 특수성에 따라 키워드 사전을 만들어 내고, 필요에 따라 그 내용을 첨가하기도 하고 삭제하기도 하며 변경하기도 한다. 그리고 각 기지마다 서로 코드로 통하게 된다. 즉 '카우보이' 하면 야키마 기지를 말하고, '플린트락' 하면 와이호파이 기지를 말한다. 그래서 수집된 정보는 필요에 따라 해당 기지로 보내지기도 하고 코드에 따라 분류되기도 하는데, 일본의 외무성 관계 정보는 '5535', 문제의 기술분야는 '8182'식으로 네 자리 숫자코드를 사용하고, 시간과 장소를 나타내는 코드가 있어 바코드 형식으로 일련번호에 의한 분류와 분석을 용이하게 하고 있다. 또 '알파알파'는 GCHQ를 말하고, '에코에코'는 DSD를 말하며, '인디아인디아'는 GCSB를, '유니폼유니폼'은 CSE, '오스카오스카'는 NSA를 지칭하여 플랫폼(Platform)이라고 하는 컴퓨터 시스템을 통해 UKUSA 체제의 각 기지로 보내진다. 이렇게 전 세계적으로 수집·채취하여 분석된 정보는 다음날 최종적으로 해당 분석관에게 전달된다. 여기서 직접 사람이 분석하고 정리하는데 여기서도 종류와 정도에 따라 다시 분석된다. 즉, '모레이'(Moray)는 비밀, '스포크'(Spoke)는 '모레이'보다 더 은밀한 비밀, '움브라'(Umbra)는 최상급 비밀, '감마'(Gamma)는 러시아 도청, '드루이드'(Druid)는 UKUSA 회원국 외의 정보를 가리킨다.

국가안보와 시민사찰

에셜론 시스템은 극단적인 냉전의 산물이다. 그러나 냉전이 종식된 지금은 기대하던 평화 대신 테러리즘이란 새로운 과제가 전 세계를 전전긍긍하게 만들고 있다. 인류가 평화를 애타게 부르짖고 그것을 회복시키고자 노력했음에도 불구하고 어째서 그 평화가 지구상에 자리잡지 못하는 것일까?

앞서 기술했듯이, 에셜론은 지구상의 모든 통신을 점검하고 있다. 인공위성은 우리 머리 위 수천 마일 상공을 돌면서 매순간 일어나는 지상의 모든 비밀을 알아내고 있으며, 심지어는 깊은 바다 밑에서 아무도 모르게 유유히 헤엄치고 다니는 잠수함의 통신까지도 낱낱이 듣고 있다.

그런데 어째서 한 나라나 테러조직의 음모를 미리 발견하지 못할까 의구심이 들지 않는가? 문제는 도둑을 못 잡는 것인가 아니면 안 잡는 것인가이다. 에셜론의 사찰기능이 모자라서 세상에 일어나는 참혹한 범행을 미연에 방지하지 못하고 있는 것일까?

현재 우리는 세상에 에셜론이 존재하고 있으며 그 기능과 역할이 무엇인지 알고 있다. 에셜론은 지구상 모든 인류의 기본권리인 사생활 보장권을 침해하고 있다. 그러나 우리는, 특히 미국 시민은 이를 없애지 못하고 있다. 없애기는커녕, 오히려 더 심한 개인사찰을 요구하고 있다. 알 카에다의 국제테러가 예고 없이 일어나고 있고 오클라호마 폭발사건 같은 것들도 그렇고 시도 때도 없이 사람들이 총을 들고 나와서 무고한 사람들을 사살하고 있으니, 국민들은 더욱 심한 경찰국가를 요구하고 있는 것이다.

2001년 뉴욕의 9·11 사태 이후 미국 부시정권은 전 세계적으로 테러와의 전쟁을 선포하고 국민의 기본권을 점차 빼앗아 가고 있다. 국민들은 마치 자기네들이 원하는 것을 정부가 바로 알고 있다는 듯이 자유와 권리를 빼앗기면서도 기꺼이 2002년 가을 중간선거에서 부시의 공화당이 압도적으로 상하 양원을 석권하도록 지지했고, UN 안전보장이사회도 만장일치로 미국의 이라크 침범에 손을 들어 주었다. 미국 정부는 계속적인 테러와 폭력이 곧 미국 습격으로 이어져 피해가 있을 듯 보고 함으로써 온 시민을 전전긍긍하게 만들고 있다.

2002년 11월 10일자 《뉴욕타임스》는 펜타곤이 테러분자를 골라내기 위해 전 세계 인류의 신분을 기록해 놓는다는 발표를 보도하였다. 인권과 민주주의의 큰 집이며 세계 평화를 책임지는 세계 경찰국가임을 자청하는 미국이 전 세계인의 주민등록증을 만들게 된 것이다. 이 계획의 책임자 포인덱스터(John M. Poindexter)에 의하면, 이메일 정보와 전화통화 내용, 신용카드 사용기록, 은행 출납기록, 여행기록 등을 기본으로 신상카드를 만든다고 한다. 레이건 대통령 때 안보고문을 지냈던 그는 말하기를, 평상시에는 정부가 시민의 신상을 조사할 권리가 없지만 테러가 난무하는 현 상황에서는 국가와 국민의 안전을 위해 어쩔 수 없는 일이라고 하였다.

미국은 헌법에 분명하게 자유와 평등의 독립정신과 '국민에 의한, 국민을 위한, 국민의 정부'라는 것을 잘 표현해 세계의 숭앙을 받았다. 그러나 20세기의 문턱에서부터 다른 국가들을 압제하는 제국으로 줄달음쳤고 지금도 세계정복의 고삐를 늦추지 않고 있다. 그들은 자신들이 정복하고 싶은 정부나 국민에게뿐 아니라 자국 국민에게까지 정부 자신이 헌법을 저버리고 기본권을 앗아가고 있다.

미국 정부의 행태는 자국의 이익을 위해, 즉 국민들이 편안하고 윤택하게 살도록 하기 위해 다른 나라를 착취하는 것으로 생각하기 쉽다. 그러나 미국에 앉아 미국에서 일어나는 상황을 보면 미국 국민이라고 안일한 생활이 가능한 것도 아니라는 점을 느낄 수 있다. 미국민도 다른 어느 나라 사람들과 마찬가지로 전전긍긍하는 생활을 영위하고 있으며 미국 사회라는 것이 날로 험악해지고 무법천지로 변해 가는 것을 볼 수 있다. 세계무적의 미국이 날로 강성해 가는 마당에 왜 미국 시민들의 생활은 이리도 힘들어지고 있는 것일까. 미국이 한국서 종주국 노릇을 할지 모르나 미국 시민들의 생활은 일본이나 한국의 그것보다 더 어렵고 위험하지 결코 안이한 것은 아니다.

따라서 우리는 미국에서 일어나는 일련의 양상을 주시하고 곧 한국 사람들도 같은 길을 걸을지도 모른다는 점을 명심해야 한다. 그런 점에서 미국 정부나 의회의 머리 위에서 절대권력을 행사하고 있는 어떤 힘이 어떻게 헌법을 위반하고 국민의 권리를 침해했는지 그 실례를 몇 개

들어보려고 한다. 아무리 사람들이 에셜론의 존재를 이야기한다 해도, NSA 당국은 아직 그 존재를 부정하고 있기 때문에 아무도 거론을 못할 정도로 절대적 권력이 되어 버렸다. 한국도 아무리 정부에 의해 양민이 학살되고 무고한 사람이 죽었다는 증거가 있다 하더라도, 정부가 이를 부인하면 그만인 것과 비슷한 이야기일 것이다.

쇔락 작전

1945년 미국은 쇔락 작전이란 명칭 아래 미국에 들어오거나 나가는 모든 전보문을 복사하여 감시하기 시작했는데, 이 작전에는 RCA, ITT, 웨스턴 유니온 같은 개인회사가 동참했다. NSA가 생기기도 전부터 유사한 기관이 미국을 넘나드는 모든 전보문의 마이크로 필름을 만들기 시작했다. 자장 테이프로 모든 전신 전문을 기록했고, 하베스트(Harvest)라는 컴퓨터를 통해 특정한 키워드를 찾는가 하면, 발신자와 수신자의 이름이나 주소 등을 찾아 조사하기 시작했다.

쇔락 작전의 전성기였던 1966년에는 통신회사들이 집결되어 있는 뉴욕 맨해튼에 '엘피메들리'(LP MEDLEY)라는 코드명을 가진 유령 통신회사를 차려 놓고, 월평균 15만 개의 전문을 복사해 분석했다고 한다. 그러나 1975년 NSA 국장 알렌(Lew Allen) 때 의회에 들통이 나서 결국 이 작전은 갑작스런 종말을 맞았다.[10]

미나렛 작전

이것은 쇔락 작전의 자매 프로그램으로, FBI 등 각 정보기관을 위해 요시찰 인물명단을 만드는 일이었다. 이 명단에 수록된 이들 중 우리가 알 만한 사람은, 인권운동가 마틴 루터 킹 목사와 말콤 X, 배우 겸 사회 정의 운동가 제인 폰다, 가수 겸 인권운동가 조언 바에즈, 평화운동가

벤자민 스폭 등이 있다.

1972년 흑인 판사 키이스(Damon J. Keith)의 유명한 판결이 있었다. 이는 정부의 시민 도청문제에 도전한 싱클레어라는 사람의 고소에 대한 판결이었다. 키이스는 "민주주의 사회에서 모든 사람은 정치에 대한 의견이나 그 믿음에 따른 활동에 관계없이 동등하고 대등한 처우를 받을 권리가 있다. 정부는 두 가지의 잣대로 국민을 조사하고 범법자로 취급하는 권리를 가질 수는 없다……. 그러한 권리를 한 사람(대통령)이 갖는다는 것은 우리의 헌법을 만든 조상의 뜻이 아닐뿐더러 오늘날 이러한 일은 절대 용납될 수 없다"고 하면서 정부는 정부 전복이나 불법적인 파괴행위로부터 국가를 보호할 권한은 있으나 법적 근거 없이 시민을 도청할 권한은 없다고 했다. 이 판결문은 지금도 미국 정의사회의 규범이 되고 있다. 이때 닉슨 대통령은 이 판결에 불복하고 대법원에 상고했으나 대법원은 키이스의 판결에 손을 들어 주었다.[11] 이 덕분에 미나렛 작전이 법무부에 노출되어 압력이 가해지면서 당시 검찰청 장관 피터슨(Elliot Peterson)은 미나렛 작전을 폐지했다. 그러나 법무부 산하조직인 FBI는 계속 NSA와 합작하여 활발하게 요시찰 인물들을 감시하게 된다.

1967년부터 1973년 사이 5,925명의 외국인과 1,690개의 단체를 비롯하여 수많은 미국 시민들이 요시찰 명단에 올라 도청과 감시를 당했다. NSA가 미나렛 작전에 개입되었다는 사실을 비밀에 부치고 있을 때인 1975년, NSA 국장 알렌이 의회 청문회에서 증언할 때 NSA가 미국 시민 3,900명에 대한 요시찰 보고서를 만들었으며 1952년부터 1974년까지 최소 7만 5천명에 대한 도청을 실시했다고 말했다.[12]

카오스 작전

NSA가 쉠락 작전이나 미나렛 작전을 통해 미국 시민의 사생활을 엿보고 있을 때, CIA는 국내 스파이 활동을 강화하기 위해 카오스 작전이란 것을 만들었다. 그때까지 CIA의 목적은 국외 첩보활동이었는데 존슨(Lyndon B. Johnson) 대통령은 CIA로 하여금 DOD(Domestic Operations Division)라는 부서를 만들어 국내사찰을 하도록 했다. 그 목적은 국내의 사찰활동에 중심이 되어 타기관과 동조, 협력 지시하는 책임을 가지라는 것이었다.

이어서 존슨 대통령은 CIA의 맥콘(John McCone) 국장에게 베트남전을 반대하는 대학가의 운동권 학생들을 사찰하는 목적으로 두 개의 작전을 조직하라는 명령을 내렸다. 하나는 저항작전으로 대학당국 및 지방경찰과 협력하여 대학 내 운동권 학생들을 골라 내고 정치적 사상이 의심스러운 사람들을 색출해 내는 과업이고, 다른 하나는 메리멕 작전으로 워싱턴 DC 부근에서 일어나는 데모를 관찰하고 그 내막을 조사하여 사찰하는 일이었다.

그리하여 CIA는 운동권 학생들을 사찰하기 위해 지방경찰과 함께 개인주택을 무단출입하며 전자도청을 하고 문제의 학생들을 잡아다 심문도 하게 된다.[13] 그리고 1969년 닉슨이 대통령이 되면서 모든 국민 사찰업무를 통합하여 카오스 작전 아래 두게 된다. 그런데 1972∼1974년의 워터게이트 사건으로 정부의 많은 불법행위가 폭로되면서 카오스 작전도 노출되어 자국 시민에 대한 불법 도청활동이 빈번했음이 드러나 결국 CIA는 이 작전을 그만둘 수밖에 없었다. 록펠러 위원회가 대통령에게 보고하기 위해 만든 '미국 내의 CIA활동에 관한 교회 분회 및 위원회'라는 보고서에는 미국 시민 7천 명을 포함한 1만 3천 명과 1천 개의 국내 단체에 대한 사찰기록이 있다.[14]

외국 첩보기관 사찰재판소

1978년 미 의회는 여러 첩보·정보기관의 요청에 따라 외국 첩보기관 사찰법령이라는 것을 통과시키고 그 일환으로 외국 첩보기관 사찰재판소(FISC)라는 국가의 최상급 비밀을 다루는 재판소를 설치하였다. 이것은 FBI나 CIA가 외국기관이나 외국인이 첩보활동을 한다는 충분한 의혹이 있을 때 전자도청 활동을 허락받기 위해 재판을 거치는 것이었다. 그러나 1995년에는 의회가 정보 수사기관으로 하여금 은밀한 주거 침입을 허락하도록 하는 권한을 재판부에 부여하였다.

법무부 건물 최상층에 위치하며 7명의 판사가 주관하는 이 재판소는 창설이래 20여 년 동안 1만여 건의 신청이 들어왔는데 그중에 단 한 건만 기각되었다고 한다. 그것은 레이건 행정부를 사찰하겠다는 요청이었다. 애당초 이 재판소의 설립목적은 헌법에 명시된 국민의 기본권리를 보호하는 것이었는데, 결국 정보부의 애견으로 전락하고 말았다.

정적 감시

캐나다의 전직 스파이로 일하다 양심선언을 하고 뛰쳐나와 세계 국민들에게 경계심을 역설하고 다니는 프로스트(Mike Frost)는 다음과 같은 사실을 폭로한 일이 있다. 영국 수상 마가렛 대처는 자기 각료 중에 두 장관의 충성심에 의문이 생겼다. 그래서 1983년 2월 영국의 정보부 처인 GCHQ에 그 두 장관을 감시해서 보고할 것을 부탁했다. 그러나 발각되었을 때의 그 파문을 고려한 GCHQ는 캐나다 CSE에 3주일간만 대신 일을 맡아 달라는 의뢰를 하게 된다. 그래서 CSE 내 프로스트의 상관 보만(Frank Bowman)이 직접 런던으로 가서 일을 무사히 끝내고 도청한 테이프를 GCHQ에 넘겨 주어 모두가 만족하게 되었다.[15] 이렇게 법적으로 곤란한 일을 회피하기 위해 UKUSA 회원들끼리 서로 부탁하여 일하는 것은 드문 일이 아니다. 그리고 『스파이 월드』라는 책의 저자 중 한 사람인 그라톤은 대처의 경우와 같이 NSA나 GCHQ 같은 정보조직을 이용하여 정적에 대한 도청이나 미행을 주저없이 자행해서 정치적 이득을 보고 법 위에 군림하는 일은 비일비재하다고 했다.

프로스트는 또다른 이야기를 하나 소개했다. 캐나다의 총각 수상 트루도(Pierre Trudeau)는 54살에 22살 난 마가렛트라는 여자와 결혼하게 되었다. 어린 나이에 퍼스트 레이디가 된 마가렛은 너무 철없는 행동을 해서 항상 언론에 오르내렸다. 이때 캐나다 경찰 RCMP는 CSE의 프로스트에게 와서 마가렛이 상습적으로 마리화나를 사서 피고 있다는 심증이 있으니 도청을 해달라고 강력하게 요청을 했다. 수개월간 도청 끝에 아무런 증거를 확증하지 못한 프로이드는 결국 그 사실을 RCMP에 통보했는데, 그는 경찰이 수상 부인의 사생활을 도청하겠다는 의도에 의구심을 품었다. 마가렛이 간첩활동을 한다는 의심은 전혀 없는 터에, 있지도 않은 마리화나를 핑계로 수상 부인을 도청한다는 것은 틀림없이 다른 목적이 있다는 것이 그의 주장이었다. 그는 가능한 이유를 댔다. 하나는 트루도 수상을 음해하려는 목적이고, 또 하나는 그를 보호하려는 목적이다. 그리고 어느 쪽이든 실제로는 RCMP의 숨은 상관의 명령으로 억지로 일을 꾸몄다는 것이다. 만약 그렇다면 그 알려지지 않은 상관은 누구였을까?

마찬가지로 NSA도 정치적 목적으로 특정 정치인을 도청하는 것이 흔한 일이었다. 닉슨 대통령의 보좌관이었던 어럭크만(John Ehrlichman)은 워터게이트가 훨씬 지난 다음에 『닉슨 시대, 권력의 증인』이란 회고록을 썼다. 그 책을 보면 키신저는 NSA를 이용해서 당시 국무장관이었던 라저스(William P. Rogers)를 도청했고, 그 도청에서 얻은 자료를 바탕으로 닉슨에게 라저스가 자질이 부족하다는 확신을 시켰으며, 반면에 키신저 자신도 NSA의 도청을 받아 외국과의 비밀협상 때 키신저가 한 말이 닉슨 정권의 다른 사람의 수중에 들어가기도 했다는 것이다.

또 레이건 정권 때는 행정부의 명령으로 매릴랜드의 하원의원 반스(Michael Barnes)를 도청한 일도 있다. 그는 당시 니카라과 외무부 장관과 니카라과에 계엄령 선포가 미국으로서는 대단히 실망스런 일이었다는 내용의 전화통화를 한 일이 있다. 그런데 얼마 후 NSA가 도청한 대화 내용이 백악관 직원에 의해 언론에 발표되었고 다음에는 케이시(William Casey) CIA부장이 '이란-콘트라' 문제에 반스 의원 보좌관과 니카라과 주재 미 대사관 직원과의 회동 내용을 폭로하면서 그 보좌관을 파면시킬 것을 종용했다. 그 보좌관은 니카라과에서 그의 직무를 다한 것뿐이었다. 반스는 대답하기를 그의 보좌관이 외교관을 만난 것은 완전히 합법적일 뿐 아니라 적절한 행위였다고 했고, 이어서 NSA가 국제전화를 도청하는 것은 이해할 만하며 정보수집을 위해 정당한 일로 간주되지만, 그 내용을 정치적 목적으로 사용한다는 것은 도저히 있을 수 없고 불법적인 일이라고 몹시 흥분하여 이야기했다.

이와 비슷한 예는 너무 많다. 따라서 에셜론이 정치가들을 뒷조사하고 도청해서 정치적으로 이용하는 자료로 사용한다는 것은 이제는 더이상 놀랄 일이 못된다. 다만 정치하는 사람들이 승자편에 줄지어 서는데 급급하고 국민들이 세상 모르고 묵묵히 지내는 동안, 점점 다져지는 권력과 발달하는 과학기술로 국민의 자유를 속박하는 수단이 더욱 완벽해지고 있을 뿐이다.

산업스파이

1990년대에 소련이 붕괴하면서 소련을 위시한 동구 공산국가에 대한 엄청난 정보시설은 대거 산업스파이 목적으로 전환되었다. 그때까지는 정부가 산업에 관여한다는 것은 월권행위를 하는 것이고 권력남용이며 국제경제의 형평성을 파괴시키는 일로 간주되어 있을 수 없는 일이었다. 그러나 그들의 활동이 경제계에 파고들어 가면서 이것을 정당화시키는 일이 필요하게 되었다. 그래서 국가안보의 정의에 경제도 안보라는 뜻을 포함시키고, 첩보조직을 이용하여 자국의 경제활동을 돕는 일은 국가안보와 직결되는 일이 되었다.

이러한 논리는 물론 억지에 불과하지만, 억지로라도 대의명분을 내놓고 자국 기업체 간의 경쟁에도 정치적 이득에 따라 특정업체를 우대하거나 정치자금이나 공작금을 많이 제공해 주는 업체에 특혜를 주는 것은 어찌보면 당연한 일이다. 클린턴 대통령은 1993년 1월 백악관에 들어가자마자 국가경제협의회(National Economic Council) 내에 산업첩보시설을 만들어 특정한 업체에 혜택을 주도록 명령했다. 에셜론이 국제적으로 산업스파이 활동을 한다는 것은 새로운 일이 아니지만 클린턴 시대에 와서 좀더 영역을 넓혔다고 할 수 있다.

1990년 독일의 《슈피겔》지에 의하면 일본의 NEC라는 인공위성 제조 회사와 인도네시아 간 200억 달러 상당의 계약이 진행되는 내용을 NSA가 도청한 일이 있다. 당시 대통령인 아버지 부시가 미국 회사를 대신해 관여한 결과, NEC 단독으로 할 일을 미국의 AT&T사와 합동으로 계약하게 되었다. 또 1995년 12월 15일자 《볼티모어 썬》 기사에 의하면, 1994년 브라질에 레이다 시스템 판매에 미국의 레이티온(Raytheon)사보다 프랑스의 '톰슨-CSF'사에 낙찰될 확률이 높다는 사실을 도청한 CIA와 NSA가 레이티온사에 그 내용을 알려 주어 판매를 성사시킨 일도 있다.

그런가 하면 1993년 9월 클린턴 대통령은 CIA에 명하여 일본 자동차 회사들로부터 공해물질을 배출하지 않는 차를 고안해 내는 법을 훔쳐 미국의 포드, 크라이슬러, GM 자동차 3사에 제공해 줄 것을 명령했다고 한다.[16] 또 1995년 《뉴욕타임스》는 일본과 미국이 제네바에서 자동차 통상마찰에 대해 협상할 때 미리 도쿄에 주재하고 있던 NSA와 CIA가 도청한 기록을 미국의 협상대표단에게 제공해 주었다고 했다. 그뿐이 아니다. 클린턴 대통령은 1993년 시애틀에서 아태경제협력회의(APEC)가 있을 때 각국 대표들이 투숙하고 있는 약 300여 개의 호텔 객실을 모두 도청하라고 FBI와 NSA에 명했다고 한다. 한번은 베트남 정부가 한 작은 미국 회사를 통해 화물용 737 중고 비행기 두 대를 사려고 협상중인 것을 NSA의 도청을 통해 알아내어 보잉사로 하여금 새 비행기 두 대를 좋은 상환조건으로 팔도록 주선해 주기도 했다. 또 캐나다 CSE의 언어학자이며 분석가였던 쇼튼(Jane Shorten)의 주장에 의하면, 1992~1993년 북미자유무역 협상을 할 때 멕시코 협상대표들을 계속 도청했는가 하면, 1991년 한국이 600억 달러 상당의 캔두 원자로 3기를 협상할 때 한국 외무부를 도청하고 있었다 한다.[17]

물론 에셜론의 상업적 이용으로 미국만이 혜택을 보는 것은 아니다. 1981년 미국이 중국과 밀 수출계약을 거의 맺기 직전 캐나다 주재 미국 대사의 휴대폰 통화내용에 단서가 잡혀, 캐나다가 이를 이용해 재빨리 손을 써서 미국 대신 중국에 250억 달러 상당의 밀을 수출한 일도 있기는 하다. 그러나 여전히 대부분 미국의 국익을 위하는 경우가 많고, 때문에 록히드, 보잉, 로랄(Loral), TRW, 레이티온 같은 회사들이 에셜론을 위해 새로운 도청기기 연구개발에 힘쓰고 있는 것이다.

세계 인류에 대한 경고

UKUSA와 에셜론은 자유진영과 공산진영 간 대결구도의 소산으로 탄생했다. 세계 자유진영 국민들의 자유와 기본권을 지키기 위한 투쟁 수단이란 미명하에 태어났던 것이다. 그러나 공산권이 붕괴한 이후 그 존재이유를 잃어버렸음에도 불구하고 이제는 슬그머니 전 세계인을 감시하는 수단으로 둔갑했다.

물론 전 세계를 대상으로 감시폭을 확장할 수 있다는 것은 과학이 그만큼 눈부시게 발전했다는 증거이기도 하고, 점차 싼값으로 동시에 많은 사람들을 도청하고 가려내는 기술이 발달하기 때문에 그만큼 인류는 자유를 지키기 어려워졌다는 이야기도 된다. 그런데 안타깝게도 이런 것이 존재하는지도 모르는 사람들이 대부분이고, 혹 에셜론이란 이름을 들어 본 일이 있는 사람들도 자기와는 관계없는 일로 생각하는 것이 일반적이다.

조지 오웰의 『1984년』에서 표현된 바와 같이 이제 앞으로는 정부에 '생각부'라는 것이 생길 것이다. 이는 한낱 공상소설가의 상상이 아니다. 제3장에서 좀더 자세히 설명하겠지만, 이제 과학기술은 누가 어떤 생각을 하는지도 파악할 수 있게 되었다. 컴퓨터와 같은 사람의 두뇌에 생각을 다운로드하기도 하고 업로드도 하여 머릿속에 그들이 원하는 사상과 생각을 집어넣을 수 있는 것이다. 이제 정치적 사상은 물론 사랑마저 허락 없이는 불가능한 날이 멀지 않은 것이다.

그렇게 멀리 보지 않더라도 한국 국민들은 얼마 전까지 독재군주가 어떻다는 것을 실제 경험으로 느끼고 있었다. 그래도 과거에는 5월항쟁이나 6월항쟁 같은 것도 가능했다. 이것은 에셜론에 비하면 한국의 정보기술이 한 세대 뒤처져 있었기에 가능한 일이었지만 이때에도 권력자의 통치에서 벗어난다는 것은 어려웠다. 그 점에서는 지금도 별반 차이가 없다. 그러나 앞으로 종말전쟁 이후 집권자가 국민의 생각을 마음대로 조정하고 탐지할 수 있다면, 반항이나 대항은 상상조차 불가능할 것이다.

한국보다 훨씬 미국에 대한 입지가 우월한 유럽의회에서도 에셜론이 앞으로 어떻게 사용될 것이며 어떻게 사용해야 옳을 것인지를 두고 미국의 첨단기술 활용 의도에 두려움을 표하고 있으며, 이러한 기능의 오용을 막기 위해 미국이 함께 참여하여 상의해야 한다고 말하고는 있으나 정작 미국은 자기네와는 관계가 없는 듯 애써 외면하고 있다. 20여 년 전 미국에서 이 사태를 심각하게 우려했던 처치(Frank Church) 상원의원은 다음과 같이 에셜론이 사용하는 과학기술은 곧 미국시민의 자유를 위협하며 헌법에 명시된 국민보호 정신을 파괴시키는 것이 될 것이라 경고했다.

만약 전화, 전신 등 모든 것을 감시하고 사찰하는 기능을 미래 어느 시점에 국민을 향해 사용하겠다고 마음먹으면 그때에는 사생활이란 것은 완전히 사라져 버리고, 국민은 누구나 할 것 없이 이 사찰망을 빠져나갈 방법이 없게 될 것이다. 만약 통치자가 자기 나라를 독재국가로 만들겠다고 마음먹고 이 감시기능을 손아귀에 넣는다면 그는 완전한 독재자가 될 것이며, 이때 그를 대항해서 싸울 방법은 전혀 없다. 아무리 비밀스럽게 저항할 준비를 한다 해도 그들의 사찰망을 벗어날 수 없기 때문이다. 우리가 잘 알고 있는 것처럼 이제 과학기술은 너무나 쉽게 독재 폭군에게 이용되어 그를 완전무결한 통치자로 만들 수 있다. 나는 이 나라가 그 경계를 넘어서지 않기를 바란다. 따라서 우리는 그 기술을 운영하고 있는 정보기관이 넘어서는 안될, 법으로 정한 경계를 넘지 못하도록 국민 모두가 지켜볼 것을 당부한다. 한번 그 경계를 넘으면 다시는 돌아올 가능성이 없기 때문이다.

　물론 미국을 제외한 세계 각국은 미국의 이러한 도청시설의 악이용에 대해 불만이 많다. 각국의 사업가들은 자기 나라 정치인들에게 어떤 조치를 취하도록 압력을 가하면서 매년 수백 억 달러 상당의 손해를 보고 있다고 호소한다. 1998년 8월 NSA의 한 요원이 독일 방송국에 직원으로 침투하여 풍차 발전기술에 대한 산업기밀을 훔쳐 경쟁회사인 미국의 케네텍사에 넘겨 준 일이 있다. 이런 일들이 벌어지자 독일도 프랑스에 이어 1999년 6월 회사들로 하여금 암호문을 만들어 사용하도록 종용하였다. 미국 워싱턴 DC에 있는 기술개발 정책본부의 부부장을 지냈으며 경제학 교수이자 에셜론 첩보기술의 권위자인 푸울(Patrick S. Poole) 교수는 1998년 11월 미 의회에 에셜론의 위험성에 대해 보고한 바 있다. 그러나 그 결과는 마치 넓은 바다에 돌멩이 하나를 던진 것처럼 미미했을 뿐이다.

　우리가 관심을 가져야 할 것은 우리 개개인의 사생활이 이미 저들의 마음에 달려 있다는 점이고, 사생활의 비밀을 다른 사람이 모두 안다고 하는 것은 우리의 인간 가치에 커다란 위험이 된다는 점이다. 특히 에셜론과 앞으로 불가분 보편화될 칩의 인체이식은 완전히 인간됨을 포기하는 일인데, 이를 방지할 수 있는 시기는 바로 지금이라는 점을 명심해야 할 것이다.

프라이버시, 보호인가! 감시인가!

프라이버시 불감증

인류는 최소 과거 100~200여 년간 자유를 얻기 위해 많은 생명을 희생해 왔고, 지금도 계속 피를 흘리고 있다. 지역마다 차이는 있겠지만 얼마간 자유를 누린 곳도 있고, 이미 그 자유란 것이 얼마나 귀중한지를 망각하고 있는 곳도 적지 않다. 우리가 공기의 가치를 못 느끼듯 말이다. 참으로 뭇 인간의 짧은 기억력을 한탄하게 된다.

바야흐로 지금은 민주주의가 가장 발달했다는 미국에서도 자유와 프라이버시에 대한 불감증이 전 사회에 번져나가고 있다. 프라이버시는 알다시피 사생활을 보장하는 권리를 말한다. 부부 사이일지라도 혼자만의 공간을 갖고 싶어한다. 그런데 이 혼자만의 공간이나 가족만의 공간을 경찰이나 다른 어떤 권력기관이 아무 때고 와서 마음대로 뒤집고 다니는가 하면, 어떤 경우에는 본인보다 더 자신에 대해 잘 아는 일도 있다. 이렇게 인류의 사생활에 커다란 침해가 시작된 것은 9·11 뉴욕 대참사 이후부터다. 그때부터 사람들은 기꺼이 자유를 내줄 뿐 아니라 자유와 프라이버시를 빼앗기면서도 오히려 고마워하는 실정이다.

한국에서도 휴대폰 이용자 위치정보 시스템이라는 서비스가 있어 누구나 약간의 요금만 내면 이용할 수 있다. 단순히 원하는 사람의 위치를 알려 주는 정도로 소개되어 있어, 사람들은 아무 생각없이 과학의 이기라고 생각하고 이용한다. 최근 들어 정보도용에 관한 문제가 많자 정부는 본인허락을 받아야 한다며 무척이나 국민의 사생활을 보호하려는 시늉을 하지만 정부나 경찰 등 권력이 원할 때도 허락과정이 지켜지는지는 의문이다. 이렇게까지 생활 속에 파고든 정보추적 이기에 사람들이 전혀 위기감을 느끼지 못하는 것은 참으로 안타까운 노릇이다.

농장의 동물처럼 아무 의심없이 국가의 명령을 따르고 자유와 권리를 내어주는 사람들을 대상으로 개인의 평생기록을 만드는 계획이 이미 시작되었다. 펜타곤에서는 국방성과 함께 첨단국방기술연구계획국(DARPA)*이라는 조직을 만들었다. 이들은 라이프로그(LifeLog)라는 프로그램을 개발하여 모든 사람의 기록을 수록하고 자신들이 원할 때에는 그 누구의 기록도 뒤져볼 수 있도록 하겠다고 한다. 여기에는 주고받은 이메일, 전화통화 기록, 사진 찍은 기록, 즐겨 청취한 TV 프로그램, 방문한 웹사이트, 읽어본 모든 잡지 내용, 병상기록 등등이 포함된다.

DARPA의 또다른 프로그램으로 '가시전투지역'이라는 것이 있다. 시가전을 할 때 그 도시 안에 있는 모든 차량의 움직임을 추적해서 이를 분석하여 전투에 활용하겠다는 것이다. 아직 일급비밀에 속한 이 기술은 모든 차량의 크기, 색깔, 모양, 번호판, 운전사와 승객의 얼굴을 식

---

* DARPA, Defence Advanced Research Project Agency.

별한다. 많은 과학자들과 프라이버시 전문가들은 이 기술이 개발되기만 하면 손바닥 뒤집는 것보다 쉽게 민간에게 사용할 수 있을 것이라고 예측한다. 이미 2003년에 전 세계에 4천만 대의 카메라가 설치되었고, 2005년까지는 3억 대의 카메라 설치가 계획되어 있다. 이런 계획의 실질적인 총수는 레이건 정부 때 '이란-콘트라' 스캔들 때문에 잘 알려진 포인덱스터라는 전직 제독이다.

또 근래 미국 MIT 대학에서는 시민들이 정부관리를 감시하는 인터넷 서비스 프로그램을 개발했다. 한편 같은 연구팀의 식첸트미할리(Chris Csikszentmihalyi) 부교수와 대학원생 맥킨리(Ryan McKinley)는 정부의 전면정보인식(TIA)*의 일환으로 정부정보인식(GIA)*을 만들었다. 이것이 2002년에 광범한 신용카드 사용실적을 수집하여 요시찰 인물을 가려내는 내용이라는 것이 알려지자, 많은 자유수호 시민들과 의회의원들의 관심이 모아져 의회에서 정보수집 활동과 사용한계를 지정했다. 그러자 국방성은 TIA의 전체 또는 전면이라는 total을 '테러리스트'라는 말로 바꾸어 TIA의 풀이를 Terrorist Information Awareness로 바꾸었다. 내용은 똑같은데 그저 이름만 바꾸고 사람들을 안심시키고 거기에 사람들은 또 넘어가고 있는 것이다.

근래에 미국에서는 조금만 수상하다 싶으면 알몸 수색을 비롯하여 말할 수 없는 수모를 겪는 일이 흔하다. 테러 용의자 또는 앞으로 테러에 가담할 우려가 있다는 이유 하나만으로도 무기한 구금에 처하는 것이 얼마든지 가능한 곳이 되었다. 물론 생각 있는 사람들은 엄연한 위헌이라고 목소리를 높여 보지만, 대부분의 시민들은 시민의 안전을 위해 당

* TIA, Total Information Awareness.
* GIA, Government Information Awareness.

연한 일로 여겨 자유의 박탈을 쌍수로 환영하고 있다.

당신의 정보가 새고 있다

대개 사람들은 어렴풋이 프라이버시가 중요하다고는 느끼나 그것이 무엇이냐고 물으면 제대로 대답하지 못한다. 게다가 우리 말에는 이에 해당하는 정확한 단어마저 존재하지 않으니, 관심 밖의 일이었거나 거론할 필요조차 없는 기본적인 것으로 여겨진 것이라 짐작된다. 그러나 한번 빼앗기고 나면 매우 아쉬운 것이 바로 프라이버시다. 그리고 한번 빼앗기면 되찾는 일은 여간 어려운 것이 아니다.

가끔 심심치 않게 신문지상에 불륜관계를 맺고 이를 공개하겠다는 협박으로 돈을 뜯어낸 사람들의 기사가 나온다. 그런 사실을 왜 그 막대한 돈을 지불해 가며 막는지 아는가? 바로 프라이버시가 노출될 때 생기는 피해를 막기 위해서다. '당신의 정보가 새고 있습니다'라는 TV프로그램이 있었다. 이 프로그램은 개인정보라는 것이 얼마나 중요하며, 그 정보를 다른 사람이 소유했을 때 얼마나 큰 손해를 볼 수 있는지를 설명했다. 즉 인터넷에서 얻은 남의 개인정보로 건물 구입, 은행 지불보증 등 가능한 일이 많은 것이다.

특히 요즈음 인포메이션 하이웨이니 IT 강국이니 하면서 부쩍 늘은 인터넷 세상에 이름, 주소, 주민등록번호 등의 개인정보를 너무 쉽게 요구하는 일이 많다. 이를 알려주지 않으면 웹사이트에 들어가지도 못하게 만들었다. 어떤 사이트는 심지어 결혼기념일까지 묻는 곳도 있다. 그런데 한국 사회에서는 사람들이 아무렇지도 않게 자기 정보를 남에게 알려 준다는 사실이 그저 놀랍기만 하다.

사람이라면 누구나 아무에게도 알리고 싶지 않은 혼자만의 일이 있다. 특히 떳떳하지 못한 과거사에 대해서는 더욱 그러하다. 만일 이러한 비밀을 다른 어떤 사람이 알고 있다면 나는 그 사람에게 큰 약점이 잡히는 것이다. 이것을 가지고 협박을 당할 수도 있고, 폭로되기라도 하면 아무리 성공해서 사회적 덕망이 높고 원하는 배우자를 얻고, 큰 재물을 축적했더라도 하루아침에 모두 물거품이 될 수도 있다.

이뿐이 아니다. 사람에게는 생각의 자유가 필요하다. 어떤 경우는 도저히 용납될 수 없는 공상도 할 수 있다. 예를 들어 정적을 죽이고 싶은 생각 따위들은 도저히 발설할 수 없는 일이고, 만일 남이 알게 되면 사회적으로 매장될 수도 있다. 대부분 이런 생각은 생각에 그칠 뿐 실제 일어나지는 않지만, 이런 생각을 한다는 자체가 알려지는 것만으로도 치명적일 수 있다. 또는 공산치하나 독재정권 밑에서 자본주의가 옳다고 믿거나 독재자를 죽여야 한다고 믿는 것을 정부가 안다면 그의 사회적 지위는 어떻게 될 것인가? 물론 요시찰 인물로 지정되고 직장에서 쫓겨날 확률도 클 것이고, 가족과 자녀의 앞날에 끼치는 영향도 대단할 것이다.

또 어떤 경우에는 정부에서 일하는 한 사람의 횡포로 피해를 당하기도 한다. 얼마 전 검찰소속 경찰로 사칭하고 뇌물수수를 조사한다고 공무원들에게 전화해서 많은 돈을 상납받은 사건이 있었다. 이 일은 지레 짐작하고 알지도 못하면서 거짓말한 것이 먹혀든 경우지만, 만일 정말로 해당 기관에 일하는 사찰공무원이 진짜 비리정보를 갖고 비리공무원을 찾아 돈을 뜯어내려고 공작한다면 들통나지 않으면서 목적을 달성할 수도 있음을 알 수 있다.

그러나 내가 궁극적으로 걱정하는 것은, 정부가 체계적으로 수집한 개인정보를 이용할 때 벌어질 일이다. 한국은 이미 모든 국민에게 주민등록번호라는 것을 만들어 신분증을 발급하고 있으며, 대부분은 신용카드, 교통카드 등 여러 종류의 추적 가능한 신분증을 갖게 되었다. 따라서 건강, 학교성적, 직장과 업무, 행동과 품행기록, 상품구매, 잡지구독, 대인관계, 가족, 애인, 취미와 취향, 정치사상, 서신·메일·전화통화, 영화관 등의 출입처, 여행 등등 모든 기록을 언제든 원할 때 알아낼 수 있는 조건이 마련되어 있다.

문제는 기술적으로 가능한 프라이버시 침해방법을 정부가 사용할 것인가 아닌가 하는 점이고, 지금 여기에 열거한 방법은 누구나 쉽게 이해할 수 있는 방법을 소개한 것이지만, 중요한 것은 보통사람들이 알지 못하는 거대한 장비와 기능을 가진 시설이 세상에 존재한다는 사실이다. 그 궁극적인 예가 에셜론 같은 것들이다. 지난 2003년 초 여름에 미군이 도·감청 방지기능을 가진 '퀄컴'이란 회사에서 만든 휴대폰을 들여와 사용을 허가해 달라고 SK텔레콤에 신청했다가 거절당했다. 이를 허락하면 다른 휴대폰들은 모두 도청이 가능하다는 것을 정부가 인정하는 결과가 되기 때문이었다. 이는 한국 정부가 이를 허락했든 안했든 일단 보도에 따르면 도청 가능한 것을 인정한 꼴이다.

휴대폰 도청에 관심 있는 사람들 사이에서는, 북미에서는 3만 달러 정도면 누구나 디지털 주파까지 도청 가능한 장치를 집에 설치할 수 있다는 것이 상식이다. 심지어는 라디오 수신기 스캐너를 갖고 있는 사람은 200달러 정도의 회로판을 라디오 섁(Radio Shack) 전자 가게에서 사 달면 대부분 주파수의 휴대폰을 도청할 수 있는데, 어떤 것은 40달러짜리도 있다.

그런데 한국에서는 휴대폰 도·감청에 대한 기술적 가능 여부를 갖고 국회에서 논란을 할 정도니 세상을 몰라도 한참 모르는 일이다. 2004년에 들어서는 경찰이나 국정원은 말할 것도 없고 개인들까지 도청장치를 시장에서 구입하여 휴대폰을 도청해서 계좌번호와 비밀번호를 알아낸다고 떠들썩 했고, 정보통신부는 통신감청수가 해마다 늘었다고 고백하기도 했다.

기술적으로는 모든 개인의 프라이버시를 감시할 수 있는 능력이 있다는 것이 사실임을 우선 인정해야한다. 그러면 과연 정부가 국민에게 말하는 것처럼 할 줄은 알지만 법에 어긋나기 때문에 안할 것이냐 하는 질문이 나온다. 미국의 경우를 보자. 1931년 연방수사국 FBI 국장 후버(J. Edgar Hoover)에게 한 기자가 공식 기자회견 석상에서 FBI가 도청하는 경우가 있느냐고 질문했다. 이에 대해 그는 말도 되지 않는 질문을 한다며, "천만의 말씀, 우리 수사국은 아주 엄격한 규정이 있어 누구를 막론하고 도청에 연루된 수사관은 가차없이 해고할 것이며……, 경우에 따라서는 합법적일 수도 있겠지만, 그런 일은 도의적으로도 법무부 규칙으로도 용납될 수 없는 일이다"라고 대답했다.

그러나 그는 1924년 FBI 국장이 된 이래 범죄자들뿐 아니라 대통령을 포함한 자국 정치가들까지도 줄곧 도청 감시해 온 장본인이었다. 여하튼 지금도 도청은 계속되고 있는 것이 슬픈 현실이다. 헌법도 국민들이 프라이버시를 향유할 권리를 보장하고 있으므로, 국가가 도청을 한다거나 불필요하게 개인정보를 조사하고 기록해 보존하는 일은 헌법을 지키고 국민의 안녕을 보호해 주어야 할 국가 자신이 헌법을 위반하는 셈이 된다. 그럼에도 불구하고 국가의 안보 또는 범죄 방지를 위한다는 대의명분을 내세워 국민의 기본권을 파괴하는 일이 종종 있는 것이다. 후버는 분명히 헌법에 맞는 말을 했지만, 그의 행실은 분명 법이나 윤리를 어겼을 뿐 아니라 거대하고도 가공한 권력을 이용해서 헌법까지 위반했던 것이다.

인간 존엄성의 선결조건

1890년 미국의 대법관 브랜데이스(Louis Brandeis)는 프라이버시를 "혼자만 즐길 수 있는 권리"라고 정의했고 지금도 이를 기준으로 삼고 있다.

프라이버시란 '혼자만의, 비밀, 자율적'이란 개념이지만, 이런 제용어와 동의어로 생각해서는 안된다. 그 이유는 이런 용어에서 느껴지는 것은 다른 사람들과 분리된 혼자만의, 다른 사람들이 호기심 때문에 알고자 하는 심리를 막기 위해서, 또는 다른 사람에게 영향을 끼치지 않겠다는 사려 같은 피상적인 영역을 초월한 개념이고, 프라이버시는 혼자만의 영역을 갖고 오직 혼자서만이 관리할 수 있는 가장 기본 되는 개인의 권리이며……, 한 개인으로서 그 개인에게만 해당되는 가장 성스러운 영역의 소유를 주장할 수 있는 권리이며……, 이런 프라이버시의 영역을 침범한다는 것은 그 개인의 인성을 향유할 권리를 침해하는 일이고, 한 사람의 개성과 존엄성과 자유를 파괴하는 행위이다.

그래서 우리는 '자유'라는 관념과 '프라이버시'라는 개념을 분리해서 생각할 수 없게 되는 것이다. 자유로운 사회가 되기 위해서는 반드시 프라이버시가 존중되어야 하며, 각 개인이 자기의 인생을 스스로 결정하고 관리할 수 있는 권리를 소유하기 위해서는 프라이버시가 선행되어야 하는데, 이는 민주주의의 가장 기본이 되는 개념이기도 하다.

물론 프라이버시는 매우 주관적인 개념이다. 어떤 사람이 대단히 수치스럽게 여겨 비밀로 지키는 어떤 일이 다른 사람에게는 전혀 비밀거리가 되지 않을 수도 있다. 그 이유는 개인의 차이일 수도 있고 문화적 차이일 수도 있다. 여하튼 한 개인이 중요하게 여기는 비밀을 타인의 기준으로 아무렇지도 않다고 누설한다는 것은 우선 도의적으로 용납할 수 없는 일이고, 민주주의에서 개인의 인격을 존중한다는 기본원칙으로 보아서도 있을 수 없는 일이다.

그런데 자기는 숨길 일이 하나도 없다고 말하며 당당하게 개인정보를 마구 누설하는 사람들이 있다. 물론 이 사람들은 자기 정보를 공개한다고 생각하지 않는다. 다만 개인정보를 알 수 있는 주민등록번호 같은 것을 아무렇지도 않게 아무에게나 주는 천진난만한 행동을 할 뿐이다. 그러나 여기서 중요한 문제는 숨길 사항이 있고 없고가 아니라, 한 개인이 자기의 비밀이나 정보를 자기 의사 여하에 따라 공개하거나 말거나 하는, 자기 자신을 본인만이 관리할 수 있는 기본적 권리를 유지하느냐 않느냐가 문제인 것이다.

민주주의는 모든 사람이 모든 사람의 비밀을 서로 공유하거나, 정부가 국민 전체의 비밀을 알아야 하는 것이 아니라 그 반대이다. 국가가 국민의 개인비밀을 필요 이상으로 알고자 하는 것은 바로 경찰국가가 되겠다는 뜻이다. 국가가 국민의 비밀을 알면 알수록 통치는 용이해지고, 반면에 국민의 자유는 그만큼 줄어드는 것은 당연한 일이다. 이 세상에서는 이를 가리켜 경찰국가, 파쇼국가, 전제군주국가 같은 이름으로 부르게 된다. 공산국가도 물론 위의 범주에 포함된다. 만약 정부가 개인비밀을 모두 알아야 할 권리가 있다고 생각한다면, 과연 우리가 공산국가와 싸워야 한다는 대의명분은 어디에 있겠는가.

보호인가, 감시인가

과학의 발달로 정부의 개인생활에 대한 정탐은 상상을 초월할 정도가 되었다. 과거 스탈린식 전제주의 국가에서 그토록 극에 달하는 국민에 대한 정보정치를 했어도 국민들은 생각의 자유는 유지할 수 있었다. 속으로는 적의를 품고 있어도 정부에 충성한다고 가식으로 연기를 하면 그들을 속일 수가 있었다는 말이다. 그러나 앞으로의 사회에서는 생각의 자유도 불가능해지는 것이다.

공권력에 의해 프라이버시를 빼앗긴다는 것은 곧 경찰국가로 직결된다는 말이 된다. 경찰국가라 함은 사회의 안전과 시민의 법질서를 지키기 위해 존재해야 할 경찰을 위시해서 모든 사찰기관원들이 권력자의 사병으로 전락하여 시민의 권익을 지키는 본래의 직무 대신 국민의 몽둥이로 변해, 국민은 기본권을 포기하고 눈치만 보며 숨을 죽이고 살아야 하는 국가이다. 한국은 이미 반세기 이상 시민증이니 주민증이니 해서 온 국민에게 군번처럼 번호를 만들어 통제하는 수법에 익숙해 왔다. 그래서인지 지금도 한국에서는 주민등록번호를 알려 주지 않으면 인터넷에서 신문이나 방송을 제대로 듣거나 읽는 것도 어렵고, 이메일 주소도 만들 수 없게 되어 있으며, 인터넷 쇼핑도 불가능하다.

남의 프라이버시를 안다는 일은 흥미롭기도 하고 자신에게는 전혀 해가 없는 일이다. 그래서 꼭 필요하지도 않는데 정부 흉내를 내서인지 일반업체들도 기회만 있으면 정보를 다 공개하라 한다. 또 사람들은 습관이 되어서인지 서슴지 않고 주민등록번호, 전화번호, 주소 등등을 적으라는 대로 척척 적어 준다. 심심치 않게 뉴스에 피해 사실이 보도되고는 있지만, 자기한테는 그런 해가 없으리라 믿는 대부분의 사람들은 이유도 묻지 않고 신상정보를 잘도 내어주고 있다.

비근한 예로, 친지가 선물을 택배로 보내 오는 데에도 주민등록번호가 물품포장지에 붙은 송장에 기록되어 있어 누구나 포장만 보고 이름과 주소와 주민등록번호를 알아볼 수 있다. 인맥이나 연고를 중요시하는 한국에서는 주민등록번호만 알면 그 사람의 개인신상을 아주 자세하게 알아낼 수 있다. 이런 대중의 태도는 바로 엘리트들이 원하는 모습대로 길이 잘 들여진 순한 양이나 말 잘 듣는 모범생들과 같다.

　미국은 2002년 말에 국토안보법(Homeland Security Act)이라는 것을 의회에서 통과시켰다. 이는 미국 전 국민의 모든 신용카드 사용기록, 모든 잡지 예약기록, 모든 처방조제 기록, 모든 웹페이지 방문기록, 주고받은 모든 이메일 기록, 모든 학업성적, 모든 은행구좌 입출기록, 모든 여행기록, 회의나 행사에 참석한 모든 기록 등등을 국방성에 있는 거대한 데이터 베이스에 입력한다는 것이다. 물론 여기에 여권기록, 면허기록, 고속도로 톨게이트 통과기록, 범죄에 관련된 경찰기록, 이웃에서 경찰에 보고한 불평기록, 혼인관계 기록 등 평생기록은 기본이고, 정부에서 설치한 몰카기록까지 개인정보 파일에 기록하게 된다. 특히 일시에 은행에서 많은 현찰을 인출하거나, 무기를 사거나, 편도표를 끊어 여행을 떠나거나 화학약품이나 시약 또는 다이너마이트 같은 폭발물을 구입한 흔적이 있을 경우에는 더욱 큰 관심사가 될 것이다.

　미국은 9·11 이후 신속하게 여러 가지 법률과 기관을 만들었다. 앞에서 언급한 국토안보법을 위시해서 애국법·외국첩보감시법 따위를 입법하고, 포인덱스터 제독의 기획하에 정보관리청을 만들어 스스로 책임자로 앉는가 하면, 아들 부시 대통령 밑에서 법무장관 하던 애쉬크로프트(John Ashcroft)는 TIPS*라고 부르는 테러정보 및 예방체재를 만들려고 하다 시민들의 강렬한 저항 때문에 포기한 일도 있었다. 미국 빅브라더스(Big Brothers) 중 맏형격 되는 포인덱스터의 펜타곤 사무실에는 "지식은 힘이다"(Scientia Est Potentia)라는 푯말이 붙어 있다. 분명 그가 말한 지식은 각 개인의 수치스러운 사정부터 모든 것을 아는 지식일 것이고, 이 지식으로 국민 개개인 위에 완전 통제자로 군림하겠다는 뜻일 것이다.

---

* TIPS, Terrorisn Information and Prevention System.

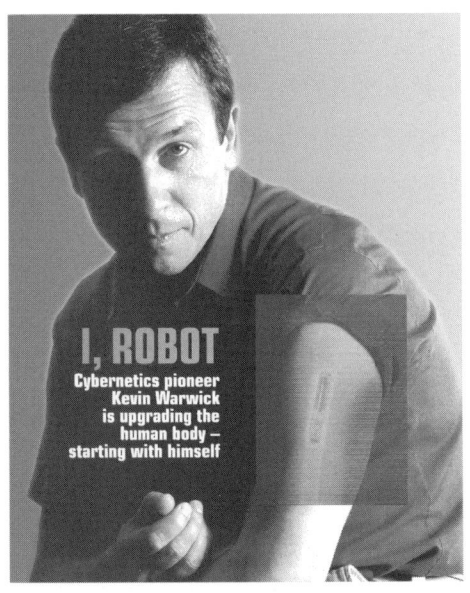

I, ROBOT
Cybernetics pioneer
Kevin Warwick
is upgrading the
human body —
starting with himself

앞으로 인체에 칩을 주입하여 인간을 로봇처럼 관리 조종하려는 움직임이 꾸준하게 진행되고 있다. 그림은 '와위크'의 고안이다. 그러나 이는 여러 고안의 하나에 불과하고 시간에 따라 새로운 고안이 나오고 있다.

　이쯤 되면 정부의 존재 목적이 국민의 안녕을 위한 것인지 아니면 국민을 사로잡기 위한 것인지 깊이 음미해 보아야 할 것이다. 이 모든 것이 펜타곤의 테크놀로지 담당 차관 알드리지(Edward Aldridge)가 설명한 것처럼 테러리스트들을 가려내는 것이 목적이니만치 국민들은 잠자코 국가가 하라는 대로 따라야 한다는 것이다. 9·11이 자작극이 아니라고 믿는 사람들도 국민의 기본권을 앗아가는 데 9·11이 참으로 편리한 도구가 되었다는 점에는 동의했으면 한다.

　또한 미국에서는 비자 없이 입국하고 있는 국가의 국민들을 공항에서 지문과 사진촬영하고 있다. 출입국 관리 이민국 직원들은 이들 방문자들을 모두 디지털카메라로 촬영하고 지문을 찍어 반테러 경찰조직과 서로 교차 확인하도록 하고 있다. 그리하여 현재 무비자 조약이 성립된 27개국 방문자들이 바코드를 포함한 디지털사진이 있는 여권을 소지하도록 2005년 10월부터 실행한다고 한다(2004. 9. 30. BBC News). 또 2005년 봄에는 미국 관리나 외교관들의 여권표지에 마이크로 칩을 삽입하여 개인정보를 입력할 것이며, 2005년 가을에는 5,500~6,000만 미국 시민들을 대상으로 여권발급 및 갱신을 신청하는 모든 여권에 마찬가지로 얼굴 등 바이오 정보가 입력된 마이크로칩을 표지에 삽입하여 전자 스캐너로 읽을 수 있도록 할 것이라고 《인터내셔널 헤럴드 트리뷴》지는 보도했다(2004. 12. 23).

또 2004년 12월 24일 월드 넷 데일리 닷컴(World Net Daily.com)은 어플라이드디지털(Applied Digital Solutions Inc.)사의 방계회사인 베리칩(VeriChip)사와 오르브콤(ORBCOMM)사가 합작하여 추적 가능한 인체이식용 칩 개발계약에 서명했다고 보도했다. 이것을 일단 인체에 이식하게 되면 인공위성을 통해 GPS를 사용하여 추적하고, 그 사람의 위치, 행동, 건강상태를 자동 기록하여 저장하며 무선 인터넷으로 항상 모니터할 수 있게 된다고 한다. 그리고 이것을 전 세계에서 사용할 수 있도록 특별히 고안된 인공위성도 별도로 만들어 발사할 계획을 하고 있다고 오르브콤의 사장 아이젠버그(Jerry Eisenberg)는 설명했다. 이 칩의 크기는 쌀알만하며 군번처럼 인식번호가 입력되어 각 개인을 구별할 수 있는데, 우선 일차적으로 군대와 환자와 안보 목적으로 미국을 비롯하여 전 세계에서 사용할 것이라 한다.

사실 이런 이야기는 벌써 오래 전부터 많이 있었다. 베리칩은 이미 플로리다 주에 사는 한 가족 모두의 팔뚝에 칩을 이식했는가 하면 다른 20여 명에게도 실험적으로 이식시킨 일이 있었다(2002. 5. 12. AP). 인권단체들은 프라이버시 침해를 우려하는 목소리를 항상 높여 왔지만, 정부나 산업체 측에서는 번번이 절대 프라이버시를 침해하는 일은 없을 것이고, 혹 인체에 이식하는 칩을 사용한다면 현찰 없는 사회를 만드는 목적으로나 사용될 것이라 해왔다. 그러나 2002년 4월 이런 우려를 월드 넷 데일리가 활자화했을 때 어플라이드디지털사의 대변인 코소로토(Mathew Cossolotto)는 사실이 될 수 없는 기사를 의도적으로 써서 대중을 오도하는 처사라고 비난했다. 그로부터 불과 3주 후 회사는 GPS 이식칩 개발에 박차를 가할 것이라는 공식발표를 했다. 이 정도로 미국 정부관리나 사회인사들은 눈썹 하나 까딱 않고 거짓말하는 데 아주 능수능란하다.

9·11은 미국의 가장 굳건한 동맹국 영국에도 당연히 크게 영향을 미쳤다. 2002년 여름 영국에서는 10살 된 두 소녀가 실종된 사건으로 나라 전체가 불안하고 떠들썩했다. 얼마 후 납치범을 체포하고 시체를 찾았으나, 남의 일 같지 않게 느낀 시민들이 모두 두려움에 싸인 것은 당연한 일이었다. 이때 리딩 대학의 워릭(Kevin Warwick)이라는 사이버네틱스 권위자가 작은 마이크로칩을 아이에게 이식해 놓으면 납치되거나 실종될 경우 염려를 놓을 수 있을 것이란 발표를 했다. 사이버네틱스(cybernetics)란 인간뇌의 신경작용과 통신전기공학의 자동제어장치를 연결시키는 학문이다. 이런 발표가 있은 후 부모들로부터 자기 자식에게 칩을 이식할 수 있느냐는 전화가 쇄도하여 그는 즐거운 비명을 질렀다 한다.

이뿐 아니다. 요즈음 현찰 없는 시대에 돌입하면서 신용카드 사기나 절도 및 도용 같은 범죄도 많이 일어나고 있다. 이런 피해를 예방하기 위해 손등에 카드 대신 칩을 이식하면 잃어버리거나 사기당할 염려가 없다고 칩 이식에 자발적으로 지원하는 사람들도 많다. 물론 현재로서는 유괴의 가능성이 있거나 치매에 걸린 사람들, 지병을 앓는 사람들에게 적용하고 무슨 이유이든 원하는 사람에게만 적용한다고 하지만, 문제는 당국이 마음만 먹으면 아주 간단하게 사찰용으로 전환시킬 수 있다는 것이다. 그리하여 영국에서는 2006년부터 마이크로 칩이 삽입된 여권이나 운전면허증 등의 신분증을 모든 국민이 새로 발급받아 10년 안에 인구의 80퍼센트가 이런 신분증을 갖도록 한다고 한다. 이 새 신분증에는 지문과 얼굴스캔 등 생리적 정보가 들어 있고, 안보에 필요한 다른 정보와 연결되도록 만들 것은 말할 나위도 없다.[18]

또 9·11로 인해 미국이 테러와의 전쟁을 선언하자 중국이나 러시아 등 많은 나라들이 아전인수격으로 자국의 소수민족 독립운동이나 민권운동 같은 것을 테러로 몰아붙이는 일이 일어났다. 2004년 9월 20일 이 타르타스 통신에 의하면 러시아의 푸틴 대통령은 신세대에 걸맞는 여권·비자 등을 만들어 세계 수준에 부응하도록 정부문서 작성체제를 개편시킬 특별 그룹을 조직했다. 그 조직의 사명은 2006년 1월 1일까지 여권·비자 등 개인신상명세 등을 전산시스템을 통해 통합적으로 한번에 알아볼 수 있는 방법을 만드는 것이었다.

또 유럽에서는 EU 회원국에서도 생리분석(biometrics) 정보와 안보에 관한 정보를 여행증명서류에 삽입하여 4억 5천만이 넘는 회원국 국민들에게 공통으로 적용하도록 기준을 설정하는 법안의 초안이 마련되었다. 만약 각 회원국의 법무·내무 장관들이 동의하게 되면, 이 법안이 유럽 전역에 의무화되어 지문과 얼굴스캔 정보를 포함하여 학력, 의료기록, 직장기록, 사상, 단체활동, 취미 등등 모든 사항을 여권을 통해 간단하게 알아볼 수 있게 될 것이다. 그리하여 각 개인의 모든 정보를 각국 정보부처에 저장하고, 이어서 SIS II(Schengen Information System)라는 EU 공동 정보기관에 제공하여 전 유럽 회원국간에 공유하게 될 것이다(2004. 10. 24. Statewatch.org). 이런 추세는 몇몇 나라에만 그치지 않을 것이다. 언젠가는 전 세계 인류가 태어나는 순간 칩이 이식되어 하나의 세계 정부 아래 통치를 받는 세계가 될 것이다.

2

세계를 통제하는 전자기 무기

전자무기의 창시자, 니콜라 테슬라

알려지지 않은 천재 과학자

현대사회에서 전기라는 것은 인간생활과 분리시킬 수 없는 매우 중요한 요소이다. 이 전기의 발전에는 에디슨을 위시해서 패러데이, 헤르츠, 볼타 등등 많은 과학자들의 공헌이 있었지만 전기발전에 누구보다 큰 공헌을 하고도 숨겨진 사람이 있다.

19세기 후반 니콜라 테슬라(Nikola Tesla)가 이 세상에 나왔을 때는 지금과 비교해 전기가 매우 원시적인 상태였다. 기초적인 전기이론은 어느 정도 확립되었지만 직류전기밖에는 생각하지 못하고 있을 때였다. 그런데 지금 우리가 일상생활에서 사용하는 전기는 배터리에서 생성되는 전기 외에는 대부분이 교류전기이다. 교류전기가 보편화되기까지의 과정은 그리 만만치 않았는데, 교류전기는 그 이론에서부터 실용화까지 완전히 테슬라의 공적이었다. 이것만이 테슬라의 업적은 아니다. 21세기에 들어선 지금도 아직 소개되지 않은 그의 이론과 발명품들이 너무도 많다. 만약 그의 업적이 교류전기 하나로 그쳤다면, 우리는 지금 전기에 관해 에디슨보다 테슬라를 떠올리고 있을지도 모르겠다.

이 말은 언뜻 듣기에 모순처럼 들릴 것이다. 그의 업적이 한두 가지에 그쳤다면 잘 알려졌겠지만 너무 크기 때문에 우리가 모른다니, 납득하기 어려운 말 아닌가. 그러나 그것이 사실이고, 인간세상에서는 이런 모순이 비일비재하다는 것을 테슬라의 경우를 보고 재차 확인하게 될 뿐이다. 내가 생각하기로 그의 발명품들은 대단한 것들이었지만, 누군가의 돈벌 수 있는 기회를 빼앗기도 할뿐더러, 자기네들만의 무기로 사용할 만한 가공할 위력을 가진 것이기에 세상에 숨긴 것이 아닐까 한다. 인류를 위해 좋은 발명을 하고도 매장된 이가 테슬라만은 아니지만, 테슬라의 경우는 전자기파 비밀무기와 너무나 중요한 관련이 있기에 여기 소개한다.

테슬라는 역사 속에 묻혀 버린 무명의 여느 과학자가 아니다. 이 사람은 제2의 산업혁명을 일으킨 장본인이고, 역사상 가장 위대한 과학자란 소리를 들을 정도의 인물이다. 그럼에도 세상에 그를 아는 사람이 거의 없는 것은 무엇 때문인가? 그는 마차 시대에 살면서 달에 로켓을 보낼 수 있는 이상의 미래를 개척한 과학자였다. 그는 19세기 후반에서 20세기 전반을 산 사람이지만, 21세기인 지금에도 세상 사람들이 아는 최첨단 과학기술보다 훨씬 더 앞선 과학을 만들었다.

과학소설의 아버지라고 불리며, 90여 년 전에 녹음기, 마이크로피쉬, 홀로그램, 팩스 따위의 필연적 발명을 예견했고, 1928년에 이미 텔레비전 설계도를 잡지에 발표했으며, 3차 세계대전 이후에나 올듯 싶은 미래사회를 묘사한 『랄프124C41＋』라는 소설을 쓴 휴고 건스백(Hugo Gernsback, 1884~1967)은 이런 테슬라를 가리켜 인류 역사상 세상에

니콜라 테슬라(1856~1943).

서 가장 훌륭한 과학자라고 평했다. 아르키메데스나 패러데이 또는 에디슨보다도 훨씬 훌륭하다는 것이다. "일반적으로 발명이란 것이 이미다른 사람들이 만들어 놓은 지식을 토대로 만든데 비해서 니콜라 테슬라는 두번 다시 생각할 필요도 없이 과학을 창조했다. 그는 지금까지의 역사에서 가장 뛰어난 과학자일 뿐 아니라 미래에도 그를 능가할 과학자는 있을 수 없을 것이다……. 그가 대담무쌍한 담력으로 이룩한 기초지식과 혁명적인 과학 발견은 지식세계에서 또다시 일어날 수 없는 일이다." 이런 위대한 과학자가 어째서 세상에 알려지지 않았는가. 이 책에서 소개하는 테슬라의 자취는 수박 겉핥기밖에 안되지만, 읽어 가면서 그 원인을 깨닫게 되기를 바란다. 누군가 조작하고 왜곡한 사실을 절대 진리이자 진실한 역사인 양 믿는다면 이 얼마나 어리석은 일인가.

현대의 인류문명은 전기 없이는 상상할 수 없다. 우리가 그 전기의 혜택을 볼 수 있게 된 것은 발명왕 에디슨 덕택이라고 흔히들 알고 있다. 미국의 스미스소니언 박물관의 에디슨관에는 이런 에디슨의 업적을 기리는 전시품들이 가득하고, 그곳은 항상 방문하는 이들로 붐빈다. 물론 에디슨이 훌륭한 발명가라는 데는 이견이 없을 수도 있다. 그러나 이는 또 하나의 커다란 역사 왜곡일 뿐이다. 그는 과학자로 알려졌지만, 그의 생애를 들여다보면 사업가로서 더욱 실력을 발휘했음을 알 수 있다. 자기 자신이 직접 발명했다는 수많은 발명품은 대부분 그의 사업 지도력으로 고용인들이 발명한 것들로, 자신의 이름으로 등록했기 때문에 기록상 그의 발명품으로 알려진 것뿐이다. 여기서 뭔가 이상한 생각이 들지 않는가. 테슬라의 과학지식과 발명품은 에디슨이 상상하고 이해할 수 있는 범위보다 몇 차원 더 앞선 것이었다. 그런데도 왜 에디슨이 사실 이상으로 과대포장되어 영웅으로 만들어진 것일까. 이런 나의 의문을 뒷받침해 주는 실례가 하나 있다.

미국 미시건 주 앤아버의 초등학교 교사인 와그너(John Wagner)는 3학년 학생들에게 테슬라에 대해 가르치고 그의 이름을 되살리기 위해 구리로 그의 흉상을 만들어 스미스소니언 박물관에 전시해 줄 것을 요구한 일이 있다. 테슬라가 받은 특허번호와 모터가 에디슨관에서 에디슨의 흉상과 함께 전시되고 있어 관람객들에게 오해를 불러일으킨다고 여겼기 때문이다. 그러나 이 동상은 박물관에 진열되지 못하고 예일 대학교에 진열되었다. 이들의 진정에 의해 레빈(Carl Levin)이란 상원의원이 아버지 부시 대통령 때 압력을 넣어 겨우 남자화장실 옆 복도 어두컴컴한 구석에 테슬라의 유물이 담긴 작은 유리상자 하나가 진열되었을 뿐이다.

그뿐 아니라 스미스소니언 박물관에서 발간한 『발명책(*The Smithsonian Book of Invention*)』에도 니콜라 테슬라는 나와 있지 않다. 이 책에는 에디슨이나 경질고무 발명가인 굿이어(Charles Goodyear)를 위시해 전동칫솔이나 자동토스트기의 발명은 물론이고, 심지어는 켄터키 후라이드 치킨요리법을 특허낸 샌더스(Sanders)대령 같은 사람까지 소개되어 있다. 그러나 테슬라는 그림자도 찾아볼 수 없다. 심지어 미국 고등법원에서 라디오 발명가는 마르코니(Guglielmo Marconi)가 아니고 테슬라임을 오래 전에 판결했음에도 불구하고 여전히 마르코니가 라디오 발명가로 소개되고 있을 정도다. 일련의 사건들로 볼 때 이것은 고의적인 행위로밖에 해석되지 않는다.

니콜라 테슬라는 세르비아 혈통으로 현재 크로아티아의 스밀리얀이라는 곳에서 1856년 7월 9일 태어나 1943년 1월 7일 미국 뉴욕에서 아무도 모르게 혼자서 숨을 거두었다. 그가 태어난 19세기 후반 동유럽은 터키가 대권을 장악하고 있었고 이에 대항한 독립운동이 절정을 이루고 있었다. 그는 세르비아 정교회의 신부인 아버지로부터 지적인 지도를 받았고, 학교교육을 받지는 않았으나 지혜로웠던 어머니에게는 세상의 근본원칙과 인간의 기본적 도리를 배웠다. 그가 어머니와 주고받은 편지를 보면 이런 내용이 잘 드러나고 있다.

그는 수학자이자 과학자이기도 했지만, 훌륭한 음악가였고 시인이기도 했다. 그는 피아노 연주를 즐겼고, 세르비아의 시를 영어로 번역하는 일을 하기도 했다. 그는 평생 독신으로 살면서 가장 친한 문학가이며 언론인이었던 친구 부인과 죽을 때까지 정신적인 사랑을 나누었고, 소설가 마크 트웨인(Mark Twain)이나 음악가 스토코프스키(Leopold Stokowsky) 같은 사람들과 친분을 나누고 심지어는 이들과 동업으로 회사를 차리기도 했다.

그가 다섯살 때 만든 물레방아가 있는데, 그의 물레방아는 보통 시골 농가에서 볼 수 있는 그런 물레방아가 아니었다. 그것은 걸름막이가 없고 밋밋한 것이었지만, 물의 흐름에 따라 일정한 속도로 돌아갔다. 훗날에 그는 같은 원리로 날개 없는 터빈을 발명했다. 그의 시도가 모두 성공적인 것만은 아니었다. 한번은 지붕 위에서 산에서 내려오는 바람에 각도를 맞추어 우산을 폈다. 몸이 가벼워짐을 느낀 그는 분명히 우산을 이용하면 날 수 있다고 생각하고 몸을 날렸다. 그러나 땅바닥에 정신을 잃고 누워 있는 그를 그의 어머니가 방으로 옮겨야 했을 뿐이다.

또 한번은 풍뎅이를 잡아서 엔진을 만든 일이 있다. 16개의 가는 막대기로 부챗살 모양의 수레바퀴를 만들어 가운데 축을 고정하여 가볍게 돌게 하고 각 살 끝에 풍뎅이의 발을 풀로 붙여 놓았다. 한 방향으로 향한 16마리의 풍뎅이들이 날기 위해 안간힘을 쓸 때 수레가 돌아가는 엔진을 고안한 것이다. 그런데 이때 이웃의 한 친구가 들러서 병 속에 가득 잡아 놓은 풍뎅이들을 마구 먹어 치워 버렸다. 그것을 보고 니콜라는 그 다음부터는 아예 이런 발명은 하지 않았다.

그는 시인으로서도 대단한 경지에 있었다. 스티아치치(Stijiacic)라는 세르비아의 한 신부가 세르비아 연방의 젊은 작가시절 처음 미국을 방문하여 시카고 공립도서관을 찾았을 때의 일이다. 그 도서관에서 당시 유명했던 세르비아 시인 즈마이-요반(Zmaj-Jovan)의 시집을 찾은 그는 번역자가 니콜라 테슬라임을 확인했다. 훗날 스티아치치 신부가 라도 박사의 안내로 메트로폴리탄 빌딩 20층에 있는 테슬라의 사무실에서 그를 만났을 때 "테슬라 씨, 당신이 시에도 능통한 줄은 몰랐습니다" 했더니, 그는 눈을 크게 뜨고 매우 재미있다는 표정으로 "세르비아 사람들 중에는 노래하는 사람들이 많습니다. 그렇지만 문제는 아무도 들어주지 않는 것이지요"라고 대답했다고 한다.

에디슨, 마르코니, 테슬라

그는 체코의 프라하 대학에서 본격적인 전기기술 교육을 받았다. 그 후에는 부다페스트의 전화회사에서 일하면서 자기감응모터를 착안하여 거의 완성할 단계에까지 이르렀다. 그는 파리로 직장을 잠시 옮겨 에디슨과 절친한 '베첼러'와 함께 일하게 되었다. 베첼러는 에디슨이 24세에 처음 회사를 차릴 때 고용되었던 기사였으며 에디슨이 프랑스에 파견하여 유럽 대륙에 세운 '대륙 에디슨 회사'(Continental Edison Company)의 책임자로 일하고 있었다. 당시 에디슨 회사는 타의 추종을 불허하는 절대적인 권위를 가진 세계적인 회사였다.

테슬라는 주변에서 천재로 인정해 주는 기술자였을 뿐 아니라 여러 언어를 구사할 수 있었으므로 문제 해결사로 여러 곳에 파견되었다. 1880년대는 새로운 과학의 이기인 전화를 가설하는 것이 각 국가의 커다란 과업이었다. 그가 일하던 파리의 회사는 에디슨 회사와 함께 독일에 전화시설을 설치하는 일을 하고 있었다. 그런데 독일 알사스의 스트라스부르에서 전화 설치를 끝내고 개통식 행사를 하기 위하여 황제 빌헬름 1세가 참석한 자리에서, 전화선이 누전으로 폭발하는 사고가 발생했다. 독일은 이것을 고의적인 사고로 오해했고 프랑스와의 정치관계까지 악화시키고 말았다. 결국 테슬라가 일하던 프랑스 회사는 한푼도 건지지 못하고 계약을 파기당할 상태까지 이르게 되었다.

이때 해결사로 파견된 테슬라는 기존 시설을 자기가 고안한 감응모터의 원칙을 이용한 교류전기로 바꾸어 송전하는 시설로 대치하여 모든 문제를 훌륭하게 해결했다. 당시 전기는 반 마일 이상을 송전하는 것이 불가능한 직류뿐이라고 여겨지던 때였다. 테슬라는 이러한 직류의 단점에 착안하여 거리에 관계없이 송전할 수 있는 교류방식을 착안하고 그 방법을 제시했으나 아무도 관심을 주는 사람이 없던 터에, 이러한 좋은 기회를 이용하여 자신의 발명을 증명했던 것이다.

그러나 사람들은 여전히 에디슨만이 새로운 아이디어를 낼 수 있다는 선입견에 사로잡혀 있어 테슬라의 공은 에디슨에게로 돌아갔고, 임기응변으로 위기를 건진 장본인은 결국 무시당했다. 그리고 얼마 안되어 교류문제는 사람들의 머리에서 사라져 버렸다. 테슬라가 큰 공을 세웠음에도 불구하고, 에디슨은 약속한 돈을 한푼도 지급하지 않았다. 이러한 사정을 잘 알고 있는 베첼러는 테슬라에게 미국으로 가서 에디슨 밑에서 일하면서 그를 통하여 교류전기를 상용화하는 것이 낫겠다고 충고하면서 에디슨에게 소개편지를 써주었다. 1884년 테슬라는 돈 몇 푼과 책 몇 권, 반중력 비행기 설계도와 즐겨 쓴 시집, 자신의 학술논문집, 가장 중요한 베첼러의 소개편지를 들고 미국에 도착했다. 그 편지에는 "나는 이 세상에서 두 사람의 위대한 사람을 압니다. 하나는 에디슨 당신이고, 다른 하나는 이 편지를 가져가는 테슬라라는 젊은이입니다……"라 쓰여 있었다. 미국에 도착한 테슬라는 아르바이트를 해가며 겨우 차비를 충당하여 에디슨이 있는 뉴저지로 가서 소개장을 그에게 보여주게 되었다. 에디슨은 편지를 읽고 곧 테슬라를 채용했다.

유명한 에피소드가 하나 있다. 에디슨은 당시 직류발전기인 다이나모 발전기를 개량하여 효율을 높이고 고장 빈도를 줄여 발전단가를 낮추려고 고심하던 중이었다. 이를 본 테슬라는 그것이 그리 어려운 일은 아니라고 말했다. 에디슨은 자기가 원하는 것이 무엇인지를 설명하고 만일 그 일을 성취하면 5만 달러를 주겠다고 약속했다. 이렇게 쉽게 큰돈을 벌 수 있다는 욕심에 테슬라는 밤잠을 거르면서 여러 날 일한 끝에 에디슨이 기대했던 것보다 훨씬 월등한 기계를 만들어 냈다. 에디슨은 물론 이에 대만족했다. 그러나 아무리 기다려도 약속한 5만 달러에 대한 기미는 없었다. 결국 돈 이야기를 꺼낸 테슬라에게 에디슨은 그것은 농담이었다고 하면서 테슬라가 아직 미국의 대화방법을 습득하지 못했다며 그의 어깨를 두두리며 깔깔대고 웃었다 한다.

테슬라는 이 때문에 대단히 실망하고 좌절감마저 갖게 되었다고 후에 술회했다. 그럼에도 테슬라는 계속 교류전기의 개발을 종용했다. 그러나 끝까지 직류가 우월하다고 믿은 에디슨은 군이 교류를 발전시킬 필요가 없다며 완고한 태도를 유지했다. 에디슨에 대한 많은 실망으로 그를 통한 교류전기의 발전계획을 단념하게 된 테슬라는 에디슨을 떠났다. 후일에 그는 에디슨을 평하여 "에디슨은 볏짚 속에 바늘이 떨어지면 지체하지 않고 볏짚 하나하나를 뒤지기 시작해서 찾을 때까지 꿀벌처럼 일할 사람이다. 나는 약간의 이론과 계산법으로 그가 들이는 노력의 10퍼센트만으로 원하는 것을 찾는 법을 알기에 그의 아둔함을 측은히 여겼다'라고 말했다.[19]

그 당시는 에디슨의 유명한 백열전등이 각광을 받고 많은 돈을 벌어들이던 때라 백열전등 외 다른 방법을 통한 전등을 발명해 보려고 애쓰던 과학자들이 많았다. 테슬라는 이미 아크전등을 발명하여 특허를 낸 후라 몇 회사로부터 함께 사업하자는 제의를 받았으나 역시 실권과 이득은 모두 그 사람들이 갖고 자신에게는 아무 이득이 없다는 것을 알고 그만두게 되었다.

이때 에디슨과 같은 나이의 젊은 전기기술자이며 사업가적인 기질과 자본을 갖춘 '웨스팅하우스 전기회사'의 사주 '조지 웨스팅하우스'를 만나게 된다. 그는 테슬라의 교류전기 이론에 심취하였고 그 역시 교류전기만이 유일한 전기보급법이라고 확신하게 되었다. 그동안 가난에 시달렸던 테슬라는 조지 웨스팅하우스로부터 100만 달러의 제의를 받고 그때까지 등록한 모든 특허들을 웨스팅하우스에게 팔았다. 이때부터 에디슨과 웨스팅하우스의 직류·교류 싸움이 시작되었다.

학계에서도 이미 익숙해진 직류의 장점을 고수하는 파와 새로운 교류의 장점을 이해하여 이를 주장하는 사람들이 절반으로 나뉘어 격렬한 논쟁이 벌어지고 있었다. 이러한 와중에 아주 중요한 일이 벌어지는데, 역사상 처음으로 시카고 '세계박람회'가 1893년 5월 1일에 열린 것이다. 박람회장에는 25만 개의 전등이 켜질 예정이었고, 당연히 각 전기회사들은 이 일을 따내기 위하여 안간힘을 쓰게 되었다. 결국 낙찰을 받은 회사는 테슬라의 기술을 사들인 '웨스팅하우스'였다. 당시 에디슨은 전등당 18.5달러에 입찰하였고 웨스팅하우스는 4.32달러에 입찰하였다.

이를 계기로 웨스팅하우스는 박람회장 내에 테슬라의 '다상자기감응' 원리를 이용한 발전기를 설치하고, 직류발전기로는 이런 싼값에 전기보급이 불가능할 뿐 아니라 여러 개의 직류발전기를 설치하지 않고도 장거리를 전깃줄로 송전할 수 있다는 증거를 보여줌으로써, 교류를 실용적인 전기로 완전히 자리매김시켰던 것이다. 이 일은 교류가 완전히 직류를 능가하는 역사적 계기가 되었고 에디슨의 직류를 향한 아집도 막을 내리는 사건이 되었다.

1880년대 이후 전기분야 발전은 그야말로 정신을 차리기 어려울 정도였다. 그런 와중에 많은 과학자들이 '나이아가라' 폭포의 수력을 전기에너지로 변환시킬 수 있다는 생각을 하고 있었다. 폭포 가까이에 있는 버팔로 시민들도 실현 가능한 일이라고 믿었다. 그러나 나이아가라 폭포에서 버팔로까지의 거리가 22마일이나 되어 직류로는 송전이 불가능하다는 것이 문제였다.

그러던 중 시카고 박람회에 이어 독일에서도 삼상 교류발전기를 이용해 108마일 떨어진 곳까지 송전이 가능해지자, 점차 사람들은 버팔로뿐 아니라 뉴욕 시에까지도 송전할 수 있고 실상 거리에 제한이 없다는 사실을 확신하게 되었다. 이미 시카고에서 그것을 증명한 웨스팅하우스사가 공사를 맡아 1895년 4월 20일 버팔로 시 가정들은 전기등불을 켜게 되었고, 이후 값싼 에너지와 전기를 이용한 여러 산업이 버팔로 시에 몰려들게 되었다. 즉 일종의 산업혁명이 일어난 것이다. 이리하여 1903년에는 세계의 모든 발전소가 테슬라의 원리를 이용하여 교류전기를 만들게 되었다.

그는 또한 공명(共鳴)과 관련하여 지대한 발명을 하였다. 그는 여러 형태로 시범을 보였지만 사람들은 보고도 믿지 못할 정도였다. 그중에 하나가 신문기자들 앞에서 보여준 시범이다. 그는 100톤을 견딜 수 있다는 두께 5센티미터, 길이 61센티미터, 폭 30센티미터 철판의 양끝을 고정시켜 놓고 그 위에 탁상시계 크기의 전기진동기를 올려 놓고 한참 조정을 했다. 잠시 후, 드디어 철판과 진동기의 주파가 서로 맞았을 때 철판이 떨기 시작하더니 점점 그 정도가 심해져 결국 철판은 부러지고 말았다. 이를 목격한 벤슨(A. L. Benson) 기자는 아무리 큰 망치로 두들겼어도 불가능한 일이 벌어졌다고 하였다.

테슬라는 이어 뉴욕의 고층빌딩 건축장에 가서도 이 조그마한 진동기를 철근에 부착시켜 그 위에서 일하던 인부들이 지진이 난 줄 알고 혼비백산하게 만든 일도 있다. 그는 이 원리를 원격지구 역학진동(telegeo dynamic oscillation)이라고 명명하였는데, 이 원리를 이용하며 적 잠수함의 위치를 알아낼 수 있고, 지하 광맥을 찾을 수도 있으며 심지어는 지구도 쪼갤 수 있다고 설명하였다.

그는 X-레이도 처음 만들었다. 1895년 12월 독일의 렌트겐(Wilhelm Röentgen) 교수가 X-레이의 발견과 그의 유용함을 발표하였을 때 테슬라는 자기가 이미 X-레이를 이용하여 머리를 찍은 사진을 렌트겐에게 보냈다. 렌트겐은 이를 숨기지 않고 큰 관심을 표명하면서 일반에 공개하였다. 이 때문에 테슬라는 유명해져서 잡지사에 기고도 여러 번 하게 되고 강연도 하게 되었다. 테슬라는 렌트겐 박사에게 영광을 돌리면서도, 그 위험성도 함께 경고하였다.

테슬라 밑에서 지도를 받으며 잠시 공부한 마르코니(Guglielmo Marconi)는 1900년 12월 12일 영국의 콘월에서 캐나다 뉴파운드랜드로 짧은 파장을 이용하여 "S"라는 글자 하나를 송신하는 데 성공했다. 이로 인하여 '마르코니'는 무선통신의 선구자와 영웅이 되어 라디오의 발명가로 판정이 되었고, 대단한 부자가 되었다. 그러나 이보다 2년 전인 1898년 테슬라가 이미 무선통신 라디오의 원리를 특허낸 일이 있었다.

테슬라는 고소하여 승소했으나, 일단 유명해진 마르코니의 인상이 사람들의 뇌리에 박혀 있고 재벌을 배경으로 한 언론 덕에 마르코니가 테슬라의 기술을 슬쩍 가져갔다는 사실은 세상에서 빛을 보지 못했고, 테슬라도 이를 별로 중요치 않게 생각했다. 테슬라는 자기가 그때 실현시키려고 했던 방법이 잘 설비된 철로에서 달리는 호화여객차라 한다면, 대기를 매체로 짧은 파장을 이용한 마르코니의 방법으로 알려진 그 방법은 마치 촌길을 가는 두 바퀴 마차에 비유할 수 있다고 신문기자들에게 설명하였다.

이 마르코니의 방법이 지금 우리가 사용하고 있는 통신방법이며, 100여 년 전인 그때 테슬라가 말한 방법은 아직 우리가 사는 세상에는 소개되지 않았다. 그때 테슬라는 계속하여 설명하기를, 마르코니의 대기를 통한 송전방법은 대기 상태에 너무 의존하기 때문에 거리를 고려해야 하며 전파는 대기의 상태 여하에 따라 많은 제한을 받을 수밖에 없지만, 자신의 방법은 긴 파장을 이용한 저주파로 지표면을 사용하므로 거리의 제한이나 기후조건에 의한 제약이 전혀 없다고 했다. 마르코니가 짧은 파장으로 무선통신과 라디오를 개발하고 있을 때 테슬라는 롱아일랜드에 '워든클리프 타워'를 세우는 데 열중하고 있었다. 이는 자기가 말한 방법을 증명하려고 했던 것이다.

시대를 앞선 발명

테슬라는 1899년과 1900년 사이 약 1년간 그의 변호사의 배려로 콜로라도 주 콜로라도 스프링스에 가 있게 되었다. 이 도시에서는 크나큰 기대를 갖고 그를 환영했으며 그에 대한 지원을 아끼지 않았다. 그 덕분에 그는 높이 51미터, 직경 18미터 되는 탑을 건설하고 그의 생애에서 가장 중요한 여러 가지 실험을 하게 된다. 이 실험을 통하여 많은 분야에 확신을 갖게 된 그는, 1900년 다시 뉴욕으로 돌아가 J. P. 모건의 경제적 후원 약속하에 유명한 '워든클리프 타워'를 계획하게 된다. 테슬라가 여기서 발표한 중요한 주장은 다음과 같다.

- 지구는 표면이 한 극이 되고 또다른 한 극이 되는 전리층(電離層, 지상 40~400킬로미터 정도에 형성된 기류층)이 상호 작용하는 거대한 전기적 공명체(resonator)이다.
- 지구 자체는 엄청난 전기를 이미 갖고 있기 때문에, 수도관 연결하듯 뽑아 쓰는 기구만 만들면 무료로 전기를 사용할 수 있다.
- 무선전기 전송 시스템은 지구 표면과 전리층에 있는 기본전파 혹은 고정전파 형태의 에너지를 활용하여 전송할 수 있다.

테슬라는 1901년 초부터 롱아일랜드에 지상높이 57미터, 지하깊이 37미터의 탑에 직경 21미터 무게 55톤 되는 버섯모양의 금속관을 씌운 워든클리프 타워 착공에 들어갔다. 그는 이 탑으로 전기는 무제한으로 무선송전할 수 있고, 방송국 역할도 할 수 있다고 했다. 그의 목표는 누구나 필요한 때 아무데서고 무제한의 전기를 아주 싼값에 얻을 수 있도록 하는 것이었다. 그러면 사람들이 심한 육체노동의 사슬에서 풀려나 평화와 번영을 즐길 수 있을 것이라 기대했던 것이다. 그는 이를 증명하기 위하여 자기 실험실에서 26마일 떨어진 곳에, 전깃줄 대신 땅을 통해 전기를 보내 200개의 전등을 켜보였다. 그러나 후원을 약속한 모건이 이리저리 핑계를 대고 약속을 지키지 않았다. 착공에 들어가 이미 기술자들까지 채용한 테슬러는 특허이익의 51퍼센트를 모건의 소유로 한다는 조건하에 15만 달러의 착수금만 겨우 받았을 뿐이다. 결국 '워든클리프 타워' 공사는 좌절되고 이에 따른 경제적 압박이 테슬라를 괴롭혔다. 그의 이론을 이해해 주는 사람은 아무도 없고, 다만 몇 명의 돈 없는 친구들만이 그를 위로해 주었을 뿐이다. 모건이 지원을 중단한 이유가 자신이 요구한 시설비가 마르코니에 비해 너무 많아 경제적으로 수지 타산이 맞지 않을 것이라고 추측했기 때문이라는 것을 듣게 된 테슬라는, 마르코니의 목적과는 비교도 할 수 없는 거대한 일을 할 수 있는 시설을 만들기 때문에 상대적으로 돈이 많이 드는 것이지, 타산이 맞지 않는 사업은 결코 아니라고 설명하였다.

테슬라에 따르면 '워든클리프 타워'는 모든 종류의 전신과 음성과 글자를 자유자재로 세계 어느 곳이든 무선으로 보낼 수 있을 뿐 아니라 세계 각지에 있는 모든 전화와 전신 송신소들의 설비를 개조하지 않고도 모두 연결시켜 주어서 전화 가입자는 전화 하나로 세계 어디든 통화가 가능하며, 같은 원리로 수신기만 갖고 있으면 육지나 바다나 관계 없이 세계 어느 곳에서도 다른 곳에서 들려주는 음악이나 목소리를 들을 수 있게 된다. 지구 자체가 거대한 도체이기 때문에 당시 유선으로 가능한 일 대부분이 무선으로 가능케 된다는 뜻이다.

테슬라는 공사 좌절 이후 특히 1905년 이후에는 이렇다 할 일을 해내

1903년 당시의 '워든클리프 타워'의 모습.

지 못하였다. 세상 사람들이 그의 천재적인 능력은 인정했으나 아무도 그에게 투자하지 않기 때문이다. 후에 그는 1907년과 1908년에는 심리적으로 좌절감에 빠지기도 했다고 술회했다. 그럼에도 그는 쉬지 않고 새로운 것을 만들어 내고 있었다. 그는 이것을 남이 알아차리지 못하도록 기록하여 여러 개의 트렁크 속에 넣어 약 20여 군데에 분산 보관했다. 그가 살던 뉴욕 가버너 호텔에는 1만 달러를 들여 만든 금고까지 있었다. 그는 1943년 1월 7일 아무도 없는 방에서 외롭게 숨졌고, 시체는 호텔 청소부에게 발견되었다. 그가 미국에 이온 지 59년 되는 해였다.

그가 죽자 FBI는 외국인 자산관리소를 시켜 그의 모든 소지품을 차압하였다. 이에 대해 테슬라를 추모하는 단체들은 그가 남긴 모든 자료를 가져갈 수 있는 합법적 방법이 이 길뿐이었기 때문이라고 해석한다. 10년 후에야 유고슬라비아에 사는 그의 조카가 상속권을 인정받고 남은 물건들을 받았다. 이 유물들은 지금 유고슬라비아의 수도 베오그라드에 '테슬라 박물관'에 진열되어 있다.

원거리 통신

테슬라의 무선송전 주장에 대해 당시 많은 과학자들이 그의 천재적인 능력은 인정하면서도, 무선송전은 불가능하다는 주장을 많이 했다. 1893년 시카고 세계박람회에 테슬라는 처음으로 교류방식으로 박람회장 전체에 전기를 공급했다고 언급했다. 당시 전기기계의 세계적 권위자였던 독일 베를린 피지코 테크니컬 학회(Physico-Technical Institute)의 헬름홀츠(Herman von Helmholtz) 수석감사가 이 현장으로 구경을 왔다. 그는 테슬라에게 무선송전 방식을 설명듣고, 이것이 대단히 실용적인 방식임을 인정했다. 또 1897년 뉴욕에 온 영국의 켈빈 경은 테슬라의 실험실에서 무선송전 시범을 보고 너무나 놀라 "그렇다면 당신은 헤르츠파를 사용하지 않는 것이오?" 하고 물었다. 테슬라는 이에 "물론 아니지요. 이것은 전류가 아니라 방사선입니다"라고 대답했다. 그때까지 켈빈 경은 무선송전을 믿지 않는 사람이었으나 직접 목격한 순간부터 열렬한 지지자가 되었다.

1900년 1월 테슬라는 콜로라도에서 지구 어디든지 무선으로 통신할 수 있는 완벽한 기계를 만들었고, 사진을 세계 각지로 보낼 수 있고 대기를 통해 음악도 보낼 수 있다고 서술하였다. 1915년 10월 《타임》에 실린 테슬라 특집의 내용이다. "테슬라는 목소리를 5천 마일 이상이나 떨어진 곳에 보낼 수 있을 뿐 아니라 소리를 아주 깨끗하게 보내는 것이 가능하다는 것을 1899년 콜로라도에서 이미 보여주었다. 테슬라가 답답해하는 것은 15년이 지난 오늘(1915년)에도 사람들이 아직 그 원리를 이해하지 못한다는 사실이다."

그는 나중에 이것을 좀더 자세히 설명했다. 전화가입자들이 뉴욕 시에 있는 전화교환소에 등록만 하면 세계 어디든 같은 전화로 다른 가입자와 통화가 가능한데, 원리는 목소리를 담은 전류가 지각(地殼)을 통하여 전화하는 지역에서 일단 무한의 속도로 시작하여 약 6천 마일 지점에서 광속으로 늦추어졌다가 다시 빨라져 전화받는 지역으로 무한의 속도로 전달되는 것이다. 이 신기한 무선이란 것은 마치 폭풍이 불어오듯 인간생활에 찾아와 그 기능을 완전히 발휘하게 될 것이고, 그때가 되면 전 세계에 6개 정도의 무선전화 교환소만 있으면 목소리뿐만 아니라 영상까지 서로 교환하게 될 것이라 하였다. 즉 오늘날의 TV, 팩스 따위를 능가하는 것들을 1899년에 그는 이미 계획하고 있었던 것이다. 또 1926년 1월 30일에 그가 호텔 객실에서 자기 신세를 한탄하면서 적은 글이 있다.

모든 실체가 리듬을 가진 분자로서 전 세계를 하나의 거대한 두뇌처럼 작동하게 만드는 무선이 완전히 적용되는 날에는, 인류는 거리 감각을 잊어버리고 즉각적으로 누구와도 교신을 하게 될 것이다. 그때에는 사람들이 원거리 전화(tele-phone)와 원거리 영상(tele-vision)으로 마치 얼굴과 얼굴을 맞댄 것과 다름없이 교신할 것이며……그때의 TV전화는 지금 우리가 사용하는 전화보다도 훨씬 더 간단해져서 사람들은 윗옷 호주머니에 그 TV전화기를 넣고 다닐 것이다……. 필경 가장 가치있는 무선 에너지의 원리를 적응시켜 만들 수 있는 이기(利器)는, 연료 없이 현재의 비행기나 비행선이 갖고 있는 여러 한계를 벗어나 자유로이 다닐 수 있는 비행기의 추진력이 될 것이다……. 또 각 가정에 배달되는 종이신문 대신에 사람들이 잠자는 동안에 무선으로 각 가정에 신문이 직접 배달되어 집에서 인쇄된 신문을 읽게 되는 일은 꿈이라기보다 현실에 훨씬 가까운 이야기이다……. 그리고 자동차들의 주차문제와 겸하여 상용도로와 개인용무를 위한 도로를 별도로 사용하는 문제도 해결할 수 있을 것이다. 벨트로 장치된 고층 주차장 빌딩을 세우고 도로는 필요한 대로 겹으로 증폭시키면 된다. 그러나 자동차의 바퀴를 날개로 대치하는 문명이 도래하면 그런 도로마저 결국 사라질 것이다

살인광선

1915년 테슬라는 5천만 볼트의 전기에너지를 무선으로 원거리에 보내 목적물을 파괴하는 것이 가능하며, 자신은 이미 그 무선송신기를 만들었음을 증명할 수 있고, 이 기구는 세계 아무 곳에나 원하는 목적물을 정확하게 겨냥할 수 있다고 발표하였다. 그러나 이러한 주장은 너무나 황당하게 여겨져 그의 발표에 관심을 두는 사람이 표면으로는 아무도 없었다.

그런 일이 있고 9년 후인 1924년 갑자기 세계 여러 곳에서 살인광선을 발명했다는 과학자들의 발표가 잇따랐다. 1924년 5월 19일 영국의 과학자 그린델매튜스(Harry Grindell-Matthews)는 파리에서 원거리의 비행기를 격추시킬 수 있는 가공의 전자방사선 기구를 발명하였으며, 이 가공할 방사선*은 전 군대의 행동을 마비시킬 수 있다고 하였다. 그러나 대부분의 과학자들은 그의 발표가 너무 과장됐으며, 4마일이나 7~8마일 정도의 거리라면 몰라도 그 이상의 거리는 상상하기 어렵기 때문에 전 군대의 움직임을 마비시킨다는 말은 납득할 수 없는 일이라

---

* 한국어로 광선 또는 방사선이라는 것은 영어로 ray, 또는 beam을 말한다. ray를 흔히 '광선'이라고 번역하지만 '광선'이란 용어는 빛을 가진 선이란 선입관을 갖게 되는데 반드시 우리 눈에 보이는 빛을 말하는 것은 아니다. 다만 radiation, 즉 방사(放射)하는 파(波)를 말하기 때문에 위에서 death ray를 '살인광선' 또는 '죽음의 방사선'이라고 불렀다. 따라서 '살인광선'은 빛이 없어 눈에 보이지 않는 선(beam)도 포함한다.

고 반격했다. 이에 대하여 그린델매튜스는 이미 독일군은 이러한 장비를 갖추었다고 응수하였다.

그리고 같은 달 24일에는 독일의 과학자 볼레(Herr Wolle)가 독일은 '죽음의 커튼'이라고 부르는 전자무기를 세 개나 만들었다고 발표하였고, 다음날인 25일 미국의 과학자 월(T. F. Wall)은 전기에너지를 사용하여 무선으로 비행기나 자동차의 기능을 마비시키는 기술을 특허신청하면서 같은 원리를 외과수술이나 다른 과학 부문에 적용할 수 있다고 주장했다. 그리고 5일 후인 5월 30일 그 전날 뉴욕에서의 발표를 인용한 콜로라도 스프링스의 신문에는 테슬라가 1900년 콜로라도 스프링스에 있을 때 이미 발명한 눈에 보이지 않는 방사선에 접촉되면 운행중인 비행기가 그대로 추락하게 된다고 설명한 기사가 실렸다. 그러나 이러한 발표만 있었지 실제 사용한 흔적은 발견할 수 없었다.

10년이 지난 1934년 테슬라의 78세 생일날 기자들이 모인 자리에서 이 '살인광선'에 대한 설명이 있었다. 그 죽음의 광선은 완전히 새로운 물리학의 원리를 이용한 것으로서, 1억만분의 센티미터에 불과한 이 방사선으로 250마일 거리에 있는 비행기 1만 대를 단번에 떨어뜨릴 수 있으며, 이 장치를 만드는 데 드는 비용은 200만 달러 정도이며 건설하는 데 3개월이 소요될 것이라 했다. 설명에 따르면, 미국 전역 12곳에 이런 기지를 설치하여 전자망을 치면 마치 중국에서 만리장성을 쌓아 국가를 보호하듯 미국은 어떠한 외세의 침입도 불가능하다. 그 방사선은 가스, 디젤, 오일 등 어떠한 연료를 사용하든 관계없이 모든 엔진을 녹여 버리므로, 이 방사선에 대한 방어는 불가능하다. 이 방사선을 농축하여 사용하면 지나간 자리에 있는 군인이나 장비는 모두 삽시간에 죽고 파괴된다. 망원경의 조망권 내에서 또는 지평선의 범위 내에서 정확하게 목표를 겨냥하고 파괴하는, 소리도 없고 흔적도 없는 효과적인 무기이다.

1935년 2월호 《리버티》지에 테슬라가 살인광선에 대해 간결하게 설명한 일이 있다.

> 나의 발명에는 큰 시설이 필요하다. 그러나 일단 그 시설이 완공되면 200마일 이내에 접근하는 적의를 가진 사람이나 기계, 원하는 것은 무엇이든 모두 파괴시킬 수 있다. 우리보다 강한 어떤 적이 침략해 온다 해도 이들을 막아낼 장막을 치는 것이라 생각하면 된다.

그는 계속해서 자기의 발명과 다른 사람들이 만든 살인광선과의 차이를 설명했다. 다른 사람들의 살인광선은 다량으로 만들 수도 없고 거리가 멀어질수록 급격하게 약해지지만 자신의 것은 그렇지 않다고 주장했다. 그에 의하면 당시 뉴욕에서 소비되는 총 전력량이 200만 마력(15억 와트)이었는데 이 전력은 모두 사용해도 20마일 밖의 사람은 죽일 수 없는 미약한 양이었다. 후에 다른 과학자들은 테슬라가 말한 다른 살인광선은 그린델매튜스의 것과 비슷한 종류일 것이라 추측했다. 그린델매튜스의 살인광선은 높은 전류로 목표물을 타격하기 위해 자외선을 이용한 것이었고, 자외선 서치라이트의 성능 한계는 테슬라의 것에 비해 훨씬 약했던 것으로 여겨졌다.

문제는 벌써 20세기 초에 테슬라뿐 아니라 많은 과학자들이 이런 발표를 여러 번 했는데, 지금은 그 아이디어가 갑자기 사라져 버리고 어린이 공상만화에만 남았다는 것이다. 미국의 레이건 대통령 때 소련의 고르바초프 수상과 대결하여 최신과학을 동원하는 소위 '스타 워즈'를 전개하겠다고 호언하던 그 과학은 과연 21세기의 최신 과학이었는가. 아니면 테슬라를 위시한 1920년대의 여러 과학자들의 망상에 불과한 것인가? 또는 그때 그 자료들을 세계의 모든 정부들을 좌지우지하는 누상(樓上)의 엘리트들이 빼앗고, 지상의 아무도 사용하지 못하고 아예 없던 일로 만든 것인가? 내막을 모르는 사람들로서는 나름대로 결론을 지을 수밖에 없는 이 의문은 또다른 끝없는 질문과 상상으로 연결되기도 한다.

예를 들어 콜럼비아 대학에서 무기를 연구하던(현 워싱턴 DC에 소재한 국방분석 연구소 소속) 젊은 과학자 타운스(Charles Hard Townes)는 아주 짧은 초단파를 만들기 위하여 고심한 끝에 4년 만인 1950년에 메이저(MASER)* 광선을 만들었다. 이 원리를 이용하여 1958년 하워드휴즈 항공사에서는 레이저(LASER)* 광선을 만들었는데, 그렇다면 이 광선들은 이미 테슬라가 반세기 이전에 말하던 가공할 광선의 일종인가?

테슬라는 태양광선보다 50배 빠른 속도를 가진 빛을 개발했다고 말한 적도 있다. 그는 또 거의 돈을 들이지 않고도 영상을 포함한 모든 통신이 가능하다고 하였다. 요즘엔 레이저 하나가 TV 프로그램 2만 5천 개를 동시에 송신할 수 있다. 그렇다면 테슬라가 이미 개발했다고 말한 그 단계에 도달하려면 아직도 많은 시간이 필요한 것일까.

전등

테슬라는 에디슨의 백열전등을 아주 조잡하고 미개한 것으로 여겼다. 그가 시범을 보인 전등은 성능이나 품질 면에서 훨씬 더 다양하고 월등했기 때문이다. 그는 자신이 발명한 전등을 상용화하려고 노력했으나 성공하지 못했고, 그의 비-헤르츠파 전등과 유사한 형광등이 반세기가

---

* MASER, Microwave Amplification by Stimulated Emission of Radiation.
* LASER, Light Amplification by Stimulated Emission of Radiation.

1894년 유명 작가 마크 트웨인이 친구 테슬라의 실험실에서
전등을 손에 잡고 손수 실험을 해보고 있는 장면.

훨씬 지나서 세상에 선을 보이기는 했지만 아직도 이 세상에는 그가 제
시했던 전등이 소개되지 않고 있다.

또 그는 친구인 음악가 스토코프스키와 작가인 트웨인, 부호의 아들
전기기술자 해몬드(Jack Hammond Jr.) 등과 동업으로 회사를 만들어
전등은 물론 형광등을 이용한 사진기술을 개발하는 사업을 벌인 일이
있다. 이때 마크 트웨인이 테슬라의 실험실에서 형광등을 켜보이는 사
진이 지금도 남아 있어 테슬라가 에디슨의 백열등보다 훨씬 진보된 전
등을 만들었다는 증거가 되고 있다.

테슬라가 자기 방에서 전깃줄 없이 불이 켜진 전등을 쥐고 있는 사진
도 유명하다. 이는 100만 볼트라는 고압의 전류를 직접 자기의 몸을 통
하여 전등이 켜지게 한 것이다. 이것이 테슬라가 개발한 또다른 전등
'동적전자감응전구'(Electro Dynamic Induction Lamp)로 전깃줄 대신
감응으로 켜지는 전등이다. 21세기에 들어선 현재의 테크놀로지로도
상상하지 못하는 발명품인데, 이것을 테슬라는 1894년 특허까지 받아
놓았다(U. S. Patent 514170).

그는 콜로라도 스프링스에 있을 때 200개의 전등을 발전소에서 40킬로미터 떨어진 곳에 전깃줄 없이 켜보이기도 하였고, 역시 전선 없이 전기를 전달하여 마치 필라멘트처럼 40미터 길이의 두 갈래로 된 불꽃을 탑과 탑 사이에 일어나도록 하여 운동장만한 크기의 지역을 밝히기도 하였다. 그에 의하면, 햇빛은 태양에서부터 9천 4백만 마일 되는 거리를 통과해 지구에 도달하는 진동에 의한 것으로서, 자기가 태양광선을 형성하는 진동과 흡사한 진동을 만들 수 있기 때문에 태양광선과 비슷한 광선도 만들 수 있다고 했다. 더군다나 이 광선은 구름이나 다른 방해물의 영향을 받지 않는다고 하였다. 태양광선은 우주의 공간 '에테르'(ether)에서 1초에 500조 번 진동함으로써 생기는 것이다. 따라서 그와 같은 진동을 만들기만 하면 되는데, 이미 자기의 기기로 어느 정도까지 진동을 만들었으니 조금 더 개량하면 된다고 설명하였다. 바로 동적전자감응전구를 말한 것이다.

원격제어 어뢰

1907년 3월 20일 《뉴욕타임스》에 '테슬라의 무선어뢰'라는 제목의 기사가 났다. 그 내용은 테슬라가 멀리서 전파로 조종할 수 있는 어뢰를 만들어 실험도 끝냈지만, 무선으로 전파를 보내 직접 파괴하는 것이 훨씬 더 위력이 크다면서, 자기가 만든 기구로 전기에너지를 농축시켜 원하는 지점 어디에나 낙하시킬 수 있다는 것이었다. 당시에 레나(Lena)라는 프랑스 선박이 이상하게 전기불꽃이 튀면서 폭발한 사고가 있었는데 아무도 그 이유를 모를 때 《뉴욕타임스》 기자가 테슬라에게 질문을 했던 것이다. 테슬라는 이어서 어뢰를 원격조종하기도 하지만 같은 방법으로 어뢰를 공중의 비행체나 수중 잠수체로 변형시켜 이곳으로부터 강력한 전파를 발사하여 목표물을 폭발시킬 수도 있다고 했다.

1899년 60피트 길이의 전기 스파크가 일어나고 있는 콜로라도 스프링스 실험실에서 생각에 골몰하고 있는 테슬라.

에테르 연료 자동차

세계의 화석연료가 고갈되어 가고 있으며 피할 수 없는 '연료 대란'을 목전에 둔 현실에서, 테슬라가 영원히 무료로 사용할 수 있는 대기 중의 에너지를 사용하여 고성능의 자동차를 버팔로 시내에서 질주했다는 것은 생각 있는 과학도들에게 자극제가 될것이다.

근래에 와서 건전지를 이용한 전기자동차가 한참 대두되더니 요즈음에는 연료전지(fuel cell)를 이용한 전기자동차가 크게 대두되고 있다. 개인적으로는 10여 년 전에 한국 내연기관 제조업계에 연료전지 연구를 촉구한 일이 있으나 눈썹 하나 까닥하지 않는 무심한 반응에 포기하고 만 일이 있다. 그때 캐나다 발라드(Ballard Power System)사가 세계 최초로 연료전지 개발에 착수하여 일본이나 독일 유수 자동차 회사들과 합작으로 기술개발을 진행하고 있었다. 다행스럽게도 요즘 한국의 대기업 중에도 대체에너지 연구에 뛰어든 곳이 있어 희망을 가져본다.

전기자동차에 대한 인류의 관심은 20세기 후반이나 21세기에 들어와서 화석연료 고갈이나 환경문제 때문에 촉발된 것은 아니다. 1920년대에 이미 전기자동차의 필요성에 관심이 고조되었고, 각 자동차 제작사들이 전기모터를 사용하는 자동차를 선보이기도 했다. 당시는 내연엔진을 시동할 때 앞에서 크랭크를 돌려야 하는 번거로움이 있었고 미션도 지금처럼 속도를 변환하는 데 매끄럽지 않았으며 여러 가지 잔고장도 많고 정비 또한 간단하지 않았다. 반면에 전기모터를 사용하는 자동차는 조작이 아주 쉽고 변속할 때 덜컹댈 염려가 없어 여자들도 쉽게 운전할 수 있었고, 기계 자체가 매우 간단하여 고장 염려도 별로 없기에 백화점 배달트럭이나 의사들 왕진용으로 주로 사용되고 있었다.

당시 전기자동차 출시로 유명했던 회사들은 디트로이트 일렉트릭 (Detroit Electric), 콜럼비아(Columbia), 베이커(Baker), 라우시&랭 (Lauch&Lang), 우즈(Woods) 같은 회사들이었다. 지금은 모두 생소한 이름이지만, 그때는 포드, GM 같은 회사들도 여러 자동차 회사들 틈에 끼어 생존경쟁을 하고 있었다. 전기자동차는 배터리로 에너지를 공급하기 때문에 무겁고 덩치가 크며 속력이나 운행시간에 제한이 있는 것이 단점이었으나 그런 상황에서도 특수 용도로서의 인기는 유지하고 있었다. 그러던 중 내연엔진의 셀프모터 등장으로 스위치 하나로 시동이 가능해지자 전기자동차의 인기는 급속히 떨어지게 되었던 것이다.

일반적으로 전기자동차는 직류모터를 사용하는데, 이에 반하여 테슬라는 교류모터를 사용했고 차 뒤에는 180센티미터 정도 길이의 안테나를 장착하였다. 1931년 피어스-애로사와의 계약하에 진행된 테슬라의 자동차를 시험 운전한 사람은 테슬라와 같은 유고슬라비아 태생으로 오스트리아 공군 조종사 출신이었으며, 테슬라를 삼촌이라고 부르며 따르던, 피타 사보(Petar Savo)라는 32세의 청년이었다.

1960년대에 와서 사보가 증언한 바에 따르면, 그들은 버팔로의 어느 작은 차고에 들어가서 자동차 본넷을 열고 가져온 진공관 12개를 장치에 꽂고 무언가를 조금 조종하고 시동을 걸었다. 전기를 일으키는 장치는 길이 60센티미터에 폭 30센티미터, 높이 15센티미터의 상자처럼 생겼으며, 사용한 진공관은 어떤 것인지 모르지만 후에 3개는 70L7-GT 진공관으로 밝혀졌다. 사보가 운전대에 앉고 테슬라는 보조석에 앉아 지시하는 대로 시동스위치를 켰는데 아무 소음이 없었고, 전진기어를 넣고 가속페달을 밟으니 앞으로 굴러 나가기 시작했다. 그들은 버팔로 시내를 거쳐 시외에까지 다니면서 시험운전을 했다. 속도계는 120마일(시속 192km)까지 있었으나 90마일(시속 145km)까지 밟았고 그런 고속에서도 자동차는 아주 조용했다.

시험운전을 마친 테슬라는 확신을 얻고 자동차에 대해 설명했다. 그 자동차는 연료가 전혀 필요 없으며, 여기에 사용된 원리는 자동차를 움직일 뿐 아니라 가정에 전기도 공급하게 될 것이고, 결과적으로 기차, 선박, 비행기에도 사용될 것이라는 내용이었다. 모터의 원리에 대해서는 자세히 설명하지 않았으나 그의 장치는 단순히 에테르에 있는 신비스런 방사선을 받는 장치일 뿐이며, 그 방사선은 공중에 무궁무진하게 존재하므로 인간은 대기에 그런 에너지가 한없이 존재한다는 사실에 감사해야 할 것이라 말했다.

사보는 그후 8일 동안 계속 그 차로 시내와 시외를 운전하고 다녔으나 피어스-애로사의 휘발유 차종 8기통 125마력(bhp), 366in³(6천cc)짜리 차의 성능과 거의 차이를 느끼지 못했다. 마지막 시험운전을 끝낸 그들은 자동차를 다시 버팔로에서 20마일 떨어진 교외의 어느 비밀장소에 갖다 놓고, 시동키와 전기장치를 떼어 집으로 가져 갔다.

그런데 테슬라의 비서가 허락 없이 차에 대한 소문을 퍼뜨린 덕에 테슬라는 어떻게 배터리 없는 전기자동차를 만들 수 있으며 전원은 어디에서 얻느냐는 질문을 많이 받았다. 이에 대해 테슬라는 주변에 널려 있는 에테르에서 얻는다고 마지못해 대답을 했다. 그때 테슬라가 미쳤다는 사람도 있었고 악마를 신봉하는 조직과 연루되어 마귀의 힘을 빌려 괴상한 이적 행위를 한다는 말도 있었다. 피어스-애로사와 협상이 잘되지 않았거나 다른 사정 때문인지 이 전기자동차는 결국 햇빛을 보지 못했고 이로 인해 테슬라는 다시 뉴욕 시로 돌아가면서 그 장치를 분해해서 없애 버렸다.

참고로 에테르에 대해 설명을 좀 하고 넘어가겠다. 원래 에테르는 하나의 가설로, 19세기에 빛·열·전자파 같은 것을 전달하는 매체이자 우주공간을 채우는 눈에 보이지 않는 물질로 이해되고 있었다. 그러나 19세기 말과 20세기 초 미켈슨-몰리(Michelson-Morley)나 아인슈타인(Albert Einstein) 같은 과학자 덕분에 불필요한 가설이 되었고, 지금은 마치 전기가 양극에서 음극으로 흐른다고 말하는 것과 마찬가지로 일종의 가정에 불과하다. 테슬라가 사회의 통념을 따라 '에테르'라고 표현했지만, 실제 그가 말한 것은 '슈만공명'을 의미했다.

그는 지구 표면에서 전리층(고도 약 80킬로미터) 사이를 '슈만층'(Schumann cavity)이라 하고, 슈만층에는 7.83헤르츠의 전자기 파가 흐르고 있는데 이를 슈만공명 또는 '지구 자장의 맥박'이라고 했다. 이 파장은 지구 표면의 슈만층 어느 곳에나 전혀 약화됨이 없이 돌고 있다는 것이다. 테슬라가 자동차에 사용한 무료전기는 바로 이 슈만공명을 잡아 전기에너지로 변환시킨다는 의미였고, 누구나 간단한 변환기

만 있으면 지구 어느 곳에서나 쉽게 전기에너지를 얻을 수 있다는 것
이다. 그리고 놀라운 것은 그가 이미 그 기구를 만들었다는 사실이다.

스칼라파

테슬라가 콜로라도 스프링스에서의 실험을 통하여 확신을 갖게 된 것
은 '스칼라파'라고 하는 '종파'(縱波, longitudinal wave)에 대한 이론이
다. 테슬라가 지구에 이미 존재하는 전기에너지를 지구 어느 곳에든 쉽
게 보낼 수 있다고 한 것은 전자파를 이용하는 것이 아니라 이 종파를
사용하는 것이었다. 그 당시 테슬라가 호언장담한 것으로 보아 이미 완
전히 독자적으로 이론뿐 아니라 실용단계까지 간 것같다.

1960년대에 미 국방성 소속 과학자 리치몬드(Walter Richmond)와
비어든(Thomas Bearden) 중령이 이 '스칼라파'를 발견했다. 비어든
중령의 말에 의하면, 1963년 소련이 미국의 원자잠수함 트레셔
(Thresher)호를 격파시킨 것이 이 테슬라의 원리를 이용하여 만든 소위
'사이코트로닉 무기' 덕분이었다.

1999년 봄 이름을 밝히지 않은 미 육군의 한 장성은 아트 벨(Art
Bell) 라디오 프로그램에 출연하여 광선속도(초속 30만 킬로미터)의 4.7
배 되는 속도로 통신이 가능한 단계까지 종단파를 개발했다고 발표하면
서, 이것은 해저 어느 곳에 있는 잠수함도 찾아 폭파시킬 수 있고, 실내
온도에서 바위를 녹일 수도 있는 정도라고 말하였다. 물론 이것은 21세
기 과학에 해당하는 첨단과학이며, 극비에 해당하는 이야기이다. 그리
고 통상적으로 전파의 속도가 광선의 속도와 같다는 이론을 완전히 뒤
엎은, 세계가 놀랄 만한 이야기이지만 거의 100년 전에 이미 테슬라가
혼자 개발하여 실제 사용하려고 했던 것을 돈 때문에 뜻을 이루지 못했
을 뿐이다.

기후조종

1914년 테슬라는 대기 중에 있는 습기에 존재하는 전기를 조작하여 바다에서 무제한의 수분을 끌어오는 것이 가능하며, 전자기파 조작만으로 산불도 끄고, 짐승이나 곤충, 미생물 등 생물의 멸종이나 파괴를 막을 수도 있다고 말했다. 그는 또 항상 주장하기를, 지구의 크기도 조정할 수 있으며, 우주의 행로를 바꾸어 계절을 조절할 수도 있고, 지구를 다른 행성과 충돌시킬 수도 있으며, 유사 태양을 만들어 빛과 열을 생성하여 공급할 수 있다고 장담하였다. 그러나 사람들은 그의 말을 믿지 않고, 항상 천재에서 미치광이 사이를 오락가락하고 있다고 생각하였다. 기후조종에 대해서는 뒤에서 좀더 자세히 이야기 하겠지만, 그 당시 테슬라가 이런 원칙을 이용하여 기후를 조종할 수 있다고 말했던 것으로 이해된다.

테슬라를 둘러싼 의문의 사건들

퉁구스카 폭발

1908년 6월 30일 오전 7시 17분 바이칼 호수 북쪽 시베리아 포드카메나야 퉁구스카 강 지역 상공 8킬로미터 지점에서 이상하고 거대한 폭발이 일어났다. 퉁구스카 강 주변은 툰드라가 끝난 남쪽의 광대한 침엽수 원시림 지역이었다. 이 폭발로 바로 밑에 있던 2,150평방킬로미터 면적에 초속 60킬로미터 강풍에 해당하는 공기파와 섭씨 1,660만도 정도의 열파가 덮쳤으며, 다음 약 8천 평방킬로미터 지역에 있던 8천만 그루 이상 되는 나무들이 불에 탔다.

폭발의 충격파는 런던 지진관측소에까지 감지되었는데, 그 위력은 진도 5의 지진 또는 TNT 10~15메가톤에 해당하여 히로시마와 나가사키 원폭의 약 2천 배 규모였다. 이 지역은 광활한 무인지대로 알려져 있으나, 그 속에는 원주민들이 간헐적으로 작은 마을을 구성하고 살았고, 많은 사슴떼도 살고 있었다. 따라서 이들이 모두 사라져 버린 것이다.

1960년 우바로프(Valery Uvarov) 박사의 조사 때에도 인근에서 약 3천 명의 목격자들이 살아 있었다. 이들에 의하면 북북동쪽 하늘이 밤새 오렌지색을 띤 강력한 노란빛이었고 다음날 아침 동이 틀 때까지 훤했으며, 빛이 번쩍이거나 깜빡거리는 일도 없었고, 무지개나 오로라처럼 빛줄기가 나타나는 경향도 전혀 없었다.[20] 세계적인 과학자들로 구성된 조사단이 여러 차례 답사하여 땅을 40미터나 파보았는데도 운석이나 분화구의 흔적이 없었기 때문에 핵폭탄이나 유성이 떨어진 것은 아니라는 의견이 지배적이다. 어떤 이들은 블랙홀이나 반물질(antimatter) 같은 설을 주장하지만, 모두 모순이 많아 여전히 과학의 수수께끼로 남아 있는 상태이다.

한편 이 사고에 대해 테슬라를 의심하는 사람들이 많다. 그중 니켈슨(Oliver Nichelson)이 가장 강력하게 반대하고 있는데, 테슬라가 무선으로 엄청난 양의 전기를 원하는 곳에 보낼 수 있을 뿐 아니라 이를 무기로 사용할 수 있다는 말을 누누히 했다는 것을 근거로 든다. 테슬라는 송전시스템을 무기로 사용하려면, 지구의 전기 상황을 조작·변형시켜야 한다고 설명한 적이 있다. 지구에 대전된 전기의 진동을 송전기와 맞추면 나침반도 다르게 작용할 것이고, 대기 상층부는 마치 그의 실험실에서 사용하는 전구 속에 들어 있는 가스와 같은 성질을 띠기 때문에 지구 전체를 하나의 전기 부속처럼 취급하게 된다는 것이다. 또 그는 일반 전기송전과 파괴를 목적으로 하는 송전의 차이는 다만 시간의 차이일 뿐이라고 했다. 워덴클리프 타워로 전압 1억 볼트에 전류 1천 암페어까지 실험을 해본 그는, 만약 이런 전량을 아주 짧은 시간에 방출하게 되면 TNT 수백만 톤을 터트리는 것과 같은 효과를 내며, 이런 전기 덩어리를 지구 어디든 원하는 곳에 빛의 속도로 보낸다면 그 지역은 순식간에 증발해 버릴 것이라고 결론내렸다.[21]

테슬라가 퉁그스카 폭발의 주인공이라고 생각하는 사람들의 또다른 근거는 1900년부터 약 10년간이 테슬라가 가장 극심한 좌절감으로 고심한 시기이기 때문이다. 모건을 위시한 모든 재벌가들이 재정 지원을 거부했고, 과학계마저도 그의 논리에 동조하지 않았다. 그는 절박한 심정에서 무선송전이라는 그의 발명이 얼마나 위대한지를 보여주기 위해 인명 피해가 없는 지역을 선택하여 시범을 보였고, 그것이 1908년 퉁구스카 폭발이라는 것이다.

평화주의와 인본주의 사상이 투철했던 그가 많은 짐승과 원주민들을 죽이는 일을 했을리 없다는 주장도 있지만, 필경 테슬라 자신도 예기치 않았던 훨씬 큰 위력이 나타난 것일 수도 있고, 테슬라가 원했던 장소에서 빗나간 것일 수도 있다. 목표가 빗나갔을 것이라고 추측하는 이유는 다음과 같다. 당시 피어리(Robert E. Peary)는 10여 년 동안 계속해서 북극 지역을 측량하고 탐험했는데(1902, 1906, 1909년 북극 정복), 그 탐험팀의 기지가 캐나다의 최북단 엘레스미어 섬의 앨러트였다.

이 앨러트는 지구본에서 워덴클리프 타워와 퉁구스카를 북극을 통해 직선으로 연결하면 바로 그 선상에 있다. 그래서 혹시 테슬라의 원래 의도는, 피어리 탐험팀이 가까이에 있는 북극 어느 곳을 목표로 해서 그로 하여금 폭발의 규모를 증언하도록 하려 했던 것이 아니냐는 설도 있다. 자신의 발명이 위대함을 증명해 보이고 자기 주장의 중요성을 대대적으로 펼쳐 여론을 몰아 자본가나 투자자들의 주목을 끌어 보려 했으나, 뜻하지 않은 인명 피해와 자연파괴 때문에 오히려 비난을 받을까 두려워

입을 다물었던 것이 아니었는가 추측하는 것이다.

여하튼 테슬라가 퉁구스카 폭발의 장본인이 아니었다면, 그가 주장한 '저주파 현상'이나 '슈만진동'을 위시한 여러 원리와 학설 따위는 그의 정신병적 환상에 의해 창출된 미치광이 소리에 불과한 것으로 치부할 수밖에 없을 것이다.

필라델피아 실험

2차 세계대전 때 미 해군은 독일의 레이더망에 포착되지 않기 위한 피닉스 작전의 일환으로, 테슬라를 위시해서 폰노이만(John Von Neumann), 허친슨(John Hutchinson), 커텐아워(Emil Kurtenhour), 아인슈타인 같은 당시의 석학들을 소집하여 무지개 작전이라는 실험을 했다. 이 작전은 필라델피아 해군 항만에서 이뤄졌는데 보통 '필라델피아 실험'으로 알려져 있다. 처음에는 테슬라가 책임자로 있어 다른 과학자들은 그의 지시를 따르고 있었다. 그러나 다른 과학자들이 고집을 피워 테슬라를 따르지 않게 되자 테슬라는 사임하고, 그의 뒤를 이어 폰노이만이 책임자로 앉게 되었다.

폰노이만은 헝가리에서 태어난 수학 신동으로, 6살 때 암산으로 8자리 나눗셈을 할 정도였으며, 당대 가장 뛰어난 수학자 중 하나였다. 그는 독일과 스위스에서 연구하다가 1930년에 미국으로 와서 프린스턴 대학 교수가 되었다. 그는 폰노이만 기계라는 최초의 컴퓨터를 만든 사람이었고, '폰노이만 대수,' '오퍼레이터 이론,' 게임이론 등을 개발했고, 독일 물리학자 하이젠버그(Werner Heisenberg)의 '불확실성 원리'를 '양자물리학의 수학적 기본'이라는 이론으로 증명하기도 했고, 시간은 과거-현재-미래로 흐르는 선상(線上)의 움직임이 아니라고 증명하기도 했다. 이 외에도 그가 남긴 업적은 수없이 많다.

1930년대에 들어서면서 니콜라 테슬라는 이미 수명의 다른 과학자들과 '시공간 연속체'라는 다른 차원으로 옮겨 다니는 실험을 하고 있었으며, 전기를 이용하여 물체가 보이지 않도록 하는 것이 가능하다고 믿은 시카고 대학에서도 이에 관한 연구를 시작하였다. 한편 이보다 먼저 아인슈타인도 '중력과 전기의 통일장 이론'을 내놓고 이 원리를 이용하여 바다에서 전자기파로 배를 위장하는 방법을 시도한 적이 있었다.(아인슈타인은 1925~1927년 사이에 독일어로 이 논문을 프러시아 과학저널에 발표했으나 후에 완전치 못하다고 철회했다.)

폰노이만이 있던 프린스턴 대학의 진보학문연구소(Institute of Advanced Studies)는 1939년 작은 물체를 보이지 않게 하는 데 성공했다. 이 연구소는 이를 미 정부에 알렸으며, 군에서는 당시 전쟁에 돌입한 상황을 고려하여 이를 실전에 이용하려고 했다. 이것이 '무지개 작전'으로 구체화되었고, 결론은 테슬라 코일 4개를 작동시켜 자장을 만들고 그 자장으로 소위 '과도공간기포'(Hyper Space Bubble)를 물체 주변에 조성해 보이지 않게 만드는 것이었다.

이 원리는 함선 주변에 아주 강력한 자장을 만들어 감싸면 태양빛 같은 광선이나 레이더 등에 사용하는 전파는 마치 아지랑이처럼 굴절하게 되어 보이지 않게 되며, 혹시라도 적이 어뢰를 발사하면 그 진로가 굴절되어 옆으로 빗나가게 된다는 것이었다. 이 실험은 마치 보이지 않는 옷을 몸에 입히는 것처럼 배가 적에게 노출되지 않는 것이 첫째 목적이었다. 그때 아인슈타인과 테슬라는 만약 이런 기술이 개발된다면 인류를 위해 사용되지는 않을 것이라는 경고를 했다.

드디어 1943년 여름, 뉴욕 해군 항만기지 소속 엘드리지(USS Eldridge DE 173) 경구축함에 75킬로볼트암페어(kva)짜리 발전기 두 대, 자장을 만드는 테슬라 코일 4개를 위시한 여러 전기기구를 잔뜩 실고 필라델피아 해군 항 앞바다에서 실험이 시작됐다. 1943년 7월 22일 오전 9시에 함상의 발전기를 발동시켰고, 곧 선박 주변이 초록색 안개로 가려지면서 선박은 보이지 않기 시작했다. 얼마 후 안개 자체가 걷히면서 선박도 함께 사라져 버렸다.

이를 주시하던 해군 고위 장교들이나 과학자들은 선박이 레이더망에만 잡히지 않는 것이 아니라 눈으로도 볼 수 없다는 것에 대단히 만족했다. 얼마 후 발전기를 끄도록 명령하자. 다시 초록색 안개가 서서히 나타났다가 그 안개가 가라앉으면서 엘드리지 호가 모습을 드러냈다. 그러나 육지에 있던 관련자들이 승선해 보니 무언가 매우 잘못되어 있었다. 갑판에 있던 선원들은 얼이 빠져 있었고 매스꺼움과 어지러움을 호소했다. 그래서 당국은 선원들을 모두 교체시키고, 앞으로는 레이더에만 감지되지 않게 만드는 방향으로 실험을 변경했다.

10월 28일 오후 5시 15분, 다시 실험이 시작되었다. 발전기를 발동하고 테슬라 코일이 작동하여 전기자장이 일자, 함선은 점점 사라지기 시작해 뱃머리만 약간 보일 정도였다. 얼마 동안은 모든 것이 예상대로라고 느껴졌는데 갑자기 선박에서 파란불이 번쩍 일면서 배 전체가 완전히 사라져 버렸다. 불과 수 초 사이에 함선은 약 400킬로미터 남쪽에 있는 버지니아 주 노포크항 앞바다에 수 분 동안 나타났다가 다시 필라델피아 해군기지 앞 바다에 돌아왔다. 이번에는 모두 181명이 승선했었는데 그중 120명은 온데간데 없었고, 40명은 죽고 21명만이 살았는데, 일부는 미쳐 버렸고 산 사람 모두는 신체적으로도 매우 심한 이상 증세를 보였다. 그리고 가장 이상한 일은 그중 다섯 명이 함선의 철판에 아주 박혀 버려 철의 일부가 되버린 것이었다. 애초 레이더망에 걸리지 않게 하려던 실험이 뜻하지 않은 선박과 선원 전체의 텔레포테이션을 맛보는 사고로 끝을 맺은 것이다. 이에 대해 해군 당국은 그런 실험을 한 일도 없고, '엘드리지'라는 함선이 없어진 일도 없었다고 주장하며, 그 함선의 일지를 공개하기도 했다.

　여하튼 필라델피아 실험으로 당국과 실험 당사자들은 많은 것을 배웠을 것이고 호기심 또한 커졌을 터, 누구보다 우월한 무기를 가지려는 욕망이 이를 포기했을 리는 만무하다. 알려진 바로는 미 해군이 1950년대에 '팀머맨'(USS Timmerman)이란 함선으로 또다른 실험을 했으며, 이번에는 엘드리지호 때처럼 400헤르츠를 사용하지 않고 1천 헤르츠를 사용했다고 한다. 이 이론을 비행기에도 적용시키려는 노력도 있었다.

　혹시 독자들 중에 라필(Stewart Raffill)이 감독한 1984년의 〈필라델피아 실험〉이라는 영화를 본 사람이 있을지 모른다. 이 영화에서는 1943년에 사라진 엘드리지 호의 두 수병이 오직 전쟁중의 기억과 전혀 늙지 않은 육체로 1980년대에 다시 돌아오게 된다. 이들은 1980년대의 세상에 적응하지 못하여 사회적·정신적 고통을 겪기도 하며 이상한 일이 벌어져 비밀연구당국(몬토크)에 알려지자 위험을 느끼고 도망하다 결국 다른 차원에 있는 함선에 일종의 블랙홀을 통해 되돌아가 아직도 가동되고 있는 발전기를 부수고 다시 지구로 돌아온다. 이 줄거리는 꾸며낸 것이며, 그들은 그냥 4시간 동안 사라졌다 돌아왔다는 설도 있다. 하여튼 '필라델피아 실험'이하는 해프닝은 테슬라 혼자의 이론으로 일어났던 일은 아니지만, 그와 관계가 있기도 하고 첨단과학이 어떤 경지에 들어가고 있는지를 알리는 차원에서 소개해 보았다.

전자기파 무기의 신기원

가공할 무기 HAARP

마지막 전쟁이 일어날 때에는 경무기로 시작되지만 마지막은 연무기로 끝날 것이라고 앞에서 언급했다. 지금 우리가 지상의 무기로 여기고 있는 소총에서부터 원자탄 따위가 모두 경무기이고 지금부터 소개하려는 전자기무기가 연무기의 대표격이다. 전자기무기 중에서도 가장 극치라고 할 하프(HAARP)*를 우선 소개해 보겠다. 아직 HAARP에 대해 아는 사람들은 그리 흔치 않지만, 아는 사람들은 대부분 HAARP가 궁극적인 무기라고 믿고 있다. 이 책에서 소개하는 전자기 또는 전자파무기 앞에서는, 현대의 군대도 마치 소총과 기관총으로 무장한 군대 앞에 활과 창으로 무장한 채 서 있는 군대보다 못한 원시군대 이하로 전락할 것

---

* HAARP, Highfrequency Active Auroral Research Program.

이다. 그러면 HAARP를 이용해서 어떤 일을 할 수 있을까?

첫째, 적이 소유한 모든 인공위성, 비행기, 미사일, 트럭 따위를 한꺼번에 파괴시킬 수 있다. 현대의 인공위성은 스파이 활동으로 적군이 어떻게 움직이며 어떤 장비를 갖고 있는지 상세한 자료를 제공해 준다. 그런데 이런 것을 모두 한꺼번에 없애 버리면 아군은 적이 모르게 마음대로 움직일 수 있게 될 것이다. 이것이 가능하다면 전쟁에 이길 수 있는 확률이 얼마나 높아지겠는가. 이것은 앞에서 언급한 테슬라의 살인광선 원리와 같다.

둘째, 이것으로 지구 주변에 보이지 않는 막을 형성하고 그 막을 통과할 수 없게 만들 수 있다. 대륙간 탄도탄이든 일반 비행기든 막에 도달하면 모두 폭발하거나 추락하게 된다. 이 막을 광선의 속도로 움직이는 전자운(電子雲)을 살포하는 것이다. 시설은 아주 간단하다. 보통사람들의 눈에는 흔히 방송국에서 보는 안테나와 별 차이 없는 장치를 가진 건물이나 트럭에 송신기만 설치하면 된다. 이런 송신장치는 전자운만 살포할 수 있는 것이 아니라 같은 방법으로 강약에 따라 전 세계의 무선통신을 마비시킬 수도 있고 전기의 송전도 중단시킬 수 있다. 무선통신의 원리는 송신되는 전파가 전리층과 지구 표면에 반사되어 멀리 전달되면 우리가 갖고 있는 라디오 같은 수신기가 이 전파를 안테나로 잡아 통신이 가능해지는 것이다. 그런데 HAARP의 원리로 전리층을 옮기거나 변화시킴으로서 이런 기능을 마음대로 조작하게 되는 것이다.

셋째, 전리층을 변형시키거나 옮겨서 하늘을 태울 수 있다. 예를 들어 서울에 살고 있는 사람들을 포함하여 생물을 죽이려면 HAARP가 위치한 장소에서 세밀하게 계산하여 서울 상공에 있는 오존을 모두 태워 버리면 된다. 그러면 우리 눈으로는 확인할 수 없지만 하늘에 구멍이 뚫리게 되고, 서울에는 여과받지 않은 햇빛, 곧 우주광선이 직접 비치게 된다. 이런 일이 일어나면 폭발음도 없고 눈에 보이는 위험한 물건도 없다. 그저 조용하게 생명체가 죽어갈 뿐이다.

넷째, 제트기류도 조절할 수 있다. 마치 돋보기에 햇빛을 통과시켜 한 군데에 초점을 맞추면 높은 열을 내어 물건을 태울 수 있듯이, 그 반대로 지상에서 여러 개의 송신 안테나로 발사하는 전파를 상공에 초점을 맞추면 그 위치에 높은 열이 생긴다. 기후는 대기에서 일어나는 일종의 열교환이다. 열의 차이에 따라 기류가 한 곳에서 다른 곳으로 옮겨 가는 과정에 폭풍도 일고 비도 오고 가뭄도 생기게 된다. 이러한 현상은 물론 자연적으로 생기는 것이지만 HAARP를 이용해서 인위적으로도 만들 수 있다. 기후를 무기로 사용할 수 있게 된다는 말이다. 미국이든 러시아든 중국이든 누가 이런 활동을 할 때 우리는 보이지도 들리지도 않기 때문에 과연 홍수나 가뭄 같은 현상이 자연적인지 인위적인지 분별이 불가능하다. 예를 들면 무력을 사용하지 않고도 북한을 항복시킬 수 있다. 몇 년 동안 계속해서 가물게 하던가 비를 흠뻑 내려 모두 물에 떠내려가도록 한다면 무슨 수로 견디겠는가. 기후를 무기로 사용한다면 전쟁의 판도는 완전히 달라질 것이다.

다섯째, 눈 깜짝할 사이에 지구상 어디든지 원자탄 이상의 위력을 가진 전기를 보내 쑥대밭을 만들 수 있으며, 작은 지역에 집중적으로 번개와 벼락을 몰아올 수도 있다.

이 원리를 이해하려면 오로라와 번개의 형성과정을 이해해야 한다. HAARP란 단어에는 활성 오로라를 인위적으로 만든다는 뜻이 내포되어 있다. 오로라는 태양에서 날아오는 전기를 띤 입자가 지구자기의 영향을 받아 지구의 양 자기극, 즉 북극과 남극을 향하여 진입할 때 대기 속의 공기원자와 서로 충돌함으로써 생기는 것이다. 태양에서 날아오는 전기를 띤 입자를 '태양풍'이라고 하는데, 이 태양풍과 지구에서 가장

대기권 구조

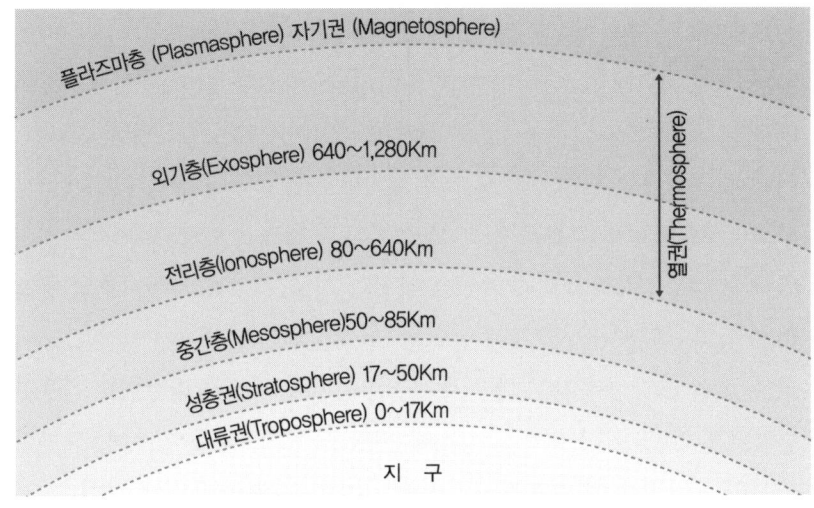

플라즈마층 (Plasmasphere) 자기권 (Magnetosphere)

외기층(Exosphere) 640~1,280Km

전리층(Ionosphere) 80~640Km

열권(Thermosphere)

중간층(Mesosphere)50~85Km

성층권(Stratosphere) 17~50Km

대류권(Troposphere) 0~17Km

지 구

먼 '열권'이 충돌하는 것으로, 충돌할 때 활성화된 전자들은 빛과 높은 열을 내게 된다. 이때 발하는 색은 가스의 종류와 농도에 따라 달라지고 온도는 프로톤, 즉 양자를 방출할 정도의 고온이다. 1995년 6월 워싱턴 DC에 있는 미 해군 연구실험실에서 발표한 내용을 보면, 충돌할 때 발생하는 전류를 '오로라 기전회로'라고 부르는데 여기에서 일어나는 전기는 10만에서 1백만 메가와트의 용량이다. 이는 거대한 발전소 수백에서 수천 개를 합한 규모다.

다음으로 번개와 천둥을 생각해 보자. 더운 공기는 자연적으로 위로 올라가고 공기가 더울수록 올라가는 속도는 더욱 빨라진다. 그리고 이 공기가 아주 높이 올라 찬 기류를 만나면 물방울로 변해 구름이 된다. 그런데 이 더운 공기는 원래 플러스(+)와 마이너스(−)가 짝지어져 있어 전기를 갖고 있지 않았으나, 구름이 형성되는 중에 아랫부분은 마이너스를 띠게 되고 상부는 플러스를 띠게 된다. 그리고 그 중간은 마치 콘덴서와 같은 역할을 하다가 그 플러스와 마이너스의 전압 차이가 중간 구름의 저항을 능가하게 되면 번개가 일어나는 것이다. 다른 한편, 땅은 원래 플러스와 마이너스가 짝지어져 있어 중성인데, 번개구름이 땅 위를 지나면서 지상과 그 위 공기의 플러스전기를 끌어당기게 된다. 이렇게 끌어당기는 현상이 아주 심해지면 머리카락이 위로 곤두서기도 한다. 그래서 땅과 구름의 전극 차이가 아주 심해지면 천둥이 치는 것이다. 이렇게 지구와 지구 주변에는 항상 엄청난 전기가 자연적으로 발생하고 있다. 이 전기를 모으면 인류는 전기를 따로 생산하지 않아도 공짜로 필요한 전기를 충분히 얻을 수 있다. 이런 원리를 인위적으로 이용하면 1초에 20번 이상 원하는 장소에 벼락을 치게 할 수 있으며, 원자탄 이상의 폭발력을 가진 전기뭉치를 빛의 속도로 원하는 곳에 보내 그 지역을 전부 태워 버릴 수도 있다.

이것은 원래 테슬라가 개발해 놓고 평화적 목적이나 전쟁 목적으로 어마어마한 수요가 있을 것이라고 역설했던 바이다. 그러나 그는 혹시라도 악한 사람 손에 잘못 들어가면 그 지식이 인류를 파괴하는 데 사용될까 두려워 자세한 내용을 밝히지 않았다. 1915년 12월 8일자 《뉴욕타임스》 기사를 보자.

발명가 니콜라 테슬라는 천둥신이 노해서 벌을 주기 위해 벼락을 쏘아 내린다는 전설과 공상과학자들의 상상을 실제 가능케 하는 기본원리를 갖고 특허신청을 냈다……. 그는 엔진이나 날개가 없는 무인선을 지구상 어디든지 원하는 곳에 전기를 이용해서 초속 300마일(480킬로미터)로 보낼 수 있는데, 만약 보내는 사람이 파괴를 목적으로 한다면 그것도 가능하다고 한다. 그러한 이유 때문에 그는 아직 자세한 내용을 밝힐 단계가 아니며, 전쟁에서 가공할 무기로 사용될 수 있기 때문에 평화적 목적으로 사용될 확실한 토대가 잡힐 때까지 상세 발표는 보류한다고 말했다.

여섯째, '매스 마인드컨트롤'(mass mind control)이 가능하다. 예를 들면, 어떤 특정 지역의 사람들이 불이익을 당해서 몹시 흥분된 상태인 것을 무마시키기 위해 이유없이 기분 좋게 만들거나 반대로 이유없이 자기의 분을 못 이기고 행패를 부리도록 만드는 것 따위가 가능하다. 지난 2002년 월드컵 때 모여 있던 질서 정연한 응원단들을 흥분시켜 마구 부수고 불지르는 훌리건처럼 만들 수 있다는 것이다.

일곱째, 원하는 지역에 전기를 끊을 수 있다. HAARP는 태양에서 일어나는 현상을 인위적으로 재현시키려는 노력이라고도 말할 수 있다. 태양 표면이 어떤 이유로 끓을 때 이것을 태양풍이라 하는데, 약하게 일어날 때는 지구통신에 지장이 생기고 심할 때에는 전기가 끊어지기도 한다. 이런 현상은 지구의 자장이 영향을 받기 때문이다. 어떤 사람은 정전이 잠깐 불편한 것에 불과하다고 생각할지 모르겠으나, 많은 경우 돈과 큰 상관관계가 있기도 하고 심지어는 생사가 걸린 문제가 되기도 한다. 정전이 오래가게 되면 물 공급이 끊어져 화장실도 사용하지 못하고 마시는 물도 곧 부족해질 것이다. 가게에서 생수를 사서 마신다고 생각할 수도 있겠지만, 공장에서 생수를 생산하지도 못한다. 우선 펌프도 안될 것이다. 기계도 모두 전기로 움직이는 것 아닌가?

2003년 1월 25일 전 세계적으로 컴퓨터 대란이 있었다. 한국에서는 잠깐 동안이었지만 피해가 대단했다. 그런데 컴퓨터가 장기적으로 작동하지 못하면 석유가 있어도 공급을 하지 못한다. 모든 펌프장치가 컴퓨터화되어 있어 공급을 할 수 없을뿐더러 연료가 없어 자동차를 비롯한 모든 교통수단이 완전히 무용지물이 되버린다. 그러나 전기를 끊는 측

에서는 계속 전기를 보유하고 통신에도 전혀 지장이 없이 모든 것을 정
상적으로 운행하게 된다.

1965년 11월 9일 캐나다 온타리오 주에 있는 한 수력발전소의 스위치
가 아무 이유 없이 내려져 온타리오 동남부와 미국 동북부의 약 3천만
인구가 오후 5시부터 다음 날 오전 5시 30분까지 12시간 이상 전기 없
이 지낸 일이 있다. 이때 강간·절도 등 무수한 범죄가 발생했다. 물론
이는 태양풍 때문에 일어난 불가항력으로 탓하고 있지만, 만약 이런 일
을 인위적으로 만들어 원하는 곳에 적용한다면, 특히 한반도에 이런 일
이 일어난다면 과연 무슨 일이 벌어질 것인가!

HAARP는 어떻게 만들어졌는가

HAARP는 테슬라가 100여 년 전 이미 언급한 살인광선의 원리를 이
용한 것이다. 테슬라 사후 이것을 실용화하려는 시도는 거의 없었다.
그러던 것이 1984년 ARCO (Atlantic Richfield Company) 석유회사 소
속 연구소 소장으로 있던 이스트룬드(Bernard Eastlund) 박사가 '지구
의 대기, 전리층과 전자층의 부분적 변환방법 및 기구' 특허를 냈다. 그
는 MIT와 콜럼비아 대학에서 강의도 했고, 미국 원자에너지 위원회에
도 수년간 관계한 경력이 있는 학자다. 이 연구소 소속이 석유회사 였
기 때문에 당연히 목적은 석유나 천연가스를 찾는 것이었다. 그는 비행
기에서 30와트의 출력으로 전파를 땅에 쏘면서 알래스카는 물론 전 세
계의 석유, 천연가스 매장상태를 조사했다. 특허명에서 알 수 있듯이
연구범위는 지하와 지상 대기권까지 포함한 것이다.

현재 알래스카 가코나의 70~80만 평의 땅에 180개의 안테나가 설치
되어 있는데, 이것이 HAARP 시설의 전부다. 흔히 볼 수 있는 변전소처
럼 안테나가 가로 12줄, 세로 15줄로 가지런히 정렬되어 있어, 우리가 통

하프(HAARP). 180개의 안테나가 현재 알라스카 가코나에 위치하고 있다. 이는 테슬라의 원리를 이용한 것으로 무선으로 막대한 양의 전기를 송전할 수 있을 뿐 아니라, 기후조종, 대량 인간심리조종 등 수많은 종류의 무기로 사용할 수 있다.

상적으로 무기하면 상상하게 되는 무시무시한 형상이 아니고 통신을 위한 라디오 시설 같은 느낌을 줄 뿐이다. 이 수평으로 된 십자형 안테나의 원 명칭은 '전리층 연구기구'(IRI)인데, 세계에서 가장 강력한 초단파 송신안테나지만 실제로 우리가 들을 수 있는 라디오 방송은 하지 않고, 마치 전자레인지가 전자파로 냉동육을 녹이는 것처럼 전리층의 한 영역을 뜨겁게 가열하는 것이 그 기능이다. 현재 지구상에는 전리층 가열기가 여러 대 있으나, HAARP가 나머지 전체를 합한 것보다 몇 배 더 강력하다.

이들 안테나들은 전봇대 같은 기둥 위에 십자가로 교차되어 있는데, 하나는 2.8~7킬로헤르츠 저주파를 다른 하나는 7~10기가헤르츠의 고

주파를 방출하며, 필요에 따라 하나만 선택하여 사용한다. 이 안테나들 사이 지상 약 5미터 위에 철망을 설치해 놓았는데 이는 어쩌다 되돌아 오는 전파를 다시 반사시켜 되돌려보내는 장치다. 그리고 안테나들 사이에는 송신소라고 하는 작은 건물 서른 동이 있다. 이 건물에는 각각 12개의 디젤엔진으로 작동되는 송신기가 있는데 물론 저주파나 고주파를 마음대로 선택하여 방송(放送)이 가능하며, 방송주파(RF) 출력 1만 와트까지 방출할 수 있는 역량이 있다. 그래서 총 360개의 송신기가 합계 360만 와트의 전파를 하늘의 특성 지점을 초점으로 삼아 쏘면 그 초점에서의 세기는 1천 배로 증폭되어 36억 와트의 효과를 내게 된다. 이 것은 마치 총탄의 뇌관과 화약과의 관계와 같다고 할 수 있다.

HAARP는 메사추세추 주 한스콤(Hanscom) 공군기지에 소재한 공군 소속 필립스실험소와 워싱턴 DC에 있는 해군연구청(ONR)과 해군연구실험소(NRL)가 공동으로 운영하고 있고, 미 국방성에서 자금을 조달하고 있다. 이들은 여러 교육기관과 사설기관과 공동으로 개발하고 있는데, 연구내용은 우주공간의 기후가 통신·비행·송전시설에 어떻게 영향을 미치는가라고 한다. 여기서 우주공간의 기후라고 하는 말은 태양과 우주공간에서 오는 막대한 분자들의 흐름이 지구 대기권으로 흘러들어 오는 것을 말한다. 그런데 이 우주에서 오는 분자들의 흐름이 항상 일정한 세기로 들어오는 것이 아니라 시시때때로 변하고, 그 변화는 전리층을 이용한 라디오통신의 전파 전달기에 막대한 영향을 끼치고 있다.

원거리에서 송출하는 라디오방송이나 무선통신으로 통화가 가능한 것은 안테나를 떠난 전파가 전리층에 부딪쳐 반사되고 그것이 다시 지구 표면에 반사되기 때문이다. 마치 당구공이 당구대에서 왔다갔다하며 멀리 가는 것과 같은 원리다. 물론 얼마나 멀리 가는가 하는 문제는 당구공을 얼마나 강하게 쳤느냐에 달려 있듯이 전파의 주파수와 세기가 차이를 만든다. 그러나 외계에서 들어오는 우주분자의 상태에 따라 더 큰영향을 받게 되어 있어 지구상의 통신기능이 마비되는 일이 많고, 이것은 인공위성의 기능에도 큰 영향을 주어 심하면 인공위성 속의 기기마저도 고장나고, 심할 경우 통신뿐 아니라 유선으로 전기를 송전하는 고압선의 기능도 마비시킨다.

이 HAARP 시설에 대한 공식발표에 따르면 HAARP의 목적은 태양에너지가 지구 상층부위에 들어오면서 일어나는 자연적인 현상을 아주 작은 규모로 인위적으로 실험해 보는 것이며, 그 결과 과학자들은 자연적으로 일어나는 현상을 점점 더 정확히 이해할 수 있다는 것이다. 무장 군인이 지키는 것도 아니고, 연구소 개방시에는 안내자의 설명을 들으며 구경도 할 수 있기에 외견상으로는 순수 과학연구소 같다. 인터넷 사이트(www.haarp.alaska.edu)에도 자신들의 의도를 그럴듯하게 설명해 놓았다. 그러나 이 모두는 기만술에 지나지 않는다는 것이 이스트룬드 박사를 위시한 전문가들의 의견이다.

우선 의심스러운 점은 공군과 해군이 주동이 되어 참가할 뿐 아니라 무기로서의 기능이 너무나 광범위한데, 민간 연구기관이 몇 개 참여했다고 어떻게 해서 순수한 민간차원의 과학연구기관이 될 수 있겠느냐는 것이다. 그리고 전파를 이용할 경우, 통신뿐 아니라 물리적인 파괴력을 포함해서 정신적 영향력이 어마어마하게 크다는 것도 수많은 과학적 발표를 통해 우리는 알고 있다. 그러니 군대가 평화적 목적으로 연구에 몰두한다는 것은 고양이가 생선을 보호하는 연구에 참여한다는 말과 비슷한 이야기로 들린다.

의심스러운 전자기파의 안전도

여기서 잠깐 우리가 잘못 알고 있는 한 가지를 짚고 넘어가도록 하겠다. 즉 전자파의 안전도에 관한 내용인데, 여기에는 두 가지 주장이 있다. 하나는 전자파가 심하면 해가 있을 수는 있지만 현재 우리가 사용하고 있는 라디오나 TV는 물론 전자레인지나 휴대폰 같은 문명의 이기는 정부가 잘 관리하기 때문에 안심하고 사용하라는 주장이고, 다른 하나는 전자파는 대단히 위험해서 뇌암, 백혈병, 림프종 등의 원인이 된다는 주장이다.

1971년 미국 대통령 자문회의는, "레이더, TV, 통신장비, 전자레인지에서 방출되는 전자방사능(EMR)*은 환경에 침투한다. 따라서 장기간 약한 전자방사능 노출에 의한 생리학적 효과에 대해 잘못 판단하는 일은 국민건강에 매우 중대한 결과를 초래할 수 있으며, 특히 유전학적 영향에 대해서는 더욱 그러하다"라는 보고를 냈다. 1975년 넬슨(Gaylord Nelson) 상원의원이 미 해군의 극초저주파(ELF)가 인간 혈액성분을 바꾼다는 발표에 대해 그 연구내용을 발표하라는 압력을 넣은 일도 있었으며, 1976년에는 바윈(Susan Bawin) 박사와 아데이(W. Ross Adey) 박사가 ELF에 노출되면 신경세포가 영향을 받는다는 발표를 하기도 했다.

또한 1976년 12월 15일 미국 워싱턴 DC에서 열린 '전자방사능 관리 자문회' 세미나에서, 방사능보건국 소속 생리학 분야 장려부 부책임자인 리치(M. Leach) 박사는 여러 정부관리와 과학자들에게 그해 초 6개월간 쥐·토끼·기니피그를 대상으로 실시한 미량의 전자파 방사실험을 발표했다. 림프구와 림프구성 체계에 미치는 영향에 대한 간단한 시범

---

* EMR, Electro Magnetic Radiations.

과 측정이 가능하며 방사능을 받은 정상 림프구 세포(백혈구 세포)의 최고 20퍼센트까지 돌발적인 변형이 이루어진다는 내용이었다. 즉 세포가 자라다가 둘로 나뉘었는데, 이것이 바로 암발생을 말한 것이다.

또 1979년에는 전선 가까이 사는 사람들은 전류가 흐르면서 발생하는 전자방사능으로 인해 건강에 문제가 생긴다는 워타이머(Nancy Wertheimer)와 리퍼(Edward Leeper)의 유행병학적 논문이 뉴스로 소개된 일이 있었고, 마찬가지 이유로 영국에서는 고압선 가까이 살다 암에 걸렸다는 한 소년의 죽음에 대한 책임을 물어 영국전기회사를 고소한 사건이 있었다. 이 즈음에 오스트레일리아 멜버른의 임상의학 컨설턴트였던 호킹(Bruce Hocking) 박사는 시드니 주 TV 안테나 타워에서 4킬로미터 이내에 사는 어린이는 그보다 멀리 사는 어린이에 비해 백혈병에 걸릴 확률이 배가 더 높다고 발표했다. 미 환경보호청(EPA)에서 1990년 12월에 발표한 과학보고서에서는 ELF 전자기장과 백혈병·림프종·뇌암 사이에 현저한 관계가 있다면서 "증명은 되지 않았으나 연관이 가능하다"는 보수적인 견해를 견지하고 조심하는 것이 옳다고 설명했다.

여기서 "증명은 되지 않았으나 연관이 가능하다"는 대목에 대해, 1990년 7월 30일자 《타임》지는 '공중파 속에 숨은 위험 : 애매한 보고로 인한 정보시대의 난점을 꼬집다'(Hidden Hazards of the Airwaves-An obscure newsletter uncovers the perils of the information age)라는 제목으로 같은 달 《마이크로웨이브 뉴스》지에 실린 슬레신(Louis Slesin)의 기사를 소개했다. 환경보호청에서 2년간의 연구끝에 ELF에서 나오는 전자기장이 발암물체로 유명한 PCB의 다이옥신과 포름알데히드 같은 발암작용을 할 가능성이 있음을 확인했지만 내용을 보고서에서 고의적으로 삭제했다는 내용이었다. 이유는 이러한 보고서는 ELF를

전자파 명칭과 주파수 스펙트럼

약자	명칭	주파수 스펙트럼
ULF	Ultra Low Frequencies	3Hz ~ 30Hz
ELF	Extremely Low Frequencies	30Hz ~ 300Hz
VF	Voice Frequencies(사람의 목소리)	300Hz ~ 3000Hz
RF	Radio Frequencies(일반적으로)	10KHz ~ 30GHz
VLF	Very Low Frequencies	3KHz ~ 30KHz
LF	Low Frequencies	30KHz ~ 300KHz
MF	Medium Frequencies	300KHz ~ 3MHz
HF	High Frequencies	3MHz ~ 30MHz
VHF	Very High Frequencies	30MHz ~ 300MHz
UHF	Ultra High Frequencies	300MHz ~ 3GHz
SHF	Super High Frequencies	3GHz ~ 30GHz
EHF	Extremely High Frequencies	30GHz ~ 300GHz

발암체라고 공인하는 결과가 되고 이에 따른 일련의 복잡한 규제규정까지 오류로 바꿔야 하기 때문이었다. 따라서 마지막 단계에서 백악관 정책개발실의 고려에 의해 이 내용이 삭제되었다는 것이다.

이어서 슬레신의 기사 내용에는 메인 주 바드의 바드철공소에서 일하는 공원 23명이 부근에 있는 해군함정의 레이더에서 나오는 전파를 받고 비오는 날임에도 불구하고 일광욕 때 얻는 화상을 입었던 일, 호놀룰루 시내 한복판에 있는 라디오와 TV방송국 안테나에서 나오는 전파로 인해 때때로 쓰레기에서 자연적으로 화재가 일어난 일, 아주 한산한 소도시인 뉴저지 주 버논은 세계에서 가장 농축된 인공위성 전파가 쏘이는 곳이며, 동시에 설명 불능의 이유로 다운증후군이 밀집되어 발생한다는 것도 소개되었다.

땅속을 찍는 EPT

EPT*는 해저나 지하세계를 찍는 X-레이라고 생각하면 된다. 우리는 2차 세계대전 중에 소개된 레이더를 잘 알고 있다. 레이더는 극초단파를 원하는 방향의 공중에 쏴서 반사되는 전파를 받아 공중의 비행기나 미사일 같은 것을 분별하는 기기이다. EPT는 공중 대신 땅 속에 있는 물체를 알아내는 것인데, 병원 방사선과에서 보는 MRI를 땅 속에 적용시키는 것이라고 보면 된다. 피아노 건반마다 두드릴 때 특유의 음정을 내는 것처럼 어느 주파수의 전파를 내보내면 반향되어 오는 진동이 지하의 물질에 따라 다르게 나타나는 원리를 이용한 것이다.

이 전파는 지하 수십 킬로미터를 침투하여 지하자원은 물론 건물과 같은 구조물, 무기의 저장, 발사대 또는 터널 같은 것을 낱낱이 알아낼 수 있고, 대인지뢰·환경오염 물질 따위의 매장이나 누출을 찾아낼 수도 있으며, 교량이나 기타 건조물 내부의 사진을 찍어 안전도를 정확히 알아낼 수도 있다. 그런가 하면 화산의 폭발을 미리 알아낼 수도 있고, 심지어는 잃어버린 동전이나 땅에 묻힌 보물 혹은 유물 발견시에도 땅을 파보기 전에 정확히 무엇이 어떤 모양으로 묻혀 있는지 알 수 있다. 손으로 들고 다니면서 사용할 수 있는 소형 기기도 있지만, 비행기나 인공위성에서도 목적 여하에 따라 다양하게 이용되는 물건이다.

이것은 앞에서 언급했듯이 이스트룬드 박사의 특허 중 일부이다. 고차원적인 것은 HAARP에서 따로 연구·개발하고 있겠지만, 군사적 목적이 아니라는 확신을 일반에게 심어 주고, 또 어느 정도는 일반사회에 보급하는 목적으로 개인회사에서도 연구해서 다양한 기구를 만들어 내기도 한다. 여기 몇 가지 예를 소개한다.

---

* EPT, Earth Penetrating Tomography.

군사목적에 가장 가까운 것은 스웨덴 린쾨핑 소재 국방연구소에서 1987년에 만들어 1992년부터 실험하기 시작한 '카라바스'(CARABAS)* 가 있고, 러시아 모스크바 기획연구 중앙본부의 체르니(Igor V. Cherny)의 논문에 의하면 그곳에서도 비행기와 선박에 EPT 장치를 해놓고 모종의 해양 연구를 하고 있다. 렉싱턴에 있는 MIT 소속 링컨연구소에서는 스웨덴의 국방연구소와 버지니아 주 알렉산드리아에 있는 국방분석 연구소와 공동으로 여러 종류의 연구를 하고 있으며, 1993년 6월 4일에서 15일 사이 아리조나 주 유마 부근 사막에서 모종의 실험을 한 일도 있다.

개인회사로서는 캘리포니아 주 산타마리아에 있는 공중환경측량(Airborne Environment Surveys)사가 1992년부터 쓰레기 매립지, 유해물질 매립지(어떤 것은 폭발되지 않은 탄약 같은 것을 포함), 석유 또는 기타 화학물질 저장탱크 누출로 인한 인근 지역 지하수 오염 같은 것을 탐사하기 위해 비행기에 EPT 기기를 장착하여 사용하고 있다. 또 플로리다 주에 있는 콜맨 연구 회사(Coleman Research Corp.)는 에프리스(EPRIS)*라는 것을 만들어 지하에 묻힌 물건, 오염물질, 지질학적 지맥 또는 수맥을 알아내는 데 사용하면서 정부 에너지 부처와 함께 일하고 있다.

버지니아 스프링필드에 있는 싸다르 회사(XADAR Corp.)도 EPT원리를 이용해서 오하이오 주 한 인디안 마을 지하에 묻힌 선사시대의 흔적을 보여주는 지도를 만들었고 뉴욕에서는 오염된 화학물질이 묻힌 지점과 그 규모를 정확하게 파악하여 발굴을 시작했으며, 광산기사들은

---

* CARABAS, Coherent All Radio Band Sensing.
* EPRIS, Earth Penetration Radar Imaging System.

지층 암반의 형성 상황을 미리 조사해서 위험도를 판단하여 이를 피해 갱도를 파는 방법을 이미 여러 주에서 실시했다. 현재 싸다르는 석탄광산 운영에서 광부안전에 필요한 기구로 관심이 높을 뿐 아니라 갱도를 파나가면서 미리 가스, 물, 암반의 형성 등을 정확히 알아 효율적인 광산 운영을 할 수 있다는 데 매우 높은 가치가 있는 것으로 평가되고 있다. 일반적으로 땅을 파는 공사에서 전기시설이나 파이프 및 기타 다른 구조물이 이미 매립되어 있는지 여부를 알아내기 위해 정기적으로 사용하는 용도로 아예 안전규칙에 성문화되어 있을 정도다.

캘리포니아의 로렌스 리브모어 국립실험소에서도 여러 가지 기구를 만들었는데, 그중 관심이 가는 것은 지하에 묻힌 지뢰를 찾기 위해 비행기에서 항공사진으로 지도를 만드는 일이다. 우리 나라 비무장지대를 비롯하여 베트남, 캄보디아, 아프리카 등에 수십 년간 묻혀 있는 지뢰는 아직도 수많은 인명피해를 내고 있는데, 이런 기구로 손쉽고도 정확히 알아낸다면 평화적 목적으로 매우 유용할 것이라고 생각된다.

그런가 하면 NASA는 1997년 3월 6일 성명을 통해 파사데나의 JPL(Jet Propulsion Laboratory)사와 공동으로 '라이트사르'(LightSAR) 프로젝트에 착수한다고 발표했다. 그 목적은 인공위성에서 지구 표면을 고화질 지지지도(地誌地圖)로 계속적으로 만들어 지진, 홍수, 화산 같은 지변을 연구하고 예측할 수 있도록 하는 것인데, 그 데이터를 상업적인 지도 제작, 곡물추수 상황, 산림 관리, 지하자원 개발, 환경 정보 같은 목적에 공급할 가능성도 있다고 했다.

또 뉴 멕시코에 있는 산디아 국립실험소에서 만든 시사르(SISAR)*라는 것이 있는데 그 기능은 핵무기나 자연환경의 이상 상태를 감지하는

---

* SISAR, Subsurface-Imaging Synthetic-Aperture Radar.

것이다. 이 시사르는 UHF, VHF, 또는 1기가헤르츠 정도의 고주파를 사용한다. 이는 HAARP가 생성할 수 있는 것과 동등한 고주파이기도 하다. 미 공군과 해군 당국은 절대 그런 고주파를 사용하지 않는다고 하지만, 다른 과학자들은 과수평선(過水平線) 레이더나 기후조정을 위한 인조거울(AIM)을 전리층에 설치할 때 사용하는 라디오 주파수는 이런 고주파라고 믿고 있다.

민간회사들이 대부분 EPT 기구를 만드는 데 고주파를 이용하는 반면에, 연구기관들은 전파 스펙트럼의 아랫부분인 VLF와 ELF를 사용하는 방법을 강구하고 있고 HAARP 연구기관들은 이런 저주파 사용을 선택했다. 그중의 하나가 UCLA 플라즈마 물리실험실에서 개발하는 히파스(HIPAS)*인데, 이는 전리층 가열기로 사실은 HAARP가 생기기도 전부터 진행하던 프로그램이었다. 영국에서는 인공위성에 EPT 기구를 장착하여 지하 3미터 깊이에 묻혀 있는 2차 세계대전 때의 450톤짜리 폭탄을 발견한 일도 있었지만 이런 것은 이미 오래된 이야기가 되었다.

같은해 2월 19일에는 유럽우주청에서 테라헤르츠(THz) 방사능을 이용한 여러 가지 기구를 만들겠다고 공표했다. 테라헤르츠는 1천 기가헤르츠인데, 현재 라디오 테크놀로지, 다시 말해서 현 통신기술은 약 100 기가헤르츠까지의 범위 내에서 사용되고 있다. 테라헤르츠 방사능은 라디오 주파수와 빛의 주파수 사이의 전파를 말하며, 앞으로 초고속 무선 데이터 통신 등에서 테라비트 속도를 사용하는 칩이 나올 날도 그리 멀지 않았다고 본다.

자연 상태에서 모든 물질은 라디오 파장처럼 테라헤르츠 방사능을 발산하지만, 열이나 빛과 달리 이 파장은 딱딱한 고체 물질을 그대로 통과

---

* HIPAS, High Power Auroral Stimulation Observatory.

하기 때문에 이를 집중시켜 비추면 마치 투명한 유리를 통해 사물을 보는 것과 같이 불투명한 고체 뒤에 있는 물체의 영상을 볼 수 있기도 하고, 파장의 크기에 따라 화학품이나 일반 물질을 분석하여 숨겨져 있는 것이 무엇인지 알 수도 있다.

유럽우주청은 15밀리미터 두께의 종이 책 뒤에 있는 손을 찍은 사진을 공개하면서 이들이 우편물이나 포장 속에 감춘 폭발물이나 생화학 무기를 X-레이 찍듯 알아낼 수 있으며, 피부 속 암의 상태를 그대로 영상으로 볼 수도 있고, 붕대를 풀지 않고도 상처의 상태를 그대로 볼 수 있으며, 안개가 아무리 짙어도 앞을 볼 수 있다고 했다. 이 프로젝트는 유럽 각국 공동으로 추진되었다.

그보다 며칠 전인 2월 5일에는 영국 BBC가 필립스사에서 3D 에코기계란 것을 만들어 냈다고 발표했다. 이 기계는 사상 처음으로 심장박동을 입체영상으로 보여주어 과거에는 상상할 수 없던 수술을 가능케 만들었다. 영국 런던의 킹스 대학병원과 공동으로 개발한 이 기계는 잠수함 통신과 비슷한 원리로 초음파를 이용한 것인데, 손에 쥐고 사용하는 이 스캐너로 고주파를 인체에 투사하면 내장, 뼈, 살 등 조직에 닿아 마치 산울림을 일으키는 것과 같이 반사되어 다시 스캐너에 포착되고, 되받은 전파를 컴퓨터가 입체영상으로 스크린에 보여준 것이다.

앞에서도 언급했듯이 HAARP는 석유나 천연가스를 발견하려던 ARCO사의 연구결과 개발된 것으로 무엇이든 지하에 있는 물질을 감별할 수 있는 것이 원래의 기능 중 하나였고, 이를 EPT라고 부른 것이다. 이를 이용하면 화산폭발이나 지진도 가능하다. 이것을 개발한 이스트룬드 박사도 사실 테슬라가 100여 년 전에 이미 역설했던 확대송신기(TMT)를 만들어 낸 것뿐이다.

GWEN과 사이클로트론 공명

GWEN은 Ground Wave Emergency Network의 약어다. 1980년대 초반 미국에는 200마일 간격으로 높이 300~500피트의 안테나 모양의 전봇대가 세워졌다. 330피트의 구리철사 100개로 만들어진 망이 달려 있으며, 여기에서 지하 약 1미터에서 사방으로 150~175 킬로헤르츠의 VLF가 지표파(地表波)로 발송되었다. 이 전파는 일정한 간격을 두고 약 2천 와트의 세기로 발송되었다. 20분마다라는 설도 있고 4시간마다라는 설도 있다. 현재 약 2천 와트의 세기로 확인된 것만 54개인데, 30개 정도가 더 있을 수 있다는 추측이 있다.

그러면 이것의 용도는 무엇인가? GWEN은 사실상의 계엄사령부인 연방비상관리국(FEMA)의 COG(Continuity of Government) 프로그램의 일환으로 만들어진 것이다. FEMA는 테러 또는 핵폭발로 정부가 마비되는 상황을 가정하고 국가 지도부의 총수인 대통령이 육해공군과 해병대, 경찰, 방위대 등등 모든 무장된 조직체를 절대권력으로 지휘하고 정상적 사회의 법률이나 사법권을 초월해 나라를 통치하겠다는 의도로 만든 것이다. 이것으로 보아 GWEN의 용도도 짐작할 수 있을 것이다.

물론 일반대중에게 납득할 만한 설명 없이 은밀하게 세웠으므로 의혹이 분분한 것은 당연했다. 이에 대하여 GWEN 프로그램의 책임자인 미 공군의 핸슨(Paul Hanson) 대령은 1987년 3월 1일자 《뉴욕타임스》에 "GWEN 탑은 장기전이 일어나면 쉽게 파괴될 것이다. 주로 트랜지스터가 주재료이기 때문에 아무리 견고한 벙커 속에 두어도 핵폭탄이 터질 때 나오는 전자파고동(EMP)*에 다 망가져 버린다. 핵전쟁에서는 무

---

* EMP, Electromagnetic Pulse.

용지물인 것이다. 게다가 모두 지상에 노출되어 있기 때문에 전쟁 목적으로는 의미가 없다"라고 해명했다. 전쟁을 위한 장치는 아닐 수도 있지만 필요 없는 물건을 많은 돈을 들여 설치하지는 않을 테니 의혹을 벗기는 어려워 보인다.

또 한 가지 흥미 있는 사실은, GWEN이 원래 국방부의 사업이지만 국방부가 법무부와 합의하여 공동으로 사용하기로 한 증거를 여럿 발견했다는 베기치(Nick Begich) 박사의 증언이다. 법무부가 GWEN 운영에 참가했다는 것은 경찰이 그것을 사용한다는 뜻인데, 과연 무슨 목적일지가 궁금해진다. 분명 적이 아니라 자국 국민의 사고방식을 통제하겠다는 의도가 깔려 있을 것이다.

이와 관련하여, 두 번이나 노벨상 후보로 지명되었고 인체와 전기에 관한 권위자로 알려진 벡커(Robert O. Becker) 박사는 "GWEN은 사이클로트론 공명(cyclotron resonance)과 조화시켜 사람들의 태도를 조종하는 아주 탁월한 시스템이다. 미국은 지역에 따라 평균 지구자장의 세기가 각각 다르다. 따라서 어떤 생물체 내의 '이온'을 공명시키기 위해서는 그 지역의 지구자장에 맞는 특정 주파수의 전파가 요구된다. 그래서 그 지역의 자장 상태에 따라 그 지역에 어울리는 전파를 발송하기 위해서 200마일 간격으로 GWEN탑을 세울 필요가 있게 되는 것이다"라고 설명했다.

그런데 신체 또는 생물체 내의 이온을 공명시킨다는 개념은 과학계에서 논란이 많은 주제이다. '사이클로트론 공명'은 신체 내의 아주 작은 양의 물질을 EMR에 노출시키면 그 물질이 자극되어 실제 양보다 수천 배가 체내에 있는 것과 같은 효과를 낸다는 것이다. 모든 물질은 그 물질을 형성하는 원소의 원자가에 따라 전자의 운동이 각각 다르기 때문에 그 물질의 특유한 전자파를 발산한다. 그런데 이 전자파가 공명작용을 일으키는 다른 전자파를 만나게 되면 그 진동은 어마어마해진다. 전자파는 결국 진동이기 때문이다. 그래서 측정 불가능할 정도로 적은 양의 독극물이 존재한다 해도 '사이클로트론 공명'을 사용하면 갑자기 치명적인 독극물로 둔갑한다. 이것은 전쟁에서 그 효용가치가 아주 높다. 아주 극소량의 화학무기를 사용하여 적군이 안심하고 행동할 때 적진을 향해 송신기를 이용하여 전자파를 쏘면 적군을 전멸시킬 수 있는 가공할 무기가 될 수도 있기 때문이다.

또다른 예로 사람의 체내에 특히 갑상선에 집중되어 있는 옥소가 있다. 이 옥소는 많으면 질병을 일으키고 아주 많으면 치명적이다. 그런 옥소에 공명을 일으키게 되면 죽지 않는 사람이 없을 것이다. 미국은 이미 1982년에 텍사스 주 산안토니오의 사우스웨스트연구소에서 '서기 2000년 항공체제를 이용한 생물공학 연구과제 필요성에 관한 종말보고서'란 제목으로 전시에 이 방법을 사용할 것을 제의한 바 있다. 만약 적군의 체내 니코틴을 공략하여 EMR을 쏘인다면 담배를 피우는 사람이나 커피를 마신 사람들을 모두 죽일 수 있는, 즉 특정한 사람만 선택해서 죽일 수 있다는 것이다.

약 600여 종의 화학물질이 들어 있는 담배를 비롯하여 우리는 매일 음식물을 통해 수천 가지 화학물질을 섭취하며, 오염된 공기 속에 있는 수많은 화학물질 또한 체내로 들어온다. 이중 어느 한 화학물질을 택해 HAARP나 GWEN을 이용하여 공명을 일으키면 분명 치명타를 입을 것이다. 많은 사람들이 걸프전에서 이라크의 생화학무기에 대비한다는 명목으로 투약한 주사나 약에 전자무기를 사용했다고 본다. 소위 걸프전 증후군이 전자무기의 부작용이라는 추측도 이런 맥락에서 나왔다.

1992년 4월 13-19일자 《국방뉴스(Defense News)》에는 걸프전의 '사막의 태풍' 작전에서 EMP 무기가 사용되었다는 보도도 있었다.

《하퍼스&로》 잡지에 의하면, EMP는 1962년 존슨 섬에서 핵실험을 하는 중에 처음 발견된 것으로, 핵폭탄이 터진 직후 폭발적으로 발산되는 방사능을 가리킨다. 다시 말해서 핵폭발에 의해 퍼지는 전기장과 자장이 EMP이다. 이 EMP가 퍼지면 전자회로가 타버려 통신시설과 컴퓨터 등 복잡한 전자기기가 모두 파괴된다. 현재 EMP의 위력이 모두 밝혀진 것은 아니지만 전문가들에 의하면 만약 미국 대륙 중앙에서 핵폭발이 크게 일어나면 미국 전역의 모든 전기가 끊어지며, 미사일이 발사된 이후라도 그 안의 전기회로를 태워 버려 목표물에 떨어지지 않는다.[22]

참고로 구 소련 과학아카데미의 생물물리학 실험소 소장이었으며 현재는 미국 애리조나 대학에서 역시 생물물리학 부문에서 일하고 있는 카이보라닉(Alexander Kayboranik)은 "질병은 생물체의 물리적 생체와 전자장의 관계가 잘못되어 일어나는 것이며, 여기서 화학적 성분 문제는 2차적 또는 3차적 요인이 된다"고 주장했다. 전자장을 한국적으로 풀이하면, 기(氣)라고 할 수 있다. 그러니까 카이보라닉이 주장하는 말은 어떤 영양이나 화학적 성분이 결핍되거나 과다해서 병이 난다기보다는 몸에 기가 원활하게 돌지 못해 병을 앓게 된다는 것이다. 따라서 전자장은 인간의 생사를 좌우할 정도로 매우 중요하며, 인간이 인위적으로 조정해 좋게 또는 나쁘게 사용할 수 있다는 것이다.

좋든 나쁘든 인간에게 어떤 영향을 주기 위해 아무 반송파(carrier wave)나 선택해서 변조나 조작하는 것은 아주 쉬운 일이다. 라디오, TV, 휴대폰 같은 것들이 사용하는 반송파를 간단하게 역이용할 수 있다는 말이다. 실제로 1991년 걸프전 당시 미군은 소위 '소리 없는 소리'(Silent Sound)라는 무기를 이라크 군대에 사용했다. 이것은 초고주파를 반송파로 사용하고 그 위에 초음파를 덧씌워서 사람에게 쏜 것인데, 이를 맞은 사람은 불안해지고 두려움에 떨게 되었다.

또 어떤 사람들은 전자장에 매우 예민하다. 20세기 초 라디오가 처음 발명되어 보급될 때 인구의 약 1퍼센트는 라디오 때문에 정신 상태가 불안정하게 되었다고 불평했는데 그때 대부분의 사람들은 그런 불평을 하는 사람들을 비웃으며 묵살했다. 그런데 뉴멕시코 대학의 연구결과로는 실제로 항상 윙윙거리는 소리를 듣는 사람이 있다. 조사결과에 따르면 인구의 1~3퍼센트 정도가 대부분의 사람들과 다르게 영향을 받는다. 우리 인체는 모두 일종의 변환기(transducers)로서, 에너지를 다른 형태로 바꾸는 장치이며, 그 정도는 인체의 화학적·물리적 구성요소에 따라 다르기 때문에 어떤 사람은 전기자장에 매우 민감한 것이 사실이다. 현대인들은 20세기 초 라디오가 처음 발명되었을 때보다 약 2억만 배나 더 많은 전자장 속에서 살고 있다. 그런데도 쉽게 견디고 있다. 그 이유가 설탕 때문이라고 한다. 설탕에 감각을 무디게 하는 요소가 있기 때문이다.

조용한 잠재술

미 육군전쟁대학(US Army War College)에서 발간하는 《파라미터스(*Parameters*)》라는 잡지에 실린 '마음은 방화벽이 없었다'(Mind had no firewall)라는 기사를 보면, 심리전자 생성기라는 장치는 전화선, TV, 라디오 네트워크, 전등 전깃줄 같은 것을 통해 방전할 수 있는 강력한 전자장을 생성하는 장치이며, 그 전장은 이를 받는 사람의 심리를 조정할 수 있다. TV를 보고 있든지, 누구와 전화 통화를 하든지, 백열전등 밑에서 책을 읽고 있는 중에 보지도 듣지도 느끼지도 못하는 전자파가 그 사람 몸에 들어와 그 사람의 사고력이나 행동을 조정할 수 있다는 뜻이다.

　지난 걸프전 때 미군은 이미 '조용한 잠재술'(Silent Subliminal)이라 하여 이라크 군대에 이런 전자파를 쏘아 그들로 하여금 전의를 잃고 겁에 질려 허둥지둥하게 만들었다고 한 스코틀랜드의 언론이 보도한 일이 있다. '조용한 잠재술'의 다른 한 방법으로 컴퓨터 모니터를 이용한 '25번째 프레임 잠재효과'(25th Frame Effect)라는 것이 있다. 이는 연속체로 보이는 영화가 실제로는 계속 지나가는 프레임이라는 원리를 이용한 것으로서 25번째 프레임에 원하는 메시지를 집어넣어 보여주는 것이다. 영화는 물론 컴퓨터나 TV에서도 이 방법을 사용할 수 있다. 수년 전 캐나다의 CBC TV에 셔르노프(Shirnoff)라는 사람과 아버지 부시 정권 때 비살상무기 개발 책임을 맡았던 알렉산더(John Alexander)가 출현하여 자기네들의 경험담을 들려주었다. 이들은 '25번째 프레임 효과'를 실험실 건물에서 일하는 전 직원을 대상으로 실험했다. 어느 특정한 날 동료직원들을 즐겁게 해주기 위해 모두 케이크를 직장에 갖고 오라는 메시지를 컴퓨터 모니터를 통해 내보낸 것이다. 그들의 실험은 성공하여 다음날 모두 케이크 하나씩을 들고 출근하는 현상이 일어났다.

　한편 일본에서는 이 기술을 이미 꽤 오래 전부터 백화점을 찾은 좀도둑들을 대상으로 사용해 왔는데, 도둑질할 마음을 없애기 위해 배경음악과 함께 7개의 언어로 조용한 잠재술을 사용한다고 한다. 이러한 조용한 잠재술은 '두뇌훈련기' 또는 '신경전화'(neurophone) 같은 이름으로 개발되기도 했다. 이것은 집중력을 높여 사물 이해력이나 암기력을 높여 주기도 하고 예술적 감성을 북돋아 주기도 한다. 만약 아주 깊은 예술의 경지에 몰입하고 싶다면, 두뇌의 효능이 아주 높게 되도록 주파수를 맞추면 된다. '2원음박동'(Biaural Beat)이라는 방법을 사용하는 것으로, 두 개의 다른 음파를 한 음은 왼쪽 귀에 다른 음은 오른쪽 귀를 통해 듣도록 하는 것이다. 예를 들어 한쪽 귀에는 초당 16,000헤르츠의 음파로, 그리고 다른 쪽에는 16,007헤르츠의 음파로 소리를 공급하면 서로 상쇄하여 7헤르츠의 정상파(standing wave)가 남게 된다. 이것이 '알파 리듬'이다.

이 두뇌훈련기의 원리를 이용하여 '두뇌바이오피드백'이라는 기구를 만들어 반신불수가 된 사람들의 재활훈련이나 집중력 결핍증 어린이 치료에 사용하고 있다. 즉 반신불수의 경우에는 남아 있는 반쪽의 정상적인 두뇌가 나머지 죽은 두뇌의 몫까지 할 수 있도록 하기 위해 두뇌의 활동력을 더욱 활성화시키는 일이고, 집중력 결핍증 환자의 경우는 두뇌의 활동이 너무 왕성하여 활동항진 상태가 일어나는 것이기 때문에 뇌 활동을 어느 정도 감소시켜 주는 것이다.

모스크바 신호

1952년 소련 과학자들의 제의로 미국을 대표하는 과학자들과 함께 뉴멕시코의 산디아 국립실험소에서 일련의 비밀회합을 가진 일이 있다. 목적은 EMR로 인한 생리학적 위험과 안전을 경고하는 데 있었다. 소련은 모든 실험자료를 공개하여 서로 교환하고 안전수치를 제정하자고 주장했다. 당시 소련의 연구자료는 미국보다 훨씬 광범위하고 깊이가 있었으나 미국 과학자들은 당시 소련 과학자들의 경고를 믿으려 하지 않았다. 다음 회합에서도 소련 사람들은 계속 EMR이 얼마나 위험한지 역설하면서 미국 사람들을 설득시키려 했으나 미국은 여전히 무시하는 태도를 보였다.

결국 소련은 미국을 설득하는 것을 포기하고 산디아 회합 직후 모스크바 주재 미국 대사관에 EMR 전자기파를 쪼이기 시작했다. 미국이 이상한 기미를 느낀 것은 1962년에 와서였고, 그제서야 CIA는 자렛 (Milton Zaret)이란 사람을 고용하여 이를 조사했다. 내막을 알게 된 CIA는 소련 당국에 중지할 것을 요청하거나 EMR을 막아 자국 외무성 직원을 보호한 것이 아니라 오히려 모든 것을 비밀에 부치고 대사를 포함한 대사관 전 직원을 실험 대상으로 삼고 EMR에 노출된 결과를 살펴보기로 결정했다.

CIA는 이것을 '판도라 작전'이라고 이름 지어 비밀리에 직원들의 건강을 관찰하기 시작했다. 자렛 박사는 여러 개의 주파수가 대사의 사무실을 집중적으로 겨냥하고 있는 것을 발견했다. 이런 비밀작전은 약 10년간 지속되었으며 '모스코바 신호'(Moscow Signal)라는 이름이 붙었다. 당국은 그 세기와 영향은 아주 미약했다고 발표했으나 1976년 《보스톤글로브》지에 보도된 바에 의하면, 전 주 소련대사인 스토셀(Walter Stoessel)은 눈에 출혈이 있었고 두통이 심한 류케미아(백혈병)와 비슷한 아주 희귀한 혈액병에 걸렸다. 그리고 역시 소련의 EMR 공세에 노출되었던 그의 두 전임자 보렌(Charles Bohlen) 대사와 톰슨 (Llewellyn Thompson) 대사도 암으로 사망했다.

러시아 딱따구리

1976년 7월 4일 미국에서는 독립 200주년을 기념하는 불꽃놀이 등 화려한 축하파티가 열렸다. 이때 소련에서도 다른 종류의 불꽃놀이를 시작했는데, 아마추어 무전사 햄들은 이것을 '러시아 딱따구리'라고 이름 붙였다. 왜냐하면 무전사들 라디오에 마치 장작 불타는 소리나 딱따구리가 나무를 쪼아대는 소리같이 들리는 전파를 소련에서 보냈기 때문이다. 미 국방성의 공식발표에 의하면, 그 방송은 소련의 과지평선레이더 체계(Over-the-Horizon Radar System)의 소리라고 했다.

과지평선레이더에 대해 잠깐 설명하자. 전파는 빛과 같이 직선으로 움직인다. 그리고 레이더는 물체에 반사되어 되돌아오는 전파를 받아 분석하여 멀리 있는 물체가 무엇인지 분별하는 장치이다. 그러나 수평선이나 지평선 너머로는 전파가 직접 갈 수 없다. 그럴 때는 전리층과 지구 표면에 계속 반사되면서 되돌아오는 전파를 받아야 한다. 그런데 현재 국제협약으로는 레이더의 전파는 지평선을 넘어가지 못하도록 규정되어 있다. 그러나 지평선 범위 안으로 들어온 미사일을 발견하는 것은 아무 의미가 없다. 미사일을 발견한 시각부터 목표물에 맞아 폭발하기 전까지 손쓸 여유가 없기 때문에 미사일은 지평선 너머에 있을 때 알아차려야 하는 것이다.

소련이 이런 레이더 신호, 즉 과지평선레이더 전파를 보냈다는 것이 미 국방성의 발표였다. 지금 미국이 HAARP를 설치해 놓은 알래스카는 원래 과지평선레이더 방해시설을 설치해 놓은 곳이다. 이것을 OTH-B(Over The Horizon Backscatter) 프로그램이라고 불렀는데, 다시 말해서 이것은 소련에서 오는 과지평선레이더의 전파를 분산시켜 무용지물로 만드는 시설이었다. 그때 사용하던 주파는 3~30메가헤르츠로 초당 10회 정도의 박동이 있는 전파였다. 그런데 소련에서 오는 딱따구리라는 전파의 성격이 이와 비슷했다.

1976년 10월 30일 《뉴욕타임스》에 "근자에 소련에서 부터 광역 단파 라디오신호가 간헐적으로 들어오고 있다. 이 신호는 너무 강력해서 전 세계적으로 라디오와 무선통신에 장애를 일으키고 있는 정도다……. 인간에게 해로울 가능성이 있기 때문에……자렛 박사는 이 러시아 신호에 비상한 관심을 보이고 있으며…… 이것이 우리가 사용하는 반송파에 편승하게 되면 인체의 중추신경계에 영향을 줄 것은 명백한 일이다"라고 보도되었다.

무슨 목적으로 소련이 이런 전파를 쏘았는지는 확실하지 않은데, 여전히 가끔 나오는 것을 보면 현재도 계속 사용하는 것 같다. 이에 대해 미국의 보수적인 과학자들은 과지평선레이더 때문이라 하지만, 좀 생각이 다른 과학자들 중에는 러시아가 기후조절을 위해 이것을 사용한다고 믿는 사람도 있다. 기후조절을 위해 사용한다는 말은 물론 무기로 사용할 수 있다는 말이다. 또 어떤 과학자들은 특정 지역에 사는 사람들을 정신적으로 조작해 겁을 주기 위한 것이라고 한다. 그렇다면 이것은 러시아판 HAARP 프로그램이라고 생각할 수 있다.

1981년 7월 18일 'NBC 매거진'이라는 TV 프로그램에서도 브링클리(David Brinkley)란 PD가 '러시아 딱따구리 신호'에 대해 방영한 일이 있다. 그의 설명에 의하면, 미국 서북부 지방은 소련에서 계속 보내는 생체 주파수와 맞먹는 저주파로 흠뻑 젖어 있는 상태다. "이것을 어떻게 해야 하는지, 도대체 여기서는 아무도 모르고 있다는 사실이 너무 놀랍고 믿기조차 어렵다. 러시아 정부가 전자기를 이용해서 인간의 태도를 변화시키려 한다는 것은 이미 잘 알려진 사실이고, 어떤 기구를 이용해서 ELF를 우리 나라에 집중적으로 보내는지도 우리가 아는 바다."

또 캐나다에서도 국무성 기술전문가이며 '깨끗한 에너지 지구협회' 회장이었던 마이크로프스키(Andrew Michrowski) 박사도 1976년 10월부터 소련이 여러 개의 테슬라식 송신기를 이용해서 ELF를 방출했다고 이야기했다. "그들이 보내는 주파수는 우울한 상태나 짜증난 상태의 뇌파 리듬과 화합되는 파장이다. 이 전파는 인간의 두뇌에서 나오는 뇌파와 결속되어 사람의 심리에 영향을 줄 수 있고 불안정한 상태로 만들 수도 있음을 환경보호청이 이미 과학적으로 증명했다. 소련의 이 ELF는 60헤르츠의 일반 가정용 전깃줄에 흡수되어 다시 방사능을 방출하고 심지어는 수도 파이프에 흡수 반사하면서 증폭된 전파를 다시 방사한다."

비살상무기

근래에 와서 비살상무기가 군수산업의 대단히 중요한 개발과제가 되어 계속 신무기가 나오고 있는데, 이들은 대부분 기밀사항이어서 일반인은 잘 알지 못하고 있다. 1996년 브랜트(Daniel Brandt)가 '마인드컨트롤과 비밀국가'(Mind Control and the Secret State)라는 제목으로 글을 쓴 일이 있다. 다음은 내용 중 일부이다.

마인드컨트롤 영역에서 비살상무기 기술이 중요한 안건으로 대두하고 있다. 그 이유는 비살상무기로 대중의 심리와 행동을 한꺼번에 조정할 수 있게 되었기 때문이다. '인도주의에 입각한 전쟁'이라는 선전은 한낱 쇼에 불과하지만, 그런 선전을 믿도록 만드는 자체의 기술은 펜타곤 기획 담당관이나 FBI나 경찰 같은 치안기관의 고위관리들에게는 흥분을 가라앉히기 어려울 정도로 매우 유용스런 기술 분야다.

비살상무기라는 이름은 사람에게 영구적 해를 끼치지 않고 일시적 기능상실을 일으켜 문제의 사람을 잡아가는 무기라는 인상을 준다. 물론이는 말장난에 지나지 않는다. 미 육군에서는 무기 사용시 25퍼센트 미만의 사람이 죽을 때 비살상무기로 분류한다. 치안기관 요원들은 예전처럼 국민 앞에 위엄과 공포를 주는 대상이 아니라 친절한 민중의 지팡이라는 인상을 심어 주면서 문제를 일으킨 사람들을 격렬한 대립 없이 점잖게 호송해 가지만, 내적으로는 예전보다 더욱 강력한 통제가 가능

한 무기를 사용하고 있다. 목표대상만 맞출 수 있는 정향방사능(DER)*
이나, 초고음파, 초저음파 무기들이다. 이런 것들은 현재 마인드컨트롤
연구와 뇌충격요법 연구에도 동원되고 있다.

이런 비살상무기 연구에 첨단을 걷는 기관으로 오크리지 국립실험소,
산디아 국립실험소, 과학응용국제공사, 로렌스 리브모어 국립실험소,
로스알라모스 국립실험소 등이 있는데, 1996년 의회에서는 국방비 중
비살상무기 개발연구조로 3,720만 달러를 할애했다.

비살상무기로는 다음의 것들이 있다. 우선 열총(thermal gun)이 있는
데, 이것에 맞으면 체온이 올라가 정신이 혼미해지고 육체적 기능도 심
히 저하된다. 기절총(seizure gun)에서 나오는 전자 에너지에 맞으면 마
치 까무러치는 것과 같이 정신을 잃는다. 자기권총(magnetophosphene
gun)이라는 것은 마치 몽둥이로 머리를 얻어맞을 때 눈에서 번쩍하고
별들이 나오는 것과 같은 효과를 낸다.

육군연구실험실에서 주관하는 정향에너지무기(DEW)*가 있다. 기술
원리를 보면 전자파를 한 방향으로 쏘는 방식인데, 이에는 고성능초단
파(HPM)*와 비핵전자파고동(NNEMP)* 원리가 모두 포함된다. 고성능
초단파 총을 쏘면 상대방의 전자부속이 모두 녹아 버리며, 저성능레이
저 총은 적의 감지기능을 마비시켜 버리기도 한다. 이런 무기를 비살상
무기라고 부르지만 전자나 전자광을 첨가하면 살상무기로 얼마든지 전
환할 수 있다.

이런 무기들은 전쟁터에서 쓸모있는 것이 아니라 일반사회에서 일어

---

* DER, Directed Energy Radiation.
* DEW, Directed Energy Weapon.
* HPM, High Power Microwave.
* NNEMP, Non Nuclear Electro Magnetic Pulse.

나는 사건들, 즉 정부측에서 볼 때 불순분자나 테러분자 또는 데모 군중에게 사용되며, 전쟁터에서 사용하는 경우에도 보조무기로 그 효능 가치가 있다.

휴대폰

얼마 전에 어떤 사람이 자살하기 직전 휴대폰 통화를 한 것을 근거로 그 사람이 묵고 있던 여관을 경찰이 찾아냈다는 기사가 있었다. 사용자가 인식하든 인식하지 못하든 모든 휴대폰에 이미 위성항법장치(GPS)가 들어 있어 어느 때나 그 휴대폰이 어디에 있는지를 불과 2~3미터 범위 내의 정확도로 찾아낼 수 있다. 유럽의 SWISSCOM이라는 이동통신 회사는 6개월 이전까지 거슬러 올라가 전화기 위치까지 시간에 따라 알아낼 수 있다고 1999년에 이미 실토했다. 또 2003년 대구 지하철 참사 때에도 휴대폰 발신내역을 조회하여 희생자를 확인하기도 했다. 이런 정보를 알아낼 때에는 통화내용을 모를 수가 없다. 특히 휴대폰의 경우는 너무 쉽게 도청이 가능하다.

물론 이것을 범죄자를 색출하는 좋은 방법으로 사용할 수 있지만, 치정자의 기분 여하에 따라 선량한 민중의 자유권을 빼앗는 데도 사용될 수 있다는 점이 우려된다. 그러나 이 정도의 사생활 노출보다 더 염려스러운 것은 휴대폰 안에 마인드컨트롤 장치도 삽입시킬 수 있다는 것이다.

조금 더 설명을 하자면, 모든 무선전파는 반송파라는 것을 갖고 있어야 한다. 반송파라는 것은 화물을 운반하기 위한 화물차라고 생각하면 된다. 이 화물차는 물건을 싣고 가는데, 그 화물은 라디오, TV, 휴대폰, 등에서 필요한 음성 따위의 파장을 말한다. 우리가 듣는 라디오나 휴대폰 소리는 반송파에 담긴 고저의 음성파를 결합시켜 받아 듣거나 보게 되는 것인데, 라디오에서 AM이나 FM 하는 식으로 전파를 필요에 의해 변조시키는 것과 마찬가지로 이를 인간의 행동을 좌우하는 주파로 변조시켜 휴대폰에 보낼 수 있다. 요즈음은 휴대폰으로 영화도 보고 음악도 들을 수 있다. 따라서 특정한 음악이나 영화를 본다든지 심지어는 대화를 하는 중에 본인도 모르는 사이에 세뇌전파를 받아 본인이 의도하지 않은 행동을 할 수 있다. 이렇듯 휴대폰도 무기로 사용될 수 있다는 것이다.

EMP 무기

우리 말로 전자기파고동이라고 부를 수 있는 EMP는 손에 들고 다닐 수 있을 정도로 작은 크기로도 개발되어 있다. 이 무기를 갖고 증권시장을 한바퀴 돌면 그 부근의 컴퓨터 데이터 베이스는 모두 망가져 버린다. 만약 이것을 소지하고 뉴욕 월스트리트 근방을 자동차로 한바퀴 돌면 세계 경제시스템에 대혼란을 야기하게 될 것이다.

미 경찰에서는 마찬가지 원리를 이용한 기기를 경찰에 보급해서 도주하는 자동차에 대고 쏘아 그 자동차의 기능을 마비시키자고 제안한 일도 있었으나 법무성에서 기각한 일이 있다. EMP는 이렇게 소규모로 특정 지역이나 사무실, 특정 자동차를 대상으로 사용할 수도 있지만, 대기권 위에서 훨씬 더 광범위한 지역에 사용될 수도 있다 그럴 경우에는 핵무기 시설을 모두 무기력하게 만들 수도 있다는 뜻이다.

요즈음 이라크 전쟁은 초과학적 무기를 실험하고 소개하는 전시장 역할을 톡톡히 하고 있다. 상상을 초월하는 무기들이 등장하고 EMP 폭탄도 소개되어 사람들은 혀를 내두르고 있다. EMP의 활용도는 무궁무진하다. 다만 목표물의 크기와 전달방법에 따라 무기의 크기, 전기의 세기와 형태 등등을 결정하면 된다.

플라즈마 무기

1989년 미국 에너지성은 불덩이가 폭탄처럼 하늘을 날아 대륙간 탄도탄을 떨어뜨리는 플라즈마 무기의 특허를 얻었다. 미사일의 속도가 초속 1,600킬로미터를 조금 넘는데 비해 플라즈마는 초속 30만 킬로미터로 날아간다. 인공위성으로 세계 전 지역을 매초 관측하여 날아오는 미사일을 발견했다고 가정하자. 그러면 불과 수초 후에 플라즈마 탄이 날아가 그 미사일을 맞추어 폭발시키게 된다. 아무리 미사일을 쏘아도 목적지에 당도하기는커녕, 바로 미사일을 쏜 당사자 머리 위에서 터져 버리는 것이다.

지금 북한이 대포동을 쏘아 미국 대륙도 공격할 수 있다고 큰소리를 치자 미국은 무서워서 벌벌 떨면서 선제공격을 해야 할 필요를 느낀다는 말까지 나오고 있다. 만약 북한이 쏜 미사일이 미대륙에 떨어졌다고 한다면, 필경 이는 미국이 일부러 미국 땅에 떨어지도록 나둔 것이다. 그러나 정작 전쟁이 후반으로 들어갈 때에는 이 플라즈마 무기를 선보일 것이다. 미국이 이런 무기를 사용하기로 결정한다면 북한과는 게임이 되지 않을 것이다. 미국이나 일본에서 미사일 방어체제를 언급하면서 태평양 상공에서 적의 미사일을 맞추어 격파시켰다고 하는 것을 보면 이런 추측은 틀리지 않았다고 본다.

EMR 무기

1965년 미국의 맥파레인(McFarlane)사가 공상만화에 나오는 무기 같은 X-레이 전자총을 개발했다. 이는 죽음의 광선기술에 한발 다가서는 쾌거였으며, 이런 기구를 개발했다는 것은 통신, 원격측정, 원격 가이드 체제에 커다란 진보를 나타내는 일이었다.

1972년 미 육군에서는 EMR 생체실험을 적극적으로 실행했고, 그 목적은 EMR 무기개발이었다는 것을 시인했다. 그리고 그 연구를 진행하는 도중에 일종의 부산물로 매우 강력한 전자불꽃뭉치를 발견했다. 이 무기와 관련하여 미 육군기동연구 개발센터에서 「장벽전쟁을 위한 극초단파 분석(Analysis of Microwaves for Barrier Warfare)」이란 연구 보고서를 내놓았는데, 대인무기와 대(對)운행장비 무기로서 EMR 에너지의 응용방법에 대한 설명이 있었다. 이 전자불꽃뭉치를 사용하면 상대 인간에게 3도 화상을 입힐 수 있다는 것이다.[23] 미국 매릴랜드 실버스프링스에 있는 미 해군수상표면 무기센터에 근무하는 버드(Eldon Byrd)는 1981년에서 1982년 9월 사이 해군당국이 폭동진압, 피납자 구출작전, 대사관이나 선박의 안전, 또는 비밀작전 수행 등등의 목적으로 해병대에서 사용할 EMR을 응용한 비살상무기 개발임무를 받아 연구했다. 그의 연구보고서에는 저주파를 쪼인 동물의 두뇌기능에 초래된 결과가 지능이 영구적으로 크게 저하되어 간단한 지능을 요하는 일도 하지 못했다. 또한 중추신경을 회복 불가능한 상태로 손상시키는 결과를 초래했고, 또 어떤 특정 주파수와 세기로 쪼이면 그 동물은 괴성을 내며 바닥에 드러누워 발광하기도 했다.[24]

1982년에 미 공군은 EMR을 생체에 방사했을 때 일어나는 효과를 연구해서 발표했다. 특별히 생성된 라디오파 방사능(RFR)을 쏘면 매우 강력하고 개혁적인 대인무기로 활용될 수 있다는 것이었다. 전기쇼크로 사람을 치료할 때 인체에 흐르게 되는 전기는 정신을 잠깐이지만 완전히 마비시킬 수 있고, 좀더 많이 사용하면 사람의 감정은 물론 그에 따른 행동도 변화시킬 수 있다는 것은 이미 잘 알려진 사실이다. 그리고 100밀리암페어 정도의 EMR을 심장의 심근에 쪼이면 심장이 멈춰 결국 죽게 되는데, 이런 것들은 모두 과학기술이 직접 무기로 변환될 수 있음을 말해 준다. 그래서 RFR을 빠른 속도로 서치라이트 비추듯 스캔한다면 넓은 지역에 있는 많은 사람들을 아주 짧은 시간에 죽이던가 기절시킬 수 있게 된다.[25] 1984년에는 로렌스 리버모어 국립실험소에서 극초단파를 맥박처럼 진동으로 변조하여 사용하는 방법으로 한 단계 더 발전된 기기를 만들었다.[26]

환경과 기후를 조종하는 전자기파 무기

기후를 바꾸려는 인간의 시도

자고로부터 기후를 조종해 보려는 인간의 노력은 동양이나 서양이나 다르지 않았다. 기후에 따라 농사의 흥망이 결정되었고, 때로는 광포한 바람 때문에 인명과 재산을 잃는 일이 흔했기 때문이다. 그래서 사람들은 제사를 지내기도 하고 심지어는 사람을 제물로 바치기도 했다. 현대에 와서는 과학이 그 자리를 대신해 지구의 기후를 정복하고 관장하려하고 있다. 이것을 '환경조작'(Environmental Modification)으로 부르기도 한다. 이는 모든 기후를 비롯해 바다의 조류나 하늘의 오존 조작 등을 포함하며, 지방·지역·지구로 나누어 그 효과를 연구한다.

이렇게 직접 기후와 환경을 인위적으로 변형시키는 일은 일반적으로 1946년 미국에서 비를 내리게 할 목적으로 행해진 소위 구름씨(cloud seed) 연구에서부터 시작되었다고 본다. 지금은 구름씨를 만드는 기술이 여러 가지 형태로 발달되었는데, 그 내용은 대략 다음과 같다.

- 비행장의 안개가 걷히게 한다.
- 눈을 몰아 산에 많이 축적되도록 한다.
- 여름에 강우량을 늘린다.
- 우박으로 인한 피해를 줄인다.
- 산불을 진화하기 위해 비를 내리게 한다.

1950년대에는 기후조정이 공상과학소설로 일반에게 알려졌지만, 1970년대에 들어서서는 엄연한 과학일 뿐 아니라 현실로 나타나 국가 및 국제적 차원에서 한계를 규정해야 할 단계까지 도달했다. 그리하여 UN은 ENMOD 컨벤션에서 '환경조작기술의 군사적 또는 음해적 목적 사용의 금지 회합'이란 합의문을 채택했다. 고의적인 지진·해일·기후·날씨 조작을 금하고 장기간 또는 광범위한 지역에 영향을 줄 수 있는 환경조작을 금한다는 내용이었다.

우리는 역사를 통해 인간의 실수가 의도하지 않은 환경파괴를 초래한 예를 알고 있다. 성경에서 젖과 꿀이 흐르는 땅이라고 하던 가나안(팔레스타인)과 바빌로니아(이라크)가 무리한 농사로 사막 같은 불모지로 변했다는 것은 한 예에 불과하며, 근대에 와서도 도시의 확대, 수력발전소, 산을 깎아 만든 농지나 인위적인 수로 따위는 의도한 바는 아니나 분명 환경과 생태계를 파괴하고 있다.

한편 미국 정부는 환경조작기술을 얻기 위해 줄곧 국방성, 국립과학재단, 상공성, 내무성을 비롯하여 농업성, 에너지성, 교통성, NASA 등에 자금을 지원해 왔다. 1958년 백악관 기후조종 고문으로 있던 오르빌(Howard T. Orville) 대위가 언론에 폭로하기를, 국방성은 테슬라가

했던 것처럼 지구의 기후조종을 위해 땅과 하늘을 변조하는 방법을 실험하고 있다고 했다. 즉 원하는 지역의 전자기 상태를 이온화 또는 반이온화하는 조작을 하고 있다는 것이다. 이들의 괴상한 실험이 벌써 수십년 동안 계속되면서 이상기후현상이 많아졌다. 그러나 대부분의 사람들은 그저 지구 온난화 때문에 또는 그저 자연적으로 일어나는 현상이려니 여기고 있을 뿐이다.

1960년대에는 대기 상층권에서 아주 중요한 실험들이 이루어졌다. 그중 한 가지 예를 들면, 미 국방성이 1963년 바늘작전(Project Needles)이란 명칭으로 통신막을 형성하기 위해 약 3,700킬로미터 상공에 길이 1.78센티미터의 머리카락 같은 구리바늘 4억 8천만 개를 살포한 일이다. 국방성은 이것이 공중에 인조 전리층을 형성해서 통신의 일관성을 유지해 보려는 노력의 일환이었다고 설명한다. 자연적인 전리층은 흑점 같은 태양의 변화에 따라 변하고 이에 따라 통신도 너무나 큰 영향을 받으므로, 두께 10킬로미터, 폭 40킬로미터 정도의 인조 전리층 띠를 만들어서 일정한 통신전파의 반사를 꾀해 보자는 것이었고, 만약 이것이 성공하면 미국은 더 많은 구리바늘을 하늘에 뿌려 보겠다는 계획이었다. 그러나 이 계획은 국제천문학자연맹의 강력한 반대에 부딪쳐 포기하게 된다.

바륨 분말 등 기상천외의 화학물질을 대기 상층부에 뿌린 예도 있다. 심지어 이스라엘 과학자들은 대장균 0157박테리아 같은 위험천만한 병균까지 뿌려 보자는 제의를 한 적도 있다. 가장 기본적인 구름씨로 사용하는 옥화은(silver iodide)은 찬구름에서만 작용하나 박테리아는 따뜻한 기후에서 작용하기 때문이었다. 현재로서는 대장균을 실제 살포했는지는 분명하지 않다. 미 해군이 적극 이 연구에 참여했음도 염두에 두어야 한다. 지금 구름씨 만드는 산업에서 가장 기본적으로 사용되는 화염

기법(火焰技法) 파종기구는 해군에서 개발한 것이다. 비교적 성공리에 진행된 1960년대의 구름씨 연구와 실험이 1970년대의 컴퓨터 발전 및 예산과 인력 등의 풍부한 공급으로 급진전을 보게 되어, 환경조작기술은 과거 단순한 공상에서 콜럼버스와 마젤란의 탐험시대를 지나 실용단계로 돌입하게 되었다.

1997년 인도네시아에서 산불이 나 태국에서 오스트레일리아까지의 하늘이 4개월간이나 온통 연기로 뒤덮인 일이 있다. 그때 러시아 정부 소유의 한 회사가 말레이시아 정부에 무료로 회오리 바람을 일으켜 주겠다는 제의를 했다. 1997년 11월 13일자 AP발《더 스타》지와 말레이시아 신문기사에 의하면 말레이시아의 로(Law Hieng Ding) 환경장관은 무료로 실험을 해볼 수 있다면 손해볼 일이 아니고, 만일 첫 실험에서 성공한다면 돈을 쓸 가치가 있는 일이라고 했다.《더 썬》지와 다른 말레이시아 신문은 로켓이 아니라 인공위성과 거대한 선풍기와 비행기와 화학약품을 사용하며, 자세한 내용은 알 수 없으나 다만 기후를 바꿀 수 있을 정도로 강력하다고 보도했다. 이 실험의 성공 여부는 알려져 있지 않고, 산불은 인위적인 방법이 아닌 자연 진화된 것으로 알려졌다.

지구 대기층이 변하고 있다

1958년 과학자 밴앨런(James Van Allen)이 대단한 발견을 했다. 지구 대기권을 훨씬 더 지나 수천 킬로미터를 올라가면 지구의 자장 때문에 갇혀 있는 대전된 입자들로 구성된 층이 있다는 것이다. 그의 발견으로 인해 자기층이란 용어가 생겼다. 그리고 그 바깥쪽에 있는 방사능띠를 '밴앨런 방사능대'라고 불렀다.

밴앨런 박사의 이러한 발견이 있고 얼마 안 있어 미 국방성에서는

'아구스 작전'(Project Argus)이라 하여 1958년 8월과 9월 사이에 이 '밴앨런 방사능대'에서 세 번의 핵실험을 진행했다. 양심 있는 많은 과학자들의 격렬한 반대가 있었지만 실험은 진행되었고, 그 결과 지구인들은 엄청난 대가를 치르게 되었다. 처음 밴앨런 방사능대가 발견되었을 때는 자장의 세기가 약한 상태였는데, 아구스 작전에 따른 세 번의 핵실험으로 그 자장의 세기가 수백 배 강해졌기 때문이다. 그 결과 인공위성이나 우주선을 쏘아 올리려면 속도가 훨씬 더 높아야 했다. 이곳을 천천히 지나게 되면 강력한 자장의 영향으로 인공위성이나 우주선의 전자장치가 망가져 버리기 때문이다.

기존의 자기층이 아주 강해진 것뿐 아니라 그 안에 여러 개의 자기층이 새로 만들어지기도 했다. 그런데도 다시 대기권 밖에서 핵실험이 감행되었고, 자연적으로 있던 대기층은 불안정해져 버렸다. 어떤 과학자들은 대기층의 모양이나 위치나 그 강도를 원상태로 환원시키는 데에는 최소 수백 년이 걸릴 것이라고 한다. 밴앨런은 당시 아구스 작전을 열성적으로 지원했고 지금도 HAARP 프로그램을 지원하고 있다.

그런데 1962년 7월 9일 미국은 아구스 작전 때보다 1천 배 이상 더 강력한 핵실험을 대기권 상층부에서 실행했다. 이것은 '스타피쉬 작전'(Starfish Project)으로 불렸는데, 이런 일련의 고공 핵실험은 전리층에 어떤 변화를 일으키는지 알기 위한 것이었다. 이 실험은 예상을 초월한 결과를 초래했다. 핵폭발 후 일어난 자기폭풍이 인공위성 세 개를 망쳐 버렸고, 하와이의 전기보급을 끊어 버리기까지 했다. 그해 말 소련에서도 비슷한 고공 핵폭발 실험이 있었는데, 그 결과 7,000~13,000킬로미터 상공의 자기층에 세 개의 새로운 방사능대가 만들어졌다.

무용지물인 환경조작기술 금지조약

1976년 미국의 펠(Claiborne Pell) 민주당 상원의원은 세계 강대국들이 기후를 전쟁무기로 사용하는 것을 금하는 조약을 체결해야 한다고 말했다. 당시 많은 사람들은 기후를 전쟁무기로 사용한다는 말에 황당함을 느꼈다. 그러나 펠 상원의원은 이미 미국의 군사지휘관들이 기후를 전쟁에 이용한다는 것을 알고 있었다. 실제로 미군은 베트남 전쟁에서 기후조종기술로 호치민 트레일에 집중호우를 퍼부어 그 도로가 군사도로로 사용되는 것을 막은 전력이 있었다.

1970년 엘스버그(Daniel Ellsberg)가 공개한 소위 '펜타곤 페이퍼'라는 문서에 따르면, 베트콩에 대한 보급을 지연시킬 목적으로 베트남에서 캄보디아와 라오스로 통하는 소위 '호치민 트레일'이라는 보급로에 장대비를 내렸다는 것이다. 1966~1972년 몬순우기 동안, C-130, F4, A-1E 같은 수송기로 옥화은을 도로상공의 구름에 뿌렸고, 이것이 베트남 부근의 구름을 호지민 트레일로 모아 집중호우를 야기한 것이다. 일명 '뽀빠이 작전'(Project Popeye)으로 불린 사건이었는데, 1971년 3월 《워싱턴포스트》의 앤더슨(Jack Anderson) 기자에 의해 그 전모가 밝혀졌다. 그 호우의 효과가 얼마나 치명적이었는지는 여전히 밝혀지지 않았지만 러시아의 소식통이나 많은 과학자들에 따르면 효과가 컸다고 한다. 그러나 이것은 1960년대에, 즉 약 40여 년 전에 있었던 일이다. 과학발전에서 30~40년이란 얼마나 긴 세월인지, 컴퓨터의 변화과정을 보면 쉽게 짐작할 수 있을 것이다.

1968년 콜더(Nigel Calder)의 『과학으로 본 신무기의 예고』라는 책에 맥도날드(Gordon J. F. MacDonald)의 '지구물리학 전쟁 : 환경을 망치는 방법'이란 제목의 글이 실렸다. 맥도날드 박사는 당시 UCLA 부설 지구과학과 천체과학 연구소의 부소장이었고, 대통령 환경문제 과학

고문이었으며, 전 세계가 인정하는 미국의 최고 과학자였다. 그는 "지구물리학무기란 환경조건이 불안정한 순간을 포착해 작은 에너지를 사용하여 불안정한 자연으로 하여금 거대한 에너지를 일으키게 하고 그 힘을 이용하는 무기이다"라고 설명했다. "작은 것을 넣고 큰것을 얻는다"라는, 다시 말해서 아주 작은 뇌관의 힘으로 엄청난 폭발을 유도한다는 것은 바로 지구의 불안정한 환경상태를 응용하겠다는 HAARP의 원칙과 일치한다.

그는 여러 저서에서 바다의 파도, 남북극의 해빙, 오존 고갈, 지진, 기후, 그리고 지구에너지장을 이용한 인간두뇌조종 등이 무기가 될 것이라 역설했다. "우리가 알고 있는 환경과학이나 기술은 원시적인 단계에 불과하다. 그러나 이보다도 훨씬 더 원시적인 것은 환경을 가지고 장난질하는 정치적 태도이다. 우리가 이해하고 있는 환경에 대한 과학지식이나 기술과, 이것을 정책적으로 응용하는 능력의 차이는 과거 수십 년간 별로 좁혀지지 않았다. 지금 우리에게 필요한 것은 과학이 판도라 상자를 열어 상상을 초월한 괴물을 창조해 내기 전에 그것을 저지하는 것이다. 이는 독자들과 시민이 들고 일어나 행동에 옮길 때에만 가능하다. 따라서 환경조종이라는 무모한 노력을 막는 조직적인 투쟁에 독자들의 도움이 절실함을 이해해 주기 바란다."

1970년대에 들어서서 미국의 정치무대에서도 우려의 소리가 높아졌다. 펠 상원의원, 프레이저(Donald Fraser) 하원의원, 구드(Gilbert Gude) 하원의원과 포인트(Lowell Point) 같은 사람들이 환경무기개발 반대운동에 앞장섰고, 이들 덕분에 1974년 7월 3일 닉슨 대통령과 구 소련의 브레즈네프 수상의 11월 정상회담에서 이 문제가 의제가 되었다. 이것을 소련이 UN총회의 안건으로 제출했고, 그때 참석한 102개국 대부분이 환경조작무기 사용반대에 찬성표를 던졌으나 미국을 포함한 몇 나라는 기권했다. 덕분에 소련은 환경무기개발을 저지한 선구자라는 평가를 받았는데, 펠 상원의원은 이것을 미 대통령이 소련의 계획에 말려들어 갔기 때문이라고 믿었다. 사실 펠 의원이 소련의 UN건의문과 비슷한 내용의 안건을 1972년 7월 미 상원에 상정하여 82 대 10으로 통과시킨 일도 있었다.

여하튼 이러한 노력으로 1975년 2월 24일 미국과 소련이 환경조작기술을 무기로 사용하는 것을 금지하는 문제에 대해 협상을 시작했고, 반년 후인 8월 21일에는 두 나라가 함께 31개국으로 구성된 제네바 비무장회의에 안건을 제출하게 되었다. 그리고 결국 UN총회에서 이 문제를 다루어 정족수 20개국이 서명함으로써 1978년 10월 5일부터 실효를 보기 시작했다. 그러나 이것은 실행력 없는 국제협의였다. 이를 어기는 나라에 조치를 취하거나 사찰감시를 할 수 있는 근거가 되는 조항이 전혀 없었기 때문이다.

국제조약이나 UN에서 정한 규정이 어떤 효력을 갖는가 하는 것은 핵무기나 핵시설 보유에 대한 세계의 관리현황을 보면 대강 짐작할 수 있다. 우선 NPT 또는 IAEA 같은 조직들이 있다. 그러나 이런 조직들이 세계 모든 나라를 형평성 있게 관리하고 있는지 살펴보라. 그간 북한의 핵의혹에 대해 흥분하던 조직들이 과거 미국이나 소련은 물론이고 중국, 인도, 파키스탄 또는 프랑스가 처음 핵을 가질 때는 어떤 조치를 취했는가. 특히 이스라엘은 조약에 참가하지도 않았는데 누구 하나 이스라엘의 핵무기 보유에 대해 일언반구않고 있다. 그렇다면 기후조종기술을 무기로 사용하는 일에 관한 제재조항도 없는 조약이 얼마나 효력을 발휘하겠으며, 각 나라에서 그런 규정을 존중이나 하겠는가.

한편 비군사 차원에서의 기후조종연구는 정부산하 '해양 및 대기관리청'(NOAA)*에서 1962년부터 1983년까지 실행된 스톰퓨리 작전

(Project Stormfurry)이다. 이것은 '태풍의 눈' 밖에 옥화은을 뿌려 공기의 대류현상을 급격하게 조장해 태풍의 눈이 좁혀지는 시간을 인위적으로 지연시킴으로써 태풍의 눈 주위에서 회오리치는 바람의 속도를 늦추는 것이다. 성공했을 때 약 10~30퍼센트 정도 태풍의 속도가 지연됐다.

1980년대에 들어와서 그 효능에 대한 의구심과 만족치 않은 성과에 대해 논란이 있었다. NOAA는 '기후조종 자문위원회'와 함께 오클라호마 노르만에 국립태풍실험소, 플로리다 마이애미에 국립허리케인 및 기상실험소와 연구시설센터, 콜로라도 불더에 기상물리학 및 화학실험소와 파장방송실험소, 뉴저지 프린스턴에 지구물리액체역학실험소, 그리고 미국 전역에 '공기소재실험소'를 설치하였다. 그 외에도 국립기상관리청, 국립환경인공위성실험소, 환경데이터 및 정보국 등 기후조종에 관한 기관을 여럿 두고 있다. 이러한 움직임은 군사용 말고도 더 폭넓은 연구를 하겠다는 뜻도 되고, 그만큼 많은 돈을 투자해서 본격적으로 개발하겠다는 의미이기도 하다. 흥미로운 것은 사람들이 NOAA를 '노아'라고 발음한다는 것이다. 노아는 성경의 홍수이야기에 나오는 노아를 가리킨다.

요즘에는 비 만들기, 기후조종 또는 날씨조종 따위의 용어를 모두 폐기하고 '기후정보관리'라는 말을 쓰고 있다. 일반인이 이곳을 인위적으로 기후를 조종하는 곳이 아니라 그저 기상청 정도로 알고 날씨를 연구하는 기관으로만 여기고 있는 것도 어찌보면 당연하다. NOAA는 HAARP와도 밀접한 연관이 있다.

---

* NOAA, National Oceanic and Atmospheric Administration.

전리층은 어떻게 이용되고 있는가

전리층에 대한 연구 중 가장 중요한 발견으로 '룩셈부르크 효과'(Luxembourg Effect) 또는 횡단변조기(Cross Modulation)라는 것이 있다. 1930년대 초 룩셈부르크의 한 방송국 직원인 텔레젠(Tellegen)은 자기네 방송이 아주 약한 출력을 사용하는 스위스 베로문스터의 한 방송국의 방송에 산울림처럼 들리는 것을 발견했다. 1934년 이를 조사한 베일리(Bailey)와 마틴(Martyn)이란 과학자에 따르면, 룩셈부르크의 방송국에서 내보낸 아주 강력한 출력전파가 전리층에 닿았을 때 변형되어 재방송되었기 때문이다. 다시 말해서 베로문스터의 방송전파가 이 지역을 지날 때 이미 전리층을 거쳐 진폭변조된 룩셈부르크 전파의 영향을 받은 것이다. 이 발견으로 인하여 강력한 라디오 전파와 전리층이 밀접한 관계가 있다는 것이 알려져 많은 실험이 행해졌다.

초기에는 강력한 전파를 쏘아 전리층에서 작은 변화를 일으키고, 이어서 약한 전파를 보내 전리층이 전파를 어떻게 변형시켜 반사하는지를 관찰했다. 이 실험을 통해 전파가 전리층의 온도를 높인다는 것이 알려졌다. 1972년 쇼웬(Showen)이 푸에르토리코 아레시보에서 한 가지 실험을 했다. 40메가헤르츠의 강력한 출력으로 난분산(亂分散) 레이더를 전리층에 쏜 것이다. 실험결과 전리층의 온도가 올라갔다. HAARP가 전리층의 온도를 높이는 것과 같은 방법이 이것이다.

1970년대 중반에는 아레시보를 포함하여 미국의 콜로라도 플랫스빌, 오스트레일리아의 아미데일, 1970년대 말에는 서독의 막스플랑크 연구소가 노르웨이 트롬쉐 가까운 곳에 100메가와트짜리 전리층 가열기를 세웠고 현재 서독·노르웨이·핀란드·프랑스·일본·스웨덴·영국이 공동으로 EISCAT(European Incoherent SCATter)라는 이름으로 운영하고 있다. 이 기관은 에셜론의 한 분파이기도 하다.

전리층에서 벌어지는 일들

전리층은 지구 표면 약 80킬로미터 위부터 약 640킬로미터에 존재한다. 그 아래 지구 표면 가까이는 대기권으로, 약 1기압의 중성가스로 구성되어 있다. 반면 전리층은 중성가스도 있지만 대전된 이온과 전자가 포함되어 있고 밀도도 낮다. 우리가 통신을 위한 전파를 보낼 때 이 전리층의 전기를 띤 전자가 전파를 변형시키기도 하고 반사하기도 하며, 때로는 흡수해 버리기 때문에 전리층의 상태에 따라 통신이 지대한 영향을 받으며, 이 전리층은 태양의 활동 여하에 따라 전리의 상태가 달라진다.

이것은 라디오, TV를 포함한 민간이나 군대의 무선통신, 항해, 감시, 원거리 감지시스템에는 항상 불안정한 요소가 된다. 인공위성을 이용하는 원거리통신에 문제가 생기는 것도 송수신 전파가 전리층을 통과하기 때문이다. AM 방송이 낮에는 방송국에서 불과 수십 킬로미터의 거리에서나 들을 수 있지만 밤에는 꽤 먼 거리까지 잘 들리는 것도 낮과 밤의 태양 관계에 따라 전리층의 상태가 변하기 때문이다. 특히 태양풍이 일어날 때는 전리층 변화가 더욱 심해져 전깃줄을 이용한 송전마저 차단되는 경우도 있다.

지상에서 출력되어 전리층을 통과하는 강력한 송수신 전파는 전리층의 상태에 따라 영향을 받지만, 다른 한편 전리층에 영향을 끼치기도 한다. 이것은 곧 전리층의 상태를 감지하여 그 상황을 파악할 수도 있고 동시에 전리층에 변화를 가져오는 것이 무엇인지도 탐지할 수 있게 된다는 것이다. 세계 어딘가에서 누군가 전파를 갖고 무엇을 해도 알아낼 수 있다는 뜻이다.

전리층을 연구하기 위한 시설은 세계 여러 곳에 있지만, HAARP는 다른 어떤 시설보다 그 성능이 우수하고 방대하다. 다른 시설에서는 감히 HAARP 같은 주파를 생성하지도 못하고 전자빔(EM beam)을 자유자재로 움직일 수도 없다. 이와 같은 전리층 연구시설은 미국 이외 지역의 경우 푸에르토리코의 아레시보, 알래스카의 페어뱅크, 노르웨이의 트룸쉐, 러시아의 모스크바, 니즈흐니, 노브고로드, 아파티티, 우크라이나의 카르코프, 타지키스탄의 두샨베, 확실하지는 않지만 이스라엘에도 있는 것으로 알려져 있다. HAARP에서는 추종을 불허할 정도의 앞선 연구가 진행되고 있어서 전리층을 조작해 일반통신과 감시시설을 마음대로 조종하지 않느냐는 의혹을 받고 있다. 다시 말해서 그들의 선택에 따라 어떤 통신은 가능하고 어떤 통신은 불가능하며, 때에 따라서는 통신 내용을 변형시키기도 한다는 것이다.

전리층 연구지 중 한 곳에서 반경 약 40~100킬로미터의 전리층 영역에 화학물질을 뿌려 놓고 전자빔으로 가열시켜 폭발하는 실험을 한 적이 있고 HAARP도 이런 실험을 계획한 적이 있다. 이에 대해 알래스카와 캐나다가 크게 반발했는데, 이 부근의 기류는 급속히 고공에서 저공으로 내려 불기 때문에 사용한 화학물질이 그곳 주민에게 쏟아져 내릴 위험이 있었기 때문이다. 전리층에 뿌리는 화학물질로는 티타늄, 붕소, 바륨, 스트론튬, 리튬, 유로퓸, 칼슘 등이 사용된다.

이런 물질을 적국 상공의 목표지점에 미리 뿌려 놓고 HAARP 같은 것으로 전자기파를 보내면 거기서 폭발할 가능성은 충분하다. 대기권을 전자레인지 속의 공간이라고 가정하고 고주파를 쏜다고 생각해 보라. HAARP의 안테나로 강력한 전자빔을 대기권을 통과시켜 위로 보내면 전리층의 온도는 몇 도 올라가게 된다. 몇 도라는 것이 아주 적은 수치로 보일지 몰라도 이 사소한 온도차가 만드는 변화는 어마어마하다.

기후변화를 초래하는 전리층 변화

HAARP를 옹호하는 사람들은 HAARP가 환경을 해칠 수 없으며, 환경을 해칠 근거도 없다고 한다. 그러나 전리층을 포함한 대기권은 모두 연결되어 서로 영향을 준다는 사실이 과학세계에서는 정론으로 알려져 있다. 어느 특정지역에서 변화가 일어나면 당연히 지구 전체에 영향을 준다는 것이다. 어느 지역의 기후도 지구 전체 기후로 보아야 한다는 말이다. 1975년 스탠포드 대학의 헬리웰(Robert Helliwell) 교수는 지상의 고압선 주변에서 발생하는 극저주파(VLF) 전자기파가 수십수백 킬로미터 상공의 전리층에 영향을 준다는 연구결과를 발표했는가 하면, 록하트(Gary Rockhart)란 과학자는 전리층의 변화가 지구 표면에 영향을 준다는 것을 실험으로 증명했다. 그는 『기후의 동반자(*The Weather Companion*)』라는 저서에서, "아주 작은 에너지로 오로라를 자극시키면, 그 결과로 나오는 북극광은 기후를 변화시키게 된다"고 했다. 대기권 전문학자인 요스트(Charles A. Yost)는 "만약 전리층에 어떤 자극을 주면 그 아래에 있는 대기 또한 자극을 받게 된다"고 했다. 이 주장들은 여러 경로를 통해 입증되었으며, 하층 대기권의 변화가 전리층에 영향을 준다는 사실도 증명되었다.

그러나 HAARP 당국에서 발표하는 문서는 계속하여 그들이 일으키는 대기의 변화는 HAARP 주변에 국한되는 일이라고 주장하고 있다. "HAARP의 IRI 안테나는 태양에 의해 매일 자연적으로 생성되는 플라즈마 영역에서 일어나는 복잡한 물리적인 변화를 지구 물리학적인 차원에서 연구할 목적으로 전리층에 작은 에너지를 삽입해 보려는 노력일 뿐이다." 이 주장과 전리층 가열기에 대한 설명을 비교해서 종합해 보면, 이들의 기만성을 확인하게 될 뿐이다. 그들은 전리층 가열기는 모두 같다는 식으로 말하지만, 다른 연구기관에서 발사하는 가열기와

HAARP가 발사하는 가열기가 비슷하다고 한다면 그것은 권총과 원자탄이 마찬가지라는 말과 같다. 세상에 HAARP처럼 강력하고 빔의 조절 각도가 넓은 것은 없다. 북극권에 있는 HAARP는 북반구를 관장하고 남극권에 HAARP를 차리면 남반부를 관장하게 될 것이니, 지구 전체에 그 영향이 미치지 않는 곳이 없다.

HAARP의 기본기구를 만들어 특허를 낸 이스트룬드 박사는 그 기구로 기후를 조정할 수 있다고 분명히 말했다. 그는 자신의 발명특허청원서에도 기록해 놓았고 《옴니(Omni)》라는 잡지기자와의 면담에서도 이를 자세히 설명했다. HAARP 당국도 이에 대해 설명을 하기는 했지만, 가열기를 사용한 전리층 팽창법을 보면 대단히 복잡하고 어렵다. 때문에 하면 대부분의 사람들에게는 이해가 어려울뿐더러 전리층 전체의 변화 규모와 지구에 끼치는 영향까지는 상상하지 못하는 것이다.

통신을 교란시키는 인조전리거울

HAARP의 가열기를 이용하여 전리층을 기울게 하든지 전리층의 일부를 위로 올리는 기능에 대해 말해 보자. 전리층은 마치 거울처럼 지상에서 발사하는 방송전파를 반사시키며, 이 전파는 다시 지구 표면에서 반사되어 다시 전리층에 가서 또 반사되는 일을 반복한다. 이렇게 해서 수천 마일 떨어진 곳에서 라디오를 들을 수 있는 것이다. 그런데 HAARP를 이용해서 인위적으로 전리층을 변조함으로써 전 세계의 방송전파를 다른 곳으로 보내든지 혼선시킬 수 있게 된다. 그래서 전시에는 이 기능을 매우 강력한 무기로 사용할 수 있다.

또 HAARP는 매우 고정적인 전리층을 인위적으로 만들어 상공 여러 곳에 설치할 수 있다. 이것을 '인조전리거울'(AIM)*이라고 부른다. 이를 이용해서 라디오 송수신을 잡음 없이 깨끗하게 만들 수 있으며, 과지평선레이더 기능을 발휘해서 날아오는 적의 순항 미사일이나 저공 비행기 혹은 스텔스기 따위를 탐지할 수 있게 된다.

HAARP의 한 내부회람에 의하면, C3의 기능을 크게 증폭시키기 위해 식별 성능과 유사기술에 초점을 두고 연구하고 있다고 했다. C3는 군대용어로서 통신(Communication), 지휘(Command), 통제(Control)의 머리글자를 따서 만든 것이다. 그리고 같은 문서에 HAARP가 전리층 상부에 고주파 에너지를 집중시키는 기능을 갖고 있기 때문에 국방성의 목적을 위해 전리층 형성을 도울 수 있다. 그러면 여기서 말하는 국방성의 목적이란 과연 무엇인가?

우리는 물리에서 대류라는 것을 배웠다. 즉 더운공기는 위로 올라가고 찬공기는 밑으로 내려오는 순환이 일어난다는 것이다. 이 대류로 인해 대류권에서 기후가 조성된다. 성층권에서는 대류가 일어나지 않는데, 대기권에서는 높이 올라갈수록 온도가 내려가지만 성층권에서는 올라갈수록 온도가 높아지기 때문이다. 그렇지만 전리층 하부에서는 대류권처럼 올라갈수록 온도가 내려가기 때문에 대류가 가능하다. 그래서 인위적으로 어느 특정 지역의 전리층 하부에 열을 가하면 대류현상이 일어나 하부의 전리층 물질이 중부 전리층으로 올라가게 된다. 이렇게 되면 눈에는 보이지 않지만 하늘을 접시 뒤집어 놓은 듯, 또는 오목 반사경처럼 여기저기 만들어 놓을 수 있다. AIM을 만드는 방법이 여럿 있지만 이런 원리를 이용하는 것도 한 방법이다.

1990년 10월 '전리층 조작과 군사체제 기능의 득과 실'이란 의제로 열린 'AGARD 회의절차 485'에서 코씨(Paul A. Kossey) 외 여러 명이 공동으로 「인조전리거울의 개념과 문제점」이란 논문을 발표했는데, 그

---

* AIM, Artificial Ionospheric Mirror.

내용은 군사활동에서 AIM을 이용하여 어떻게 통신기능을 향상 또는 억지시킬 수 있는지에 대한 것이었다. 통신을 향상시키려면 통신 주파수대를 많이 만들면 된다. 지상에서 발사하는 송파선(radiator)으로 여러 개의 AIM을 용도에 맞추어 만들어 여기에 원하는 맞춤 주파수를 반사되도록 한다. 이렇게 하면 대역폭이 확장되어 룩셈부르크 효과 같은 통신의 장애나 잡음을 없앨 수 있다. 물론 그 반대로 원치 않는 통신전파를 교란시키는 것도 가능하다. 그러나 문제는 이런 것이 자연상태에서도 흔히 일어나기 때문에 피해를 당하는 측에서는 자연적인 것인지 인위적인 것인지를 구별할 수 없다는 것이다. 따라서 은밀하게 적국이나 경쟁자의 통신수단을 차단하는 방법으로 사용되기 쉽다.

이스트룬드 박사는 AIM을 만들기 위해 전리층 물질이 대거 기둥처럼 하늘로 솟아 올라가는 것을 보고, AIM이라는 인조렌즈를 그들이 원하는 어느 특정 지역에 설치하여 돋보기가 햇빛을 모으듯이 태양에너지를 지구 표면이나 공중 어느 지점에 집중시켜 사용하도록 만들 가능성이 있다고 했다. 이스트룬드 박사의 말에 대해 프린스턴 대학의 물리학 교수인 윌리엄스(Richard Williams) 박사는 "이스트룬드의 논리를 생각해 보았다……. AIM의 적용은 지구 대기권에 대한 대단한 위협이 되는 일이다……. 이는 회복 불가능한 손상을 지구에 입힐 수 있다……. 그 효과는 분명히 지구 전체에 영향을 끼칠 것임이 틀림없다"고 했다. 그러나 HAARP 당국은 이것은 하늘의 극히 일부분에 국한되는 매우 지역적인 일일 뿐이라는 기존의 주장을 되풀이하고 있다.

우리는 사람이 만드는 모든 것에는 항상 동전처럼 양면이 있음을 기억해야 한다. 다이너마이트(TNT)도 광산이나 건설현장에서만 사용한다면 대단한 이기이지만 사람들은 이것을 무기로서 더욱 애용하고 있다. HAARP를 통한 과학기술도 인류의 평화를 위해서만 사용한다면 매우 좋은 일일 것이다. 그러나 사람들이 제일 먼저 생각하는 용도가 적을 굴복시키기 위한 수단이고 살상용 무기이기 때문에 문제가 있는 것이다. HAARP에 해군이나 공군 또는 국방성이 관여했다는 사실만 보아도 그 목적을 충분히 짐작할 수 있다. 만약 제트기류를 변형시켜 가뭄이 심한 지역에 비를 내리거나, 홍수 나는 지역의 구름이나 태풍을 다른 바다 같은 곳으로 돌려 수해나 풍해에서 벗어나도록 하는 연구가 목적이라면 육·해·공군이 관여할 이유가 없을 것이다.

테슬라의 조종된 지진

과학자들은 지진이 일어나면 전리층과 자기층에 변화가 일어난다는 것을 발견했다. 이를 뒤집어 생각하면 전리층이나 자기층에 변화를 일으켜 지진을 유발할 수도 있다는 말이다. 그렇다면 HAARP나 러시아의 딱따구리 전파를 이용해서 자연의 흉내를 내거나 자연의 약점을 자극시켜 인조지진을 만들 수도 있다는 가정이 가능해진다.

여기서 테슬라의 이야기를 잠깐 해보자. 그는 사람들에게 '조화공명'(harmonic resonance)의 원리를 보여주기 위해 한 가지 실험을 했다. 건축에 사용하는 철근을 한 고층건물 밑에 깊이 꽂아 놓고는 그 철근에 진동기를 부착하고 자신이 조정하는 주파수에 맞추어 작동하도록 만들었다. 진동기가 작동을 시작하자 빌딩 전체가 심하게 흔들리고 이어서 부근의 건물들도 흔들리기 시작했다. 그 정도가 너무 심해지자 테슬라는 다급히 진동기를 해머로 내리쳐 중단시켰다. 이미 주변 건물의 유리 수천 장이 깨졌고 사람들은 모두 지진이 난 줄 알고 밖으로 뛰쳐나온 후였다.

40년이 지난 이후인 1935년 7월 11일자 《뉴욕 아메리칸》에는 '테슬라의 조종된 지진'이란 제목의 기사가 실렸다. 과학자들은 기계적인 진동이 지구를 통해 전달되는 현상을 '원격지구역학'(telegeodynamics), 쉽게 표현해 인조지진 또는 조종된 지진이라 부른다고 했다. 그 기사는 테슬라의 말을 빌려, "리듬을 가진 진동은 에너지 손실이 거의 없이 지구를 통해 전해진다……. 그래서 기계적 효과가 지구 가장 먼 곳까지도 전달될 수 있으며, 이로 인한 특별한 다른 효과를 무수히 만들어 낼 수 있게 된다……. 따라서 이 발명은 전쟁에서 어마어마한 파괴력을 지닌 무기로 사용할 수도 있으며……"라고 전했다.

공명의 위력을 보여주는 자연재해는 세계 여러 곳에서 일어났다. 한 가지 예가 미국 시애틀 근교의 타코마시에서 있었던 일이다. 그 도시에 병목처럼 생긴 만을 가로지르는 1마일가량의 다리가 1940년 7월에 건설됐다. 이 다리는 당시 세계에서 세번째로 큰 다리였다. 이 다리는 육중한 쇠로 튼튼하게 건설되었으나 작은 미풍에도 다리가 휘청거려서 좀 멀리 떨어진 앞쪽의 자동차가 보이다 말다 하는 바람과의 공명 기현상이 벌어졌다. 결국 개통 5개월도 안돼 초속 18.6미터, 즉 진동수 0.2헤르츠의 바람에 공명을 일으켜 다리는 끊어지고 말았다.

1975년 6월 13일 당시 소련 수상인 브레즈네프(Leonid Brezhnev)가 세상에서 전혀 알지 못하는 새로운 무기를 갖고 있다고 공표했다. 1977년 1월호 《뉴스위크》에는 미 공군 정보사령관이었던 키간(Geroge J. Keegan) 퇴역소장의 다음과 같은 기고문이 실렸다. 그는 "소련은 미국이 감히 상상도 하지 못했던 극히 색다른 무기를 개발하고 있으며 이는 미국보다 무려 20년이 앞섰다. 이 무기는 미국의 모든 탄도탄과 잠수함에서 발사하는 미사일의 기능을 완전히 마비시킬 수 있을 정도로 대단한 것이다."

이 색다른 무기는 무엇인가? 이 질문에 대한 답이 1978년 1월 푸하리치(Andrija Puharich)의 「자기의 지구전쟁 : 1976~1977년 지구상에 인위적으로 발생한 어떤 현상에 대한 비전문가의 견해」란 연구논문에 자세하게 설명되어 있다. 그의 초기 관심사는 소련의 테슬라 확대송신기(TMT)* 실험이었다. 그는 TMT의 용도가 '조종된 지진'이라고 믿고, 1976년에 일어난 여러 지진 중 1976년 7월 28일의 중국의 광공업도시 탕산(糖山)에서 있었던 지진에 특별한 관심을 두었다. 이 지진으로 약 65만 명이 죽은 것으로 추정되고, 도시는 완전 파괴되었다. 지진 약 1년 후인 1977년 6월 5일자 《뉴욕타임스》는 이 지진에 대해, "새벽 3시 42분 진동이 있기 직전 흰색과 붉은 색을 위주로 한 여러 색으로 하늘이 찬란하게 대낮처럼 밝아졌고, 이 광경은 200마일 떨어진 곳에서도 볼 수 있었다. 나뭇잎들은 부서질 정도로 바싹 타버렸고 풀잎들은 마치 불덩이를 만난 것처럼 한쪽이 그을렸다"고 묘사했다.

그후 수많은 과학자들은 탕산 지진이 TMT에 의한 지진이었다고 확신하게 되었다. 1981년 1월 《워싱턴포스트》는 "미국 지질탐사회의 보고에 의하면 1980년에 전 세계적으로 71회의 대형지진이 일어났으며, 이는 전년에 비해 56회나 더 많은 것이고 인명피해도 1976년에 비해 5배인 7,140명으로 늘었다"고 보도했다. 물론 우연의 일치일 수도 있다. 그러나 우리가 아는 사실은 러시아의 딱따구리 전파가 더욱 강력해지는 동시에 지진의 회수도 증가했다는 것이다.

미국의 테슬라 연구 권위자이며 핵기술자인 비어든(Thomas Bearden) 중령은 1981년 미국 정신공학협회 심포지움 강연시 "테슬라는 지구핵이나 바위를 통해 정상파를 만드는 방법을 발견했다. 그는 바위를 통과시켜 훨씬 강력한 전파를 얻었고, 이 개념을 확대송신기라고

---

* TMT, Tesla Magnifying Transmitter.

불렀다. 이것이 유명한 '테슬라 확대송신기'이다"라고 하면서, 그 개념을 설명했다.

지구 내부를 향해 방사된 정상파가 지구핵을 통과할 때 지구핵은 이 전파에 영향을 가하기 시작한다. 이때부터의 정상파를 테슬라라고 부르고, 그 현상은 지구 주변을 모두 합하여 3극진공관의 형상을 만든다. 애초에 사용한 전파에 지구핵의 에너지가 가해지고, 이것이 전파로서 3극진공관의 그리드가 된다. 그리고 주파수를 한 방향으로 바꾸면 결국 상(相)이 바뀌게 된다. 그러고 나서 지구 반대편이나 원거리에 있는 특정 대기권으로 그 에너지를 방출시킨다. 그러면 그곳의 공기는 이온을 띠게 되고 제트기류 따위가 변하여 기후의 조성이 달라지게 된다. 만약 아주 천천히 에너지를 방출시키면 공기에 이온화가 많이 일어나 기후가 크게 변하게 되고, 만약 급격하게 방출시키면 공기의 이온화가 별로 일어나지 않는 대신 공중에서 플라즈마 불덩어리가 떨어지게 된다. 그래서 원하는 대로 조종하여 기후를 마음대로 변동시킬 수도 있고 원자탄처럼 거대한 폭발을 일으킬 수도 있다.

그리고 또 설명하기를, "소련은 다른 서방국가에서 생각도 하지 못할 때 일찍 이 연구에 골몰하여 이미 이런 가공할 무기를 보유하고 있다……. 그들은 우리의 목을 서서히 조르고 있으며, 그들의 시계는 이미 23시를 지나 자정으로 향하고 있다"고 강조했다.

비어든 중령은 1984년에도 같은 심포지움에서 '북미에서의 소련 기후전쟁무기'라는 제목으로 강연을 하면서 미국 상공에 형성된 새롭고 희귀한 구름의 형태를 소개했는데, 그에 따르면 소련이 TMT를 사용하고 있다는 증거였다. 그중 하나가 일본 해군의 떠오르는 태양깃발을 연상케

하는 '거대 방사상' 구름이었다. 지평선 위의 둥근 원을 중심으로 가느 다란 선들이 부채살처럼 뻗어 나간 모양으로 구름이 형성된 것이다.

비어든 중령은 계속해서 소련이 어떻게 '비-헤르츠 스칼라파'를 사용 하는지 설명했다. 이를 다른 말로 '순수전위에서의 중력성 전자기파'라 할 수 있는데, 이것이 바로 러시아 딱따구리 전파의 기본원리다. "두 개 의 스칼라 전파줄기를 원거리에서 교차시키면 스칼라 간섭파, 즉 '인터 페로미터'가 생성된다. 그리고 송신 자체를 천천히 회전시키면 전파의 교차지점에서 높낮이가 조종된다. 이 작용을 이용하여 구름의 고도를 움직이거나 그 위치를 고정시킬 수 있으며, 고-저 기압을 조종하고 제 트기류를 변화시키는 것이 가능해진다. 이를 이용해서 소련이 북미의 기후를 조정하고 있는 것이다."

1986년 12월 11일에는 《시카고트리뷴》지가 직경 60마일 정도 되는 거 대한 소용돌이가 노르웨이 해안을 따라, 4노트 정도의 속도로 움직이고 있다고 보도했다. 그리고 이 거대한 소용돌이는 분명한 핵중심점이 어 디라고 지적하기 매우 어렵다고 묘사하고, 항해선박에 매우 위험할 수 있다고 했다. 그리고 이런 거대한 소용돌이는 1980년 이전에는 들어보 지도 못한 일이며, 우연인지는 몰라도 미국과 소련이 ELF 실험을 한 이 후부터 나타나기 시작했다고 설명했다.

《우주공학과 항공 주간(Aviation Week & Space Technology)》이란 잡지도 1987년 3월 16일 매우 비슷한 사실을 보도했다. 서방 첩보기관 이 소련의 우주 정거장 미르(MIR)와의 교신을 도청한 내용 중 미르의 우주인들이 본국에 보낸 보고에서, 조용한 물에 돌을 던지면 여러 개의 동심원파문이 일듯 거울같이 조용한 바다 중간에 이런 거대한 파도가 일어나는 이상한 광경을 목격했고, 구체적인 장소를 언급하지는 않았지 만 원형파도 사이의 거리는 수 킬로미터나 된다는 내용이었다.

ELF와 지진

ELF는 지진이 일어날 때 자연적으로 생성되거나 존재하는 하나의 현상이다. 1992년 3월 29일자 《워싱턴타임스》는 지진과 ELF의 관계에 대해 "인공위성과 지상감지장치들이 1986~1987년 사이의 남부캘리포니아 주, 1988년의 아르메니아, 1989년의 북부캘리포니아와 일본에서 일어난 주요 지진 직전 이상한 전파 또는 전기자장 현상을 감지했다"라고 기술한 적이 있고, 아테네 대학의 물리학자들도 여러 해에 걸쳐 그리스에서 일어났던 7번의 지진 중 6번은 전자기파가 있었다고 했다.

그런데 이 자연현상과 관련된 흥미로운 이야기가 있다. 미국에 사는 샬롯 킹(Charlotte King)이라는 여자가 지진이 일어나기 전부터 지진을 느끼고 듣는다는 것이었다. 결국 이 주장은 사실로 판명되어, 사람이 신체로 지진을 감지하는 현상을 '샬롯 증후군'(Charlotte's Syndrome)이라고 부르게 되었다. 보통사람들이 20헤르츠~20킬로헤르츠 정도에서 소리를 듣고 동물 중 가장 낮은 주파의 소리를 듣는다는 고래도 16~17헤르츠 정도를 듣는데 이 여자는 10헤르츠 미만의 소리를 고동소리처럼 이명으로 들을 수 있어 진도 6~7 이상 크기의 지진은 세계 어디에서 일어나도 느낄 수 있었다. 고래들이 떼지어 육지에 와서 죽는 것도 바로 이런 저주파 때문에 방향을 잘못잡고 뇌이상을 일으키기 때문이라고 주장했다.

그녀는 1980년 경부터 세인트 헬렌스 화산 등 여러 곳의 지진과 화산을 정확하게 예고했고, 그 규모까지 대강 맞출 정도였다. 특히 화산 현상이 있을 때에는 편두통과 복통 증세가 나타나는데, 세인트 헬렌스 화산 때인 1980년 5월 18일에는 경미한 심장마비까지 일으킬 정도였다. 이 여자는 지구의 전기-자기장의 변화에 매우 민감하다는 것이 과학적으로 증명된 것이다.

피에조-전기(Piezoelectricity)란 용어가 있는데, '피에조'란 압력이란 뜻의 희랍어 '피에즈'(piez)에서 왔다. 그러니까 '압력-전기'란 뜻인데, 특정한 조건하에서 수정에 고압을 가하면 전기가 생성되는 것을 가리킨다. 이미 산화실리콘 같은 수정 성분이 들은 모래에 압력을 가하면 표면에 전기가 일어나는 현상을 응용하여 라디오 송수신이나 컴퓨터, 또는 쿼츠(quartz)라고 통상적으로 부르는 시계에 정확한 주파수나 시간의 정확도를 위해 사용한지는 꽤 오래 되었다.

과학자들은 샬롯 킹이 지진이 일어나기 전에 듣는 고동소리가 지진 전에 지구 구조적으로 일어나는 일종의 피에조-전기 현상일 것이라고 생각하고 있다. 지진이 일어나기 전에 지각이나 바위가 어마어마한 압력으로 압박당하기 때문에 전기가 발생하고, 이 전기가 방출되면서 일어나는 전자기효과로 ELF가 된 것을 샬롯 킹이 듣게 된다는 말이다. 또 한편 UFO를 연구하는 학자들 중에는, 피에조-전기로 인해 일어나는 지진광(地震光) 불빛을 UFO로 오인하는 경우도 있다고 말한다. 고대로부터 가끔 산봉우리에서 불빛이 나오는 것을 목격했다는 사람들이 있는데 이 역시 압력에 의해 발생한 피에조-전기 때문이다.

1992년 6월 14~17일 캘리포니아 레이크 애로우헤드에서 '저주파 위험설-진실인가 기우인가'라는 의제로 국제회의가 열렸다. 여기서 입자물리학자이며 전 UN 과학고문으로 있던 라우셔(Elizabeth Rauscher) 박사와 전기기술자 밴바이스(William Van Bise)가 공동으로 ELF 전파에 대한 논문을 제출했다. 이때 논문을 발표하던 라우셔 박사는 "지금 회의가 열리는 이 부근에 진도 7 이상의 지진이 조만간 일어날 것이다"라고 공언했다. 열흘 뒤인 1992년 6월 28일, 회의장에서 44마일 동쪽에 위치한 랜더스라는 곳에 진도 7.5의 지진이 일어났고, 그로부터 수 시간 후에는 20마일 떨어진 빅베어레이크란 곳에 진도 6.6의 지진이 일어났다. 이들이 지진이 발생할 지점과 시간, 규모를 정확하게 예언할 수 있었던 것은 샬롯 킹과 상담했고, 네바다 주 레노에 설치한 안테나를 통하여 3.8헤르츠의 전파를 확인했기 때문이다. 이에 대해서는 그 다음 해인 1993년 9월 도쿄 국제회의에서 더 자세한 보고가 있었다.

라우셔 박사는 1994년 1월 8일에도, 30일 이내에 로스엔젤레스 부근에 지진이 일어날 것이란 예언을 미 국회도서관 기록보존실에 남겼다. 그 부근에서 3.8~4헤르츠의 전파를 감지했기 때문이었다. 9일 후인 1월 17일 결국 노드리지란 곳에 지진이 발생했다.

공군 2025 계획

미 공군의 여러 장교들이 1996년 6월 17일 미 공군참모총장 앞으로 기안문을 올렸다. '2025년 기후를 소유하다 : 획기적 군사력 수단으로서의 기후'라는 제목이었다. 간단하게 '공군 2025'(Air Force 2025)라고 부른다. 이 기안의 머릿말에는 "본 연구기안문은 미 공군참모총장의 지휘 아래 장래 미국이 공중 또는 우주의 절대적 주도권을 소유하기 위해 공군에 필요한 기술적 개념과 능력을 점검하기 위한 것이다……"라고 쓰여 있어 미 공군의 의도를 짐작케 하고 있다. 이는 공군 장기계획실의 '작전수행 환경과 임무'라는 기획과도 일치하는 내용이다. 여기서 '기후를 소유한다'는 표현에 우리는 주목해야 한다.

현재 개발중인 과학기술을 총망라하여 군사적 전투 목적으로 전환시키는 연구개발에 매진한다면 2025년 우리 공군은 기후를 명실공히 소유할 수 있다고 본다. 이러한 기능은 과거 전쟁터에서 불가능이라고 믿어 왔던 새로운 전투기능을 마련하게 될 것이며, 미래 어떤 형태의 분쟁이나 전투상황에서도 모든 작전에 응용할 수 있는 기능을 마련하는 것이다.

기후조작기술을 개발하는 일은 위험도가 높은 만큼 그로 인한 이득도 높기 때문에 옛날 원자탄을 개발할 때 원자를 나누는 위험 때문에 고심했던 경우와 같은 고민을 이번에도 거칠 수밖에 없다. 사회 한편에는 당연히 기후조작기술 개발에 대해 반대하는 부류가 있다. 그러나 우리가 우리 자신의 위험을 감수하고 얻는 이 기술로 인하여 취하는 군사적 우위를 생각한다면 그런 반대의견은 묵살할 만하다. 자연적 기후현상에 우리의 기술을 약간 첨가하여 일반이 납득할 수 있는 좋은 목적으로 사용하는 것을 보이고, 적의 수단을 방해하면서 지구 전체의 통신체계를 조종하고 우주항공기술을 장악한다면, 기후조작기술은 전쟁터에서 매우 다양한 방면으로 적을 압박하고 승리로 이끄는 수단이 될 것이다.

위에서 언급한 기후조작을 가능케 하려면, 다변적 기술의 복합적 개발, 컴퓨터 기능, 정보수집 및 전달기능, 전 지구적 감지기능, 기후조작 기능 등 다섯 가지를 서로 연결지으면서 개발할 필요가 있다. 이중 일부는 이미 개발되어 있으며, 또다른 부문은 앞으로 연구되어 개발해야 할 것이다.

향후 20년 후 비단 미국뿐 아니라 어느 나라든 기후조작에 필요한 기초 자질만 갖고 있다면, 전 세계는 아니더라도 최소 지역적 차원에서는 이것이 가능해질 것이다. 현재의 인구·경제·환경 등 변환되고 있는 여러 조건들을 고려하면 분명 세계 여러 나라에서 이런 기술을 개발하려 할 것이다. 제일 먼저 이 기술로 지구를 차지하는 나라는 앞으로 있을 전쟁에 절대적 우위를 차지할 것이며, 전투의 양상 또한 대부분 사람들이 상상도 해보지 못한 모양일 것이다. '공군 2025'에 필요한 기술은 이미 개별적으로 모두 개발돼 있는 상태이다. 다만 필요한 것은 이를 종합적으로 정리하는 것뿐이며, 2025년에는 명실공히 세계의 기후를 우리가 소유할 수 있다고 장담한다.

미 공군이 개발하려는 기후조작기술은 세부적으로 여러 부문이 있다. 그중 하나가 태풍을 만들거나 이용하는 기술이다. 일반적으로 열대지방에서 일어나는 태풍 하나가 1메가톤급 수소폭탄 1만 개에 해당하는 에너지를 갖고 있다. 1992년 미국 동남부 일대를 휩쓴 '허리케인 앤드류'로 인해 플로리다의 한 공군기지에 있던 비행기가 거의 피난을 갔으며, 피해액은 155억 달러에 달했다. 이런 것들을 간단하게 원하는 장소에 마음대로 조작해서 작동시킬 수 있다는 것이다. 앞으로 이 기술을 다원화하면 세계의 수자원 통제라는 측면에서 더욱 중요성을 띨 것이다.

기안문은 이 기술을 개발하려는 시도가 앞으로 여러 나라에서 있을 것이 분명하므로 미국은 철저한 감시를 해야 한다고 강조했다. 군사적 차원에서는 물론이고 앞으로 세계의 농업, 낙농업, 임업 등의 경제적 통제까지 가능하게 될 기후무기의 가공할 파괴력이 두려울 정도다.

결론적으로 말하면, 가까운 장래에 인간은 기후와 날씨를 자유자재로 조종하게 될 것이다. 그런데 어느 한 나라가 이 기술을 독점한다면 적대관계에 있는 나라나 그밖의 여러 나라는 위협을 느끼고, 당연히 이 일을 피하기 위해 기술을 획득하려 혈안이 될 것이다. 이 기술을 이용하여 얻을 수 있는 이익은 상상을 초월할 정도다. 가장 우려되는 점은 최초로 이 기술을 갖는 자가 다른 이들이 뒤따르기 전에 곧 이를 사용하여 세계를 통치하는 세계단일정부의 수립을 꾀하지 않을까 하는 점이다. '공군 2025'에서 명시하듯 기후조종기술의 무기화, 지진과 태풍의 무기화, AIM과 인조 전리층의 제조, 적국의 우주기구 파괴, 적국의 지하시설 탐지와 파괴 등등의 기술을 한 나라가 독점하게 된다면 어떤 세상이 될지 한번 상상해 보기 바란다.

3
인간의 몸과 마음까지 지배한다

마인드컨트롤의 새로운 방식

인간통치의 궁극적 수단

사람의 마음을 다른 사람이 마음대로 조종하고 관리한다는 것은 인간으로서의 가치를 완전히 상실시키는 일이 될 것이다. 사람은 누구나 자기만의 생각으로 자기가 하고 싶은 일을 해나가고 싶은 욕망을 가지며 또한 그것이 보장되는 것이 마땅하다. 이것은 인간의 존엄성과도 직결된다. 만일 이런 사생활이 보장되지 않는다면, 인간됨 또한 상실하는 일이 될 것이다.

다른 한편 인간에게는 정복욕이 있다. 정복을 위해서 또는 남보다 우월하기 위해서 언제나 무기가 필요했다. 그래서 인류의 역사는 끊임없는 전쟁과 무기의 경쟁사라고도 말할 수 있다. 여기서 무기는 칼이나 창과 총 같은 남을 죽이는 도구뿐만 아니라 남을 괴롭히고 남보다 더 나은 위치에 서도록 만드는 데 이로운 조건이 되는 것까지 포함해야 한다. 그렇다면 공기, 물, 식량부터 시작해서 사람이 필요로 하는 것은 모두 무기가 될 수 있다는 말이다. 지구 정복의 야욕을 품은 이 세력들은 자유무역이나 시장경제라는 눈속임으로 세계 식량과 물을 독점하는 한편, 폭발무기를 위시해서 생화학무기나 세균무기 같은 신무기 개발에도 박차를 가하고 있다. 게다가 개인의 사생활까지 감시하고 있다는 것은 정복의 기본공작을 이미 마쳤다는 것으로 간주해야 할 것이다.

그러면 일단 세계를 정복하고 나서는 어떻게 인류를 다스릴 것이냐는 문제가 제기된다. 이에 대한 대답이 바로 지금 여기서 설명하려는 심리조종이다. 사람의 마음을 읽어 그가 어떤 사람이라는 것을 아는 것도 중요하지만, 그 사람을 자신이 원하는 사람으로 만드는 기술은 더욱 중요하다. '마인드컨트롤'이 그래서 궁극적인 무기가 되는 것이다. 사람이 자유롭게 사고하고 행동할 수 있다는 것은 바로 인간이 인형이나 로봇이나 사이보그나 동물이 아니라 진정한 인간임을 보여주는 가장 중요한 표지다. 벌레도 마음대로 행동할 자유가 있거늘 하물며 인간에게 이런 자유가 허락되지 않고 정복자의 의도에 의해 좌우된다면 인간은 어찌 되겠는가.

세계를 정복하려는 이들의 계획 첫째는 개인의 일거수 일투족을 감시하여 모든 정보를 수집하는 것이고 둘째는 이 정보를 기반으로 사람의 몸과 마음을 조종하는 일이다. 이 단계에서 '마인드컨트롤'이란 기술을 개발하여 인간을 끈을 매달아 움직이는 꼭두각시처럼 전락시키고, 결국엔 지구를 거대한 인간농장으로 만들어 인간재배를 한다는 것이다.

또 사람의 마음을 조종하는 방법도 세 가지로 분류하여 생각할 수 있다. 예를 들면 약물을 이용하여 화학적으로 심경을 변화시키는 방법이 있고, 최면술을 걸어 자의가 아닌 타인의 최면력에 의해 행동하도록 체계화하는 분야도 있고, 현대에 와서 가장 보편적인 방법으로 사람의 수에 관계없이 전자기파로 대중을 동시에 조정하는 방법이 있다.

이제 마인드컨트롤의 역사적 배경을 살펴보자. 다른 사람의 마음을 그 자신은 의식하지 못하는 상태로 조종한다는 의미에서 '마인드컨트롤'을 말한다면, 100여 년 전 오스트리아에서 명성을 날리던 프로이트(Sigmund Freud, 1856~1939)와 독일의 생리학자이며 심리학자였던 분트(Wilhelm Max Wundt, 1832~1920) 박사를 그 시조로 볼 수 있다. 프로이트는 막 싹트는 심리학이라는 학문에서 개인을 대상으로 하는 심리분석학을 개발한 사람이고, 분트는 라이프치히 대학에서 어떻게 대중심리를 조종할 수 있는가를 논하는 사회심리학을 시작한 교수였다. 흥미로운 것은 이들 두 사람은 같은 학문을 하면서도 학문적으로는 서로 원수지간이었다는 사실이다.

분트는 1878년 라이프치히에 세계 최초의 심리연구소를 열었다. 그는 인간이란 다만 고깃덩어리에 불과하며 영혼이라는 것은 없다고 믿었다. 심리학자임에도 불구하고 사람의 심리, 즉 희랍어로 '혼'이란 뜻의 '사이키'(psyche)란 것은 존재하지 않는다고 믿은 것이다. 그는 주장하기를, 모든 인간의 감정이나 심리는 착각으로 그렇다고 생각하는 것뿐이지 실제로는 단순히 환경조건에 반응할 뿐이며, 생각이나 이유라는 것도 아무 의미가 없다고 했다. 인간은 로봇과 다를 바 없는 존재이기에, 사회 지도층에서 원하는 대로 조종할 수 있는 방법을 알아내고 사회 전체에 적응시킬 기술을 개발해야 한다는 것이었다.

그의 주장에 따르면, 인간은 파블로프의 실험에 등장하는 개와 똑같은 존재에 불과하다. 2차 세계대전 중 독일 나치정권의 수용소나 그후 소련 공산시절의 강제수용소에서 심리조종 실험과 연구를 한 과학자들과 현대의 산업심리학자들이 추구하는 사고는 다름 아닌 분트 박사의 이론이다. 세계를 정복하고 통치하려는 자들에게는 매우 중요한 과학

분야일을 수밖에 없다. 또한 현대 심리학에서 사람의 성격이나 동작을 정해진 틀 속에 넣어 조건에 맞추는 기술인 '행위조작' 이론을 발전시킨 스키너(B. F. Skinner)도 있다.

그런데 여기서 중요한 것은 세계를 정복하고자 하는 자들의 사고방식이다. 그들은 분트주의(Wundtianism)를 성공시키는 일이 그들의 권리이자 어떤 면에서는 사명이라고까지 느낄 정도로 인간 사회를 재건설하겠다는 의지가 투철하다. 한 가지 특기할 만한 것은 현재 나치 심리학자들을 많이 배출한 막스플랑크연구소가 노르웨이 트롬쇠에 전리층 가열기를 건설해 놓았다는 것이다. 이곳이 지금도 세계 분트주의 심리학 교육과 실험의 중심지라는 점을 볼 때, HAARP 기능의 일환인 전리층 가열기가 심리관리와 연관이 있음을 강하게 암시해 주는 증거라 생각된다.

20세기를 거치면서 많은 과학자와 스파이 및 군기관 요원들이 원거리에서 사람을 마음대로 조종할 수 있는 비밀기술을 개발하고 습득하려고 끊임없이 노력했고 그 결과로 많은 발전도 있었다. 1930년대에는 소련의 최면 심리학자들이 원거리에서 무전을 이용해서 실험대상에게 최면으로 잠재적 명령을 내리는 방법을 개발했고, 1950년대에는 극초단파 송신기를 사용하는 단계에까지 이르렀으며, 1970년대에 와서는 유명한 러시아 딱따구리 전파를 완성한 것으로 알려져 있다.

한편 미국의 CIA와 국방성은 2차 세계대전이 끝나면서 본격적으로 이 일에 착수하게 된다. 그러나 이런 연구는 극비리에 진행되기 때문에 속속들이 내용을 알기 어렵고 간헐적인 누설들을 종합하여 추론하는 길밖에 없다. 다만 확실한 것은 깊은 연구가 진행중이던 나치 독일의 과학자들을 미국과 소련이 경쟁적으로 데려가 개발에 박차를 가했다는 것이다. 미국의 페이퍼클립 작전(Operation Paper Clip)이 유명한 예다. 당시 독일은 세계에서 가장 발전된 첩보조직과 과학기술을 보유하고 있었다.

물론 가치 있는 대상자들이 전범에서 빠진 것은 당연한 일이다. 독일인들은 미국 CIA의 조직형성과 경영방법에 큰 도움을 주었고, NASA 개발의 기초를 이루기도 했다. 처음 미국과 소련은 독일을 따라가기 위해 경쟁했고 후에는 상대국가를 앞서기 위해 경쟁했다. 근래 미국 정보자유법을 통해 밝혀진 바에 의하면, 미국에서 심리관리 연구에 착수한 기관은 CIA, 국방성, 국가안보국을 비롯하여 매우 다양한데, 흥미롭게도 에너지성도 포함되어 있다.

이런 연구가 소련과 미국의 전유물만은 아닐 것이다. 정도의 차이는 있으나 소위 선진국이라고 하는 여러 나라에서 심리조종을 연구하고 있다는 것은 의심의 여지가 없다. 여기에는 국가기관뿐 아니라 사설 연구소의 참여도 빠지지 않는다.

극단의 심리조종 MKUltra

미 CIA에서 조직적으로 행위조작 공작에 착수하면서 그 과업에 부친 암호명이 '엠케이울트라'(MKUltra)였다. 우선 밖으로 나타난 사업착수 경위는 다음과 같다. 1950년 9월 CIA 요원이면서 언론인으로 일하던 헌터(Edward Hunter)는 한국전에서 체포된 미군포로에게 중공군이 세뇌공작을 벌여 한국전에서 미군이 세균전을 했다는 고백을 얻어 내고 있다는 내용의 기사를 발표하게 된다. 이 내용은 CIA의 후원으로 방송을 타고 널리 퍼졌고, 당시 CIA 부부장 헬름스(Richard Helms)는 앞선 공산주의자들의 심리전을 따라가기 위해 미국은 노력을 게을리해서는 안된다고 역설했다. 그러나 1963년 케네디 대통령 암살범 문제로 인해 시끄러웠던 워런위원회의 의회청문회에서 그가 한 증언에 따르면 이는 사실과 전혀 달랐다. 그는 미군이 심리전 기술면에서 공산주의자들보다 항상 5년은 앞서 있었으며, 한국전에서 세균무기를 사용한 것도 사실이라고 실토했다.

헌터의 기사로 여론이 형성되고 논란의 시기가 얼마간 지난 다음인 1953년 4월 10일, CIA 부장 앨런 덜레스(Allen Dulles)는 프린스턴 대학의 전국 동창회 모임에서 소련이라는 비인륜적인 나라가 사람의 심리를 조종하는 더러운 전쟁을 일으키니 참으로 마음이 아프다고 역설했다. 그리고 3일 후 CIA 기술담당과에서 MKUltra 프로그램을 출범시켰다.

MKUltra라는 이름은 원래 독일 베를린의 '카이저 빌헬름 의료연구소'에서 연구하던 '심리조종'이란 단어를 독일어와 섞어 'Mind Kontrol'이라 이름짓고 그 첫자를 따서 MK라 한 후, 극단적이란 뜻에서 울트라(ultra)라는 말을 덧붙였다는 설이 있고, 또 어떤 이는 전문 암살범 훈련기획이라 하여 'Manufacturing Killers Utilizing Lethal Tradecraft Requiring Assassinations'의 약어라고 하기도 한다. 이름의 근원은 중요하지 않다. 다만 CIA의 심리조종이란 민감한 프로그램을 금전적으로 지원하기 위한 코드명이었다는 것만 알면 될 것이다. 이 프로그램에는 영국 정보부와 스코티쉬 라이트 프리메이슨과 전후 미국에 차출된 나치 정보계 요원들이 참여했고, 당시 CIA 부부장 헬름스가 조직의 총책임을 맡고 실무는 고트리브(Sidney Gottlieb)가 진두지휘했다.

MKUltra 프로그램의 아버지라고 불리는 헬름스는 할아버지가 BIS 세계은행의 사무총장을, 아버지가 연방준비은행 총재를 역임한 명문가 출신으로, 처음에는 연합통신 UPI 기자로 있으면서 1936년 히틀러와 단독 인터뷰를 한 것으로 이름이 알려졌다. 얼마 후 CIA의 전신 OSS

총수이자 와일드 빌(Wild Bill)이란 별명으로 불리던 도노반(William Donovan) 장군에 의해 스파이가 되고, 곧 OSS의 비밀공작 책임자가 된다.

그가 진두지휘한 부서는 더럽고 비열한 일만 주로 한다 하여 내부에서는 '더러운 사기부'(dirty tricks department)로 부를 정도였으나, 그는 능력을 인정받아 나중에는 CIA 부장까지 승진한다. 그러나 1961년이 지나면서 CIA 감사위원장이었던 이어맨(John Earman) 장군에게 공개적으로 행위조작과 인간개조 작업에 대해 심하게 비판당했고, 신임 매콘(John McCone) 부장도 인수인계를 받으면서 MKUltra가 반인륜적이고 미국 시민의 기본권을 위해한다며 심한 질타를 했다. 이에 대해 헬름스는 소련과의 경쟁에서 뒤진 위험한 상황을 전혀 인식하지 못한 무지에서 나온 비판이라고 지적하면서 오히려 이어맨과 매콘을 공격했다.

의회의 압력으로 CIA가 실토한 바에 따르면, 1953년부터 MKUltra가 존재했으며, 149개의 예하 프로그램이 진행되고, 44개 대학과 15개의 연구소, 12개의 병원과 3개의 형무소가 이에 개입했다. CIA의 비밀연구에 참여한 학교나 기관들은 사람들이 잘 모르는 은폐된 곳이 아닌, 유명하고 권위 있는 곳이었다. 그중 몇 군데를 소개하자면 미국 심리학회, 하버드대 소속 밧틀러 병원건강센터, 뉴저지 교도소, 테네시의 보든타운 형무소, 펜실베니아 형무소, 국립건강연구소, 국립정신건강연구소, 국립철학협회, 워체스터실험생리학재단, 마약청, 교육기관으로는 HAARP 프로그램에 참여한 코넬 대학을 위시해서 콜럼비아 대학, 덴버 대학, 에모리 대학, 플로리다 대학, 조지워싱턴 대학, 하버드 대학, 휴스턴 대학, 일리노이 대학, 인디아나 대학, 존스홉킨스 대학, 미네소타 대학, 프린스턴 대학, 스탠포드 대학, 위스콘신 대학, 펜실베니아 대학, 캐나다의 매길 대학 등이다.

이렇게 의회를 통해 사업내용이 알려지고 비판여론이 급증하자 CIA는 MKUltra 사업을 표면적으로는 종식시켰다. 1975년 1월 17일자로 된 CIA 회람에 '알아두어야 할 사실에 대한 메모'란 제목으로 한 정보원이 쓴 회고록을 보면, 1962년 처음 MKUltra가 알려진 후 점차 예산이 줄어들어 60년대 말에는 완전히 없어졌으며, 헬름스 부장이 1973년 초 퇴임하기 직전 이에 관한 모든 서류를 폐기시켰다고 했다. 그렇지만 상식을 가진 사람들은 이 연구가 더 은밀한 지하로 들어간 것이지, 실제로 없어졌다고는 믿지 않는다.

이런 공작을 진행시키려면 막대한 돈이 필요하다. MKUltra에 대한 공작비용은 인간생태재단(HEF)과 조시아메이시재단, 워싱턴 DC의 한 가문의 개인재단인 의료연구를위한게식터기금에서 주로 조달되었다. 1930년에 만들어진 이 자선단체는 애초부터 우생학에 초점을 둔 기관이었는데, 우생학이란 새세계질서를 위한, 다시 말해서 세계통일을 위한 목적이 다분한 조직체이다. 때문에 이 기금으로는 록펠러의 경제지원을 받는 심리학자와 우생학 학자들이 주로 혜택을 받았으며, 게식터 가문의 일원인 게식터 박사(Charles Geshickter)는 애초부터 MKUltra 프로그램에 개입되어 있었다.

이제 그들이 개발한 세 가지 마인드컨트롤 방법을 살펴보자.

심리를 변화시키는 약물복용

향정신성 약물의 발달로 인해 우리는 약으로, 즉 화학물질로 사람을 어떤 성격의 소유자이든 원하는 대로 만들 수 있게 되었다. 약물을 이용하여 사람의 심리를 조종한다고 하니 별천지의 일로 생각할 독자들도 있겠지만, 사실 심리조종을 위한 약물 사용은 우리 생활의 일부가 된 지 오래다. 요즈음 현대병이라고 할 수 있는 스트레스가 심해지거나 극단적인 사건으로 심적 고통을 겪으면서 우울증이 생기면 사람들은 흔히 정신과를 찾는다. 이때 증세가 심각할 경우 의사는 약을 처방하기도 하는데, 이것이 바로 약물로 사람의 심리를 변화시키는 일이다.

대중매체들은 두려움이나 우울증으로 고생하는 사람들이 향정신성 약물을 복용해서 사회생활에 적응하는 것이 현명하고도 당연한 일로 여겨지도록 세뇌공작을 하고, 다른 한편으로 의사들에게는 값비싼 이런 약물들을 환자들에게 처방하도록 교육시키는 일을 해왔다. 그래서 경미한 증세로 정신과 의사를 찾아도 흔히 이런 향정신성 약을 처방해 주는 일이 당연해진 것이다. 물론 이런 약이 반드시 필요한 환자도 있다. 그러나 대부분은 필요가 없거나 장기적으로 볼 때 오히려 투약 자체가 좋지 않은 결과를 초래하는 경우가 많다.

1990년대 초, 아버지 부시가 대통령으로 있을 때의 일이다. 그 당시 미국에서는 학교를 통해 선생들에게 수업태도가 좋지 않은 학생들의 명단을 만들어 보고하도록 하고, 이 학생들의 부모들을 불러 상담을 하면서 향정신성 약을 복용시키도록 했다. 정도가 심한 학교에서는 선생들이 수업태도가 좋지 않은 학생들에게 약을 복용시키지 않으면 집으로 쫓아보내는 일까지 있을 정도였다. 그런 약들 중에는 리탈린(Ritalin)이라는 상품명이 가장 유명했고, 한국에서는 메칠페니데이트라는 화학명으로 공부 잘하는 약으로 알려져 있다. 다행히도 1990년대가 끝나기 전에 의식 있는 사람들의 투쟁으로 이 약은 사라졌다.

그런데 요즈음 발륨, 옥사제팜, 프로작 같은 약을 무슨 만병통치약처럼 우울증, 스트레스, 피곤증, 집중력결핍증, 불안, 현기증, 근육통, 금연, 금주 등에 처방하고 있다. 그런가 하면 피해망상증이나 광폭한 사람들에게는 핼돌을 투여하기도 한다. 사람에 따라 정도의 차이는 있겠지만 이런 약들을 복용하면 원래의 성격과 다른 행동과 사고를 하게 된다.

인간이 약물을 이용하여 정신상태나 사고와 판단력을 변화시키는 일은 고대부터 있었던 일이다. 고대 이집트나 아즈텍 사회에서 종교적 차원으로 여러 가지 약물을 사용했다는 것은 잘 알려진 상식이다. 근대로 접어들면서부터는 이를 통치수단으로 사용하고자 조직적인 실용화 연구가 시작되었다. 그러나 국가라는 권력기관이 비밀리에 연구를 진행했기 때문에 이에 대해 알려진 바가 전무한 실정이다. 믿기 어려워하는 사람들이 있을지 모르겠지만 믿든 안 믿든 진실은 진실이기에 여기에 설명해 보려고 한다.

아주 옛날부터 조직적으로 내려오던, 프리메이슨과의 관련 내력은 다른 기회에 설명하기로 하고, 20세기 근세사에 와서 정부 차원에서 독일, 소련, 미국, 영국 같은 세계 강국들이 경쟁하다시피 연구에 몰두한 일을 살펴보겠다. 그중에서도 나치 독일이 이 분야에서 가장 앞서 있었는데, 패전 이후 그 기술은 소련과 미국에 분산 흡수되었고, 냉전시대를 거치면서 서로 대등하게 경쟁하다가 결국 금력(金力)의 차이로 미국이 세계 주도권을 차지하게 된 것이다.

미국이 약물을 사용한 최초의 기록은 2차 세계대전 때 CIA의 전신인 OSS*가 그 전신인 COI*를 접수하면서 체포된 적의 스파이와 포로 또는 게릴라를 심문하는 과정에서 볼 수 있다. 스파이들로 하여금 정보를 순순히 털어놓도록 만드는 한 방편으로 소위 '진실약'(Truth Drug), '평화환'(Peace Pill), '항복약' 등의 별명이 붙은 여러 가지 약물을 사용

---

* OSS, Office of Strategic Services.
* COI, Coordinator of Information.

했다. 이때 이들이 사용한 약물은 스코폴라민, 몰핀, 메스칼린, 벤제드린, 바르비투르산염 계열약품, 대마초 등이었다. 이 약물을 복용한 포로들이 환각 상태에서 마음이 해이해져 쉽게 기밀을 실토하도록 만드는 것이 그들의 의도였다.

이중 메스칼린은 멕시코의 야생 선인장 페요테(Peyote)에서 추출하던 것으로, 1898년 엘리스(Havelock Ellis)라는 사람이 페요테를 가지고 여러 가지 실험을 한 일이 있다. 엘리스는 페이비언 소사이어티(Fabian Society)의 회원이며, 의학자·철학자·문학가·공산주의자로, 무정부주의자로 알려져 있었고, 『성의 심리학(Psychology of Sex)』이라는 책도 쓴 당시 지성계의 거장이었다. 그는 1898년 《컨템퍼러리 리뷰(Contemporary Review)》라는 잡지에 실린 「메즈칼 : 신인공 파라다이스(Mexcal-A New Artificial Paradise)」라는 논문에서, 페요테 선인장에 들어 있는 메스칼린이라는 독성 알카로이드는 토인 종교인들이나 심령주의자들이 가끔 무아지경에 돌입하기 위해 사용하기도 하고 정신분열증을 일으킨다고도 하지만 훨씬 더 많은 비밀이 숨겨져 있기에 앞으로 많은 연구가 필요하다고 주장했다.

1938년에는 스위스의 산도즈 실험소에서 환각제인 LSD 합성에 성공했다. 현재 알려진 LSD는 1943년 호프만(Albert Hofmann)에 의해 만들어진 것이다. 스위스 바알(Basle)에는 세계적인 제약회사 세 곳이 있었는데, 산도즈(Sandoz)는 그중 하나였다. 산도즈는 나치 독일 화학산업 부문의 독점회사였던 이게파르벤(I. G. Farben)에 흡수되어 LSD에 대한 연구는 SS특수부대와 게슈타포 비밀경찰 의료연구팀과 함께 계속되었다.

산도즈 제약회사는 1949년부터 1950년대까지 거의 독점적으로 LSD를 생산하여 매주 미 CIA와 미군에 납품했다. 1960년대 영국의 유명한 록뮤직 그룹 '디 애니멀스'(The Animals)가 부른 〈산도즈란 이름의 여자(The Girl Named Sandoz)〉는 바로 이 산도즈 회사를 가리킬 정도로 유명했다. 그러나 스위스로부터의 공급량과 비용에 불만족한 CIA는 1954년 자국 회사로부터 LSD 공급을 확보하기로 결정하고 엘리 릴리(Eli Lily) 제약회사에 투자를 시작했다. 그리하여 합성연구에 성공한, 1960년대에는 무한정의 LSD를 공급받게 되었다.

CIA가 이토록 LSD 확보에 열을 올린 것은 LSD가 화학무기로서 아주 중요한 위치를 차지한다고 믿었기 때문이다. CIA 부장을 지냈고 대통령 재직시 가장 먼저 '새세계질서'(Order)란 용어를 사용한 아버지 부시가 엘리 릴리의 대주주인데다가 한동안 이사장을 맡기도 했다는 사실은 여러 의혹을 품기에 충분하다.

초기 CIA의 LSD 실험은 보스턴 정신병원의 링켈(Max Rinkel)과 하이드(Robert Hyde), 일리노이 대학의 파이퍼(Carl Pfieffer), 로체스터 대학의 하지(Harold Hodge), 뉴욕의 마운트 시나이 병원과 콜롬비아 대학의 아브람슨(Harold Abramson), 켄터키 주 렉싱턴에 있는 마약중독 연구센터의 아이즈벨(Harris Isbell), 그리고 오클라호마 대학 웨스트(Louis Jolyon West)라는 의사와 심리학자들이 시작했고, 그 총지휘를 맡은 사람은 고트리브(Sidney Gottlieb)였다. 그 전에는 엘키스(Joel Elkes)가 영국에서 LSD와 신경가스를 혼합하여 효능을 실험하다가 뒤에 미국 워싱턴 DC 성 엘리자베스 병원으로 옮겨 연구를 계속했다.

아브람슨은 2차 세계대전 전 독일 베를린에서 공부하고 후에 미 육군 화생방기술과에서 일했다. 그의 직무는 물론 LSD 연구였다. 그는 병원에 입원중이지만 심리학적으로 정상인 환자들에게 비밀리에 자기가 개발한 화학물을 투약하여 기억력 변화, 비정상적-비사회적 행동발달 상황, 성행위의 변화, 외부로부터 지시에 대한 심리적 압박에 대한 반응,

약물 의존도 성향을 조사했다. 이것은 콜럼비아 대학과 콜드스프링하버에서 행해졌는데, 콜드스프링하버의 병원은 아이젠하워 대통령 때 국무장관이었던 존 덜레스와 그의 동생으로 CIA 부장을 역임한 앨런 덜레스 형제 가문의 땅에 세워진 것이다. 이곳은 20세기 초 미국의 우생학 연구가 태동한 곳으로 유명하다.

영국 출신 문화인류학자 베이트슨(Gregory Bateson)과 그의 부인 마가렛 미드(Margaret Mead)는 타비스톡 계열 학자인데, MKUltra 공작에도 깊이 관여하여 캘리포니아에 있는 팔로알토 재향군인병원을 세워 연구를 계속했다. 그곳에서 반항시인 앨런 긴스버그(Allen Ginsburg)에게 LSD를 투약한 것으로도 유명하다. 그 외 LSD 연구에 중요한 사람으로 혹흐(Paul Hoch)라는 프리메이슨 의사가 있다. 그는 독일 나치의 우생학 권위자였던 칼만(Franz Kallman)과 함께 미국 우생학회의 공동회장을 지낸 사람이다. 칼만은 히틀러 밑에서 아리안족의 우월성을 주장하는 이론을 펴, 유대인들을 열등인간이라고 널리 알린 유대인 학대의 원흉이다. 미국은 전후에 그를 뉴욕으로 데려와 콜럼비아 대학 심리학연구소에서 계속 연구활동을 하게 했다. 혹흐와 칼만은 스코티쉬 라이트 프리메이슨의 과정성 정신분열증(dementia praecox)에 관한 연구분야 책임자였던 루이스(Nolan D. C. Lewis) 박사의 지휘를 받다가, 혹흐는 뉴욕 주지사 해리만(Averell Harriman)을 통해 주 정신위생 총감으로 임명되었고 록펠러(Nelson Rockefeller)가 주지사가 된 이후에도 계속 유임했다.

펠릭스(Robert Hanna Felix)라는 사람도 프리메이슨의 정신학 연구분야 책임자로 있으면서 1949년부터 1963년까지 국립정신건강연구소의 이사로 재임하면서 아이즈벨 박사와 함께 LSD연구에 매진했다. 이들은 흑인 죄수들에게 75일 동안 LSD를 보통의 3~4배씩 투약한면서 어느 단계까지 견딜 수 있나 극한치를 실험하기도 하고, LSD에 취해 잠이 든 상태에서 전기쇼크를 주어 그 반응을 조사하는 일을 지휘하기도 했다.

1953년에는 로스앤젤레스의 버셀(Nick Bercel)이란 정신과 의사를 통해 로스앤젤레스 시 전 시민에게 LSD를 투약하고 그 반응을 검사하려는 시도가 있었다. 수돗물에 LSD를 타서 공급하는 것이었는데, 다행히도 수돗물에 살균제로 넣은 염소에 중화되어 실험은 실패했다. CIA는 곧 염소와 반응하지 않는 LSD를 개발하는 데 골몰했다.[27] 이 실험에 관해서, 1951년 프랑스의 퐁상에스프리에서 일어난 이상한 사건에서 CIA가 힌트를 얻었을 것이란 말이 있다. 깜부기(맥각균)가 많이 섞인 귀리빵을 먹고 전 시민이 갑자기 환각증세를 보이며 수주일간 비정상적인 행동을 하다가 많은 사람이 사망한 사건인데, CIA는 LSD를 사용하여 이와 비슷한 결과를 노렸던 것 같다. 이후 소위 빅시티 작전이란 것을 만들어 1953년형 머큐리 자동차 배기파이프를 18인치나 연장하여 LSD로 보이는 가스를 뉴욕에 살포한 사건도 있고, 같은 작전의 일환으로 서류가방에 LSD를 넣어 배터리로 자동 살포되도록 하여 뉴욕 지하철이나 샌프란시스코 금문교에서도 뿌린 일도 있다.

다시 OSS 초기의 '항복약' 이야기로 돌아가보자. 당시 항복약 실험의 총지휘자는 오버홀스터(Winfred Overholster)라는 의사였다. 이 실험은 극비리에 진행되어 고위층 몇 사람에게만 알려졌는데 그중에는 루스벨트 대통령도 있었다. 당시의 항복약 실험은 그리 만족할 만한 성공은 거두지 못했지만 가능성은 보여주었기에 이에 대한 연구는 꾸준히 계속되어 후신인 CIA에 들어와서 더욱 심도 있는 연구와 실험이 진행되었다. 초기에는 양심 있는 사람들의 비난도 만만치 않아 실험이 잠시 중단되는 듯했으나 1943년에 OSS는 실험을 재개했다. 이때 가장 대표적인 사람은 화이트(George Hunter White) 대위였다.

화이트 대위가 처음 실험대상으로 삼은 사람은 검거되어 투옥된 뉴욕 마피아 갱단의 델 그라지오(August Del Grazio)였다. 경찰은 이 사람을 자백시켜 일당을 일망타진하고 싶었으나 그가 순순히 실토할 리가 없었다. 화이트 대위는 통상 오지(Augie)라고 불리는 델 그라지오에게 주는 담배 속에 마리화나를 섞은 담배를 주었다. 물론 오지는 그 담배 속에 마리화나가 들어 있는지 모르고 담배를 피웠다. 그 결과는 아주 성공적이어서 오지는 약에 취한 채 터키의 마약 재배실정, 이탈리아와 뉴욕의 연결고리, 이에 매수된 정부고관의 이름 등을 모조리 자백했다. 이와 같은 결과는 OSS의 총수 도노반 장군을 매우 흡족하게 만들어 "담배실험은 포로나 죄인 심문과정에서 포로를 편안하게 만들어 주어 자백을 받을 수 있는 효과적인 방법으로 사용될 수 있다는 확신을 주었다"라는 메모를 장군이 직접 발송하게까지 했다.

전쟁이 끝나자 OSS의 이 프로그램은 일단 막을 내렸지만 1947년 국가보안법에 의해 CIA가 창설됨으로써 그쪽으로 이관되었다. 화이트 대위는 변함 없이 CIA에서도 행위변형약물의 연구에 박차를 가했다. 그는 연방마약국 요원으로, CIA에 촉탁으로 일하는 것으로 되어 있었다.

1950년대 초기 화이트 대위는 소위 전후파, 아프레(Après)들이 다수 거주하는 곳으로 유명했던 뉴욕 그리니치 빌리지에 아파트를 얻었다. 그 아파트에 반사거울과 카메라 등을 장치해 놓고 거리에서 만난 병사들을 자기 아파트로 데려와 LSD를 먹인 후 몰래 여러 가지 실험을 했다. 1955년에는 샌프란시스코와 마린이라는 시외의 고급 주택지에 미드나잇 클라이막스란 작전명으로 아지트를 만들고 마약중독자가 된 창녀들을 고용했다. 그리고 홍등가와 술집에서 병사들을 유혹하여 아지트로 데려와 LSD를 먹여 실험하면서 모두 영상사진으로 기록을 남겼다.

이렇게 '국가안보 창녀들'을 고용한 실험의 목적은 군인들이 LSD에 취한 상태에서 성교방식과 태도가 어떻게 바뀌는지를 조사하고 얼마나 쉽게 군비밀을 빼낼 수 있는지를 알아내는 것이었다. 이 공작은 1963년 이어맨 장군의 문제제기가 있을 때까지 계속되었다.

이와 같은 실험사례들 중 가장 소름이 끼치는 일은 캐나다 매길 대학 부속 록펠러 병원에서 일하던 캐머론(Donald Cameron)의 실험이다. 그는 이곳의 정신과 과장으로 일하면서 캐나다 군당국과 록펠러재단, CIA의 전신인 OSS가 재정지원하여 자행한 일련의 실험을 실시했다. 그는 영국 스코틀랜드 글래스고에 있는 왕실 정신병원에서 우생학자 헨더슨(David Henderson) 밑에서 훈련을 받고 타비스톡의 리스(John Rawlings Rees) 천거로 세계정신건강연합회의 캐나다 지부장으로 몬트리올에 오게 되었다. 그후 캐머론 박사는 세계에서 가장 영향력 있는 정신과 의사라 할 정도로 활약이 눈부시어 세계의 저명한 정신의학계 조직에 감초가 되었다. 캐나다 정신학회, 미국 정신학회 세계정신학기구, 퀘벡 정신학협회, 미국 정신병리학협회, 생리정신의학협회 등등의 회장 직을 두루 맡을 정도였다.

그가 몬트리올에 있는 동안 인간생태재단에서 자금지원을 받으면서 행한 연구와 실험의 내용은 이렇다. 무슨 이유로 입원했든 자기가 필요할 때 아무 환자나 선택하여 LSD나 토라진, 바르비투르산염 계열약물을 먹이고 전기쇼크요법(ECT)*, 즉 전기감전을 시켜 태도변화를 관찰함으로써 체계적으로 사람의 성향이나 태도를 변화시키거나 전혀 다른 사람으로 창조해 내는 방법을 찾은 것이다.

이러한 그의 행적이 노출된 것은 1979년 짐머맨(Rita Zimmerman)이

---

* ECT, Electro-Convulsive Therapy.

란 여자와 함께 퇴원 환자 9명이 CIA를 상대로 고소를 하면서였다. 이들은 우울증이나 알코올중독으로 캐머론이 있는 병원을 찾았는데, 짐머맨의 경우 30번이나 전기쇼크치료를 받았고 약물로 56일이나 잠을 자기도 했다. 그후에도 14일간은 '음성적 심리몰이', 18일간은 '양성적 심리몰이'를 당했다. 그녀는 경미한 우울증이 있었을 뿐인데, 엉뚱한 실험대상이 되어 직장을 잃었을 뿐 아니라 영구적 두뇌손상을 입어 대소변도 가리지 못하는 처지가 되어 버렸다. 이 재판은 1988년 '오르리코 대 미국'(Orlikow vs. U.S.)이라는 판례로 75만 달러로 막을 내렸다.

캐머론이 사용한 '심리몰이'라는 것은 어떤 사람의 기본심리를 조종하는 사람이 원하는 방향대로 몰고 가는 방식인데, 잠에서 깨어나 정신이 든 환자에게 베개나 벽을 통해 은은한 소리로 격한 감정을 담은 이야기를 계속 들려주어 성격을 잠재적으로 변화·유도하는 것이다. 이 방법은 1961~1964년 사이 보건복지성에서 자금지원을 받았고, 캐머론은 「지속적 음성신호 노출에 의한 성격의 강도 증폭과 축소에 관한 연구」와 「지속적 음성신호에 따른 인간행실의 효과」라는 논문을 발표하기까지 했다. 인간의 행동은 두뇌신경조직의 배열방식에 따라 결정되므로 신경조직을 바꾸어 놓는 정신치료를 함으로써 사람의 태도와 사고방식을 바꿀 수 있다는 것이 그의 지론이었다. 이를 위해 그는 짐승에게 먹이는 세르닐(Sernyl) 같은 강력한 약을 죽지 않을 정도로 수십 일간 사람에게 투약하여 실험대상으로 하여금 여러 가지 광적인 행동을 하도록 만드는 등 우리의 상상을 초월한 고문을 자행했다.

이런 무모한 치료나 실험을 인간에게 할 수 없다는 의료행위의 기본윤리를 2차 세계대전 후 뉴렘버그 전범재판에서 분명히 했고, 당시 그 원칙에 따라 독일 사람들을 처벌했다. 그런데 처벌 당사국인 미국의 CIA 등 권력기관은 환자에게 동의를 구하기는커녕 비밀리에 무작위로 실험을 감행했다. 이런 실험이 어쩌다 일어난 것이 아니라 의도적으로 행해진다는 것은 큰 문제가 아닐 수 없다. 더군다나 먼 옛날 이야기가 아니라 지금 이 순간에도 계속되고 있으며 앞으로 더욱 심해질 것이라는 사실에 우리는 경각심을 가져야 할 것이다.

이와 같은 MKUltra 프로그램의 연구분야는 LSD와 전기쇼크에 국한되지 않는다. 그 부설 프로그램 중 하나로 MKNaomi(엠케이나오미)라는 코드명으로 CIA와 특별작전부(SOD)*가 함께 추진한 작업이 있다. SOD는 에이즈균을 처음 만들어 새로운 병을 창조해 냈다고 소문이 난 매릴랜드 주 포트 데트릭(Fort Detrick) 육군 생화학연구소에 위치한 일종의 생화학전의 특수작전본부이다. 미국의 세뇌공작 프로그램을 파헤친『만주인 포로(The Search for the Manchurian Candidate)』를 쓴 존 마르크스(John Marks)에 의하면, CIA와 SOD는 수초 안에 사람을 죽일 수 있는 독극물을 개발했다. 이것은 어패류에서 추출한 것이다. 또한 거주지역에 흔한 병으로 죽게 만들면서 자연사로 위장할 수도 있고 목숨을 해치지는 않으면서도 생명의 위협을 느낄 정도로 잠시 위협을 주는 방법도 개발해 놓았다고 했다.

이런 사례는 열거하자면 끝이 없지만, 마지막으로 한 가지만 더 소개하고자 한다. 두 개의 미 육군 화학부대와 육군 정보처 그리고 CIA는 공동으로 1958년과 1959~1960년에 에지우드 조병창에 있는 의학연구 실험소에서 LSD와 기타 비슷한 약물실험을 실시했다. 이 실험의 목적은 취조실에서 LSD 같은 환각제를 유용하게 사용할 수 있는 방법을 알아내는 것이었다. LSD 실험용이라는 뜻으로 EA-1729라는 암호를 한 그룹의 군인들에게 지어 주고 '무의식중 테스트 반응'과 '기억력 상실

---

* SOD, Special Operation Division.

테스트' 같은 것을 실험했다. 그들은 군인들에게 미리 탱크운전, 대공포 조정술 등을 가르치고 약물의 영향하에서 얼마나 기억하고 있는지, 또는 가르쳐 준 비밀내용을 얼마나 쉽게 실토하는지를 실험했다. 실험 결과에 크게 고무된 미 육군정보처는 각 부서에 실전이 일어날 때 이를 미국 밖에서나 외국군에게 사용하는 계획을 세우도록 강력하게 권고했다.[28]

무의식 행동을 유발하는 최면술

미국 콜게이트 대학 심리학과 과장이었던 에스타브룩스(George H. Estabrooks, 1895-1973) 교수는 "나는 어떤 한 사람을 그 사람의 동의를 얻지도 않고, 그 사람이 알지도 못하는 상태에서 최면을 걸어 미국의 역적을 만들 수 있다"고 말했다. 에스타브룩스는 미국 최면술계의 최고 권위자로 알려져 있었고, 그와 뜻을 같이하는 많은 심리학자들은 그의 "잘 훈련된 최면기사 200명만 있으면 대중의 마음을 조종해서 전시상황의 미국을 뒤엎을 수 있을 정도의 제5열(fifth column, 전시에 후방교란 간첩행위 등으로 적국의 진격을 돕는 자) 집단을 만들 수 있다"는 말에 동감을 표시했다. 이 말은 인위적으로 사람의 정신상태를 둔갑시켜 장난감 병정 같은 테러집단을 얼마든지 만들어 낼 수 있다는 뜻이다. 다시 말하면 조종사들을 최면시켜 쌍둥이빌딩을 향해 돌격하도록 만들 수 있다는 것이다.

최면술의 위력을 잘 알고 있었던 에스타브룩스 교수는 미국의 안전에 얼마나 위협적인 일이 일어날 수 있는지를 역설하기 위해 다음과 같은 시나리오를 만들었다. 만약 적국의 한 정신과 의사가 미국 병원에 잠입하여 수천 명의 환자들에게 최면을 걸고, 다시 이들로 하여금 미군의 중요 지휘관들을 최면시키면 결국 전 미군이 이 의사의 명령에 따라 행동할 수 있다는 것이다. 이런 작전으로 전 미군을 적군에 넘길 수도 있으며, 마찬가지로 파괴분자를 만들어 전 사회를 교란시킬 수도 있다는 것이다. 그는 이러한 최면의 위력을 실험으로 증명해 주기도 했는데, 교육을 제대로 받지 못한 최면상태의 하급병사에게 그가 이해하거나 기억할 수 없는 아주 복잡한 내용을 최면상태에서 알려주었다. 놀랍게도 그는 최면상태에서 그 내용을 모두 기억해 냈다.

에스타브룩스 교수는 《과학 다이제스트(Science Digest)》1971년 4월 호에 '최면술의 시대가 오다'라는 제목으로 기고한 적이 있다. 그는 두 번에 걸친 세계대전을 통해 전시상황에서 기밀통신이 얼마나 중요한지를 절실하게 느꼈다고 한다. 아주 신임할 만한 부하가 있으면 그 부하에게 전령의 역할을 맡길 수 있지만, 상황에 따라서는 그도 비밀을 누설할 수밖에 없는 경우가 있기에 100퍼센트 안전한 기밀전달이 어려웠다는 것이다. 그는 이 문제를 해결하고 100퍼센트 신뢰가능한 전령을 테스트하기 위해 다음과 같은 실험을 실시했다. S라는 한 대위를 워싱턴 사무실에 불러 도쿄에 가서 X사단본부의 B대령을 만나 특수장비에 관한 서류를 전달하고 오라고 명령했다. 그리고 이런 말을 하는 동안 최면을 걸어 별도의 비밀명령을 알려 주고, B대령 외 누구에게도 최면을 당하지 말라는 당부와 함께 최면에서 깨어나도록 했다. 물론 S대위는 자기가 최면당했다는 사실을 전혀 알지 못했다. 그는 집에 가서 부인에게 특수임무로 도쿄에 며칠 다녀와야 한다고 말하고, 다음날 아침 도쿄로 향했다. 도쿄의 B대령을 만난 그는 미리 내통으로 알려진 특수암호로 B대령의 최면에 걸렸고, 그 상태에서 비밀명령의 내용을 모두 전달했다. 그러고 나서 최면에서 깨어난 그는 아무 일도 없었다는 듯이 봉투를 전달하고 다음날 워싱턴으로 되돌아왔다. 만일 S대위가 도중에 적에게 잡히고, 설령 적이 그를 최면시키는 암호까지 알고 있다 해도 그는 절대 최면당하지 않는다. 왜냐하면 S대위에게 B대령 이외의 사람에게는 최면당하지 말라는 프로그램을 만들어 놓았기 때문이다.

이 기술은 기억보존에 관한 방법론이 주된 내용이지만, 사실 S대위는 여기서 두 개의 인격을 가진 사람이 되었다고도 볼 수 있다. 가끔 비정상적으로 신체 하나에 여러 개의 인격을 가진 사람들이 있다. 이것을 다중인격자라고 한다. 다중인격자에 대한 이야기는 1905년 매사추세츠 종합병원의 의사이자 하버드 대학 교수였던 모턴 프린스(Morton Prince) 박사의 『이브의 세 얼굴(*The Three Facos of Eve*)』이란 책에 등장한다. 거기에는 세 개의 인격을 가진 다중인격증 환자 보상이 등장하는데, 이 여자를 최면술로 치료해서 세 인격을 하나로 만든 내용이 서술되어 있다. 충격적인 반응을 불러일으켰던 그 책 덕택에 한때 임상최면술은 가장 인기 있는 연구분야로 대두하기도 했다. 1920년대 말에 와서는 이런 목적으로 '후최면암시'라고 불리는 독특한 최면술이 등장했다.

일반적으로 최면걸린 상태에서는 최면유도자의 명령에 따르지만, 일단 최면에서 깨어나면 정상으로 돌아온다. 그러나 '후최면암시'는 최면에서 깨어난 다음에도 계속 유도자의 명령을 쫓는다. 따라서 최면피험자에게 어떤 암호를 정해 놓고 다른 사람이 그 암호를 부를 경우에, 피험자는 이미 정해 놓은 그 특정 인격의 소유자가 되어 행동하게 된다.

다시 말해서 최면술로 '갑'이란 인격을 만들고 마치 여러 벌집 중 한 방에 집어넣듯 집어넣어 두면 보통 때에는 원래의 인격으로 행동하지만, 어느 때고 정해 놓은 암호로 '갑'이란 인격을 부르면 '갑'이란 사람으로 행동하게 된다. 그리고 정상으로 되돌아가면 자기가 '갑'으로 행동했던 것을 알게도, 알지 못하게도 만들 수 있다. 즉 지킬박사와 하이드를 그들의 필요에 따라 얼마든지 만들어 낼 수 있다. 그러면 유도자는 원하는 대로 갑, 을, 병, 정 등 여러 인격을 한 사람의 육체에 집어넣어 마치 여러 사람처럼 다른 인격이 모르게 사용할 수 있게 된다. 이런 것을 '인격구획화'(compartmentalization)라고 한다.

앞에서 살펴본 에스타브룩스는 이런 일에 권위자였던 것이다. 그는 2차 세계대전 중 자기가 미 해병대 정보부에서 행한 실험을 예로 들어 설명했다. 그는 존스(가명)라고 하는 성격이 불안정한 중위를 존스 A와 존스 B로 구분하여, 착실하고 평범했던 존스 A를 논리정연한 공산주의 열성분자로 만들었다. 존스 A는 가식으로 공산주의자가 된 것이 아니라 진정으로 열렬한 공산주의자가 되었고, 그 결과 해병대에서 불명예 제대를 하게 되었다. 물론 이는 에스타브룩스가 의도한 바였다. 존스 A는 제대 후 대대적인 환영을 받으면서 공산당에 입당했고 열성당원이 되었다. 그러나 존스 B는 예전대로 변하지 않은 애국적인 해병대 장교였다. 존스 B는 내성적이었고 과묵한 성격의 소유자로, 존스 A의 생각을 잘 알고 있었으나 그것을 말하지 말도록 최면으로 명령을 받았기 때문에 전혀 내색 하지 않았다. 이렇게 해서 에스타브룩스는 정상적인 존스 B를 최면걸어 공산당 내부와 직접 연결되는 소식통을 갖게 된다. 그러나 존스 중위의 경우, 몇 달 후 결국 공산당 측에서 의심을 품기 시작하여 그쪽에서도 같은 수법을 역으로 존스에게 사용하는 바람에 결국 실패로 돌아갔다고 한다.

에스타브룩스 뒤를 이은 사람들 중에 왓킨스(J.G. Watkins)라는 사람이 있는데, 그도 역시 가공할 실험을 했다. 그중 유명한 것은 군 내에서 사이 좋은 상관과 부하 사이에 하극상을 만든 일이었다. 실험대상으로 서로 친구관계이면서 한 사람은 이등병이고 한 사람은 장교인 짝을 찾아냈다. 그리고 이등병을 최면시켜 앞에 앉아 있는 장교가 사실은 적군의 장교이고 그가 당신을 죽이려 하고 있다고 설명한다. 그런 뒤 피험자로 하여금 죽이느냐 죽느냐는 양자 택일을 해야 한다고 믿도록 그의 심리상태를 조종했다. 그 결과 이등병은 친구인 장교를 죽이려고 공격했으며, 언젠가는 진짜로 칼을 꺼내 거의 장교를 죽일 뻔했다고 한다. 이는 최면을 통해 군대의 규율이나 도덕을 무시하고, 친구나 상사를 포함해서 누구든지 살인할 수 있도록 마음대로 조종할 수 있다는 증거가 된다. 이 수법을 이용해서 얼마든지 암살자를 만들어 낼 수 있는데, 정작 그 암살범은 자기가 무엇을 했는지 기억조차 하지 못하는 것이다.

이와 비슷한 내용이 마르크스의 『만주인 포로』에도 자세하게 설명되어 있다. 그의 설명에 의하면, CIA 내의 최초 마인드컨트롤 지휘자는 모스 앨런(Morse Allen)이었다고 한다. 앨런이 처음 실시한 실험은 그의 두 여비서를 대상으로 했다. 한 비서를 최면으로 잠들게 하고, 자기가 깨라고 명령하지 않는 한 절대로 깨어나지 말라고 명령한다. 그리고 다른 비서에게 역시 최면을 걸어 자고 있는 비서를 깨우되, 만일 그녀가 깨지 않으면 엄청난 분노를 느껴 그 여자를 죽일 수 있게 만들었다. 그리고 주변에 장전되지 않은 권총을 미리 놓아두었다. 이 여자는 평소에 온화한 성격이고 특히 총을 매우 싫어하는 사람이었지만, 최면상태에서는 역시 권총을 집어들고 잠자는 동료비서를 향해 쏘았다는 것이다. 그리고 최면에서 깨어난 후에는 자기가 최면당했고 총을 쏘았다는 사실 자체를 전혀 기억하지 못했다.

전자기파를 이용한 다양한 마인드컨트롤

인간의 두뇌는 배터리처럼 그 속에 전기에너지가 통하고 있으며, 우리 신체의 말단신경에서는 전기자장, 즉 전자기 에너지가 방출되고 있다. 그 에너지의 상태는 개인마다 달라서 각 개인은 각각 다른 인격을 소유하게 되는 것이다. 그렇기 때문에 그 에너지 상태를 조정한다면 사람의 성격을 마음대로 바꿀 수 있다. 이것을 라디오에 비유해 보자. 라디오의 다이얼을 돌릴 때 주파수가 맞지 않으면 아무 소리도 들리지 않지만, 어느 주파수에 도달하면 깨끗한 소리가 들리게 된다. 마찬가지로 두뇌도 자기 두뇌와 맞지 않는 주파수가 지나갈 때에는 아무 일도 일어나지 않다가 알맞은 주파수와 만날 때에 작동하게 되는 것이다.

1997년 12월 16일 일본에서 'TV도쿄'를 통해 〈포켓몬〉이란 만화영화를 보던 700여 명이 동시에 갑자기 구토를 하며 졸도한 사건이 있었다. 만화의 등장인물인 피카츄의 눈에서 나오는 빛의 주파수가 간질병 환자처럼 사람들을 졸도하게 만드는 ELF 주파수와 일치했던 것으로 여겨진다. 사람들은 전자파가 우리 생활에 아주 밀접한 관련이 있다는 것은 막연하게 알고 있지만 이 정도까지인 줄은 잘 모를 것이다.

지금은 인기가 많이 식었지만 10여 년 전 'SEGA'라는 컴퓨터 게임이 처음 나왔을 때에도, 사용 설명서에 다음과 같은 경고문이 등장했다. "희귀한 일이지만, 본 소프트웨어 사용 도중 근육경련이 일어나고 졸도를 하는 경우가 발생할 수 있다. 이는 모니터에서 강한 전파가 급격히 쏟아져 나오기 때문이다. 과거 이런 경험이 있는 사용자는 본 소프트웨어를 사용하기 전에 필히 의사와 상담해야 할 것이며, 이와 유사한 경험이 있는 사람도 즉시 본 프로그램 사용을 중지하고 의사와 상담을 거치기 바란다." 대부분의 경우 이런 일은 우연히 일어난 사고에 불과하겠지만, 이것을 고의적으로 만들어 사람에게 사용하게 되면 사람의 행동을 어떤 형태로 조작하는 것이 가능하다는 것을 단적으로 보여주는 것이다.

인간의 두뇌는 대략 30헤르츠 미만의 주파수로 운영된다. 즉 뇌파는 초당 30회의 진동을 하는 파장을 갖고 있다는 말이다. 그런데 외부에서 같은 주파수로 전파를 보내면 두뇌는 그 외부전파에 사로잡혀 그 주파를 따르게 된다. 두뇌가 이렇게 외부전파를 따를 때에는 두뇌의 화학성분에 변화가 일어나고, 그 결과 사람의 감정이 바뀌게 된다.

1960년대에는 이와 관련하여 다양한 연구가 진행되었는데, 그들은 두뇌가 점령당하도록 주파를 맞추는 데는 아주 적은 에너지가 소요된다는 것을 알아냈다. 1980년대 중반에는 예일 대학교의 호세 델가도(Jose Delgado)박사가 지구에서 나오는 자연주파수 50분의 1 정도의 라디오 주파 에너지로 동물이나 사람의 뇌를 점유하여 조작함으로써 마치 스위치를 켜고 끄는 것처럼 극도의 흥분과 냉정 상태를 오가도록 감정을 조절할 수 있다는 것을 알아냈다.

과거 수십 년 동안 수많은 과학자들이 뇌파와 전자기파의 관계를 연구해 왔는데, 이들은 일반적으로 베타(β), 알파(α), 세타(θ), 델타(δ) 네 종류로 뇌파를 분류한다. 베타파는 13~30헤르츠 사이의 주파수로 사람이 정상적으로 활동할 때의 뇌파이다. 30헤르츠 안팎의 높은 주파수가 나올 때에는 사람이 흥분되어 화가 났거나 겁에 질려 있거나 또는 스트레스를 받고 있을 때이며 명석한 판단을 하기에 조금 지장이 있을 정도다. 알파파는 8~13헤르츠 사이로 차분한 마음상태일 때의 주파수이다. 공부를 하거나 정신집중이 필요할 때 이상적인 뇌파이다. 시장에 나도는 대부분의 전자참선기구나 생체자기제어기기들은 알파파나 그 이하의 주파수를 내도록 고안되어 있다. 쎄타파는 4~7헤르츠 사이의 주파수인데, 이는 참선을 할 때처럼 정신집중을 할 때 나타나며, 잠재기억을 되살리거나 깊은 내면의 사고를 할 때 도달하는 낮은 주파수이다. 어린이들이 종종 이런 뇌파를 발생시키기도 하고, 성인의 경우에는 가끔 현실같이 생생한 꿈을 꿀 때 이런 뇌파가 나온다고 한다. 마지막으로 델타파는 0.5~4 헤르츠 사이로 깊은 잠을 잘 때 나오는 주파수이다.

이런 저주파 전자기파는 이온 방사능을 동반하지 않으며, 아주 저온으로 방출되기 때문에 외관상 인체에 별다른 상처를 남기지 않는 듯한 인상을 준다. 이런 특성은 첩보활동에서 음성적인 목적으로 사용하기에 안성맞춤이기 때문에 적극 개발되고 있다. 예를 들어, 캘리포니아에서 아데이(W. Ross Adey) 박사는 동물의 뇌파를 ELF로 변환시키는 시범을 보였다. 그는 원숭이의 뇌파에 직접 ELF 주파를 접목시켰다. 원래 두개골은 외부의 영향으로부터 중추신경을 보호하도록 되어 있으나 ELF는 쉽게 두개골을 통과했다. 또한 전자참선기구나 생체자기제어기구를 이용해서 뇌파를 알파나 델타의 영역으로 전화시키기도 했다. 그는 델가도 박사처럼 이런 기구들을 뇌에 직접 부착시켜 약한 ELF 전파를 보내 사람의 행동과 생각을 조종하는 데 성공했다.

또 1970년대에 산리안드로(San Leandro) 기술연구실험소에는 라우셔가 ELF를 이용하여 지진을 예측하는 데 큰 효과를 보았다. 그는 어떤 ELF 주파수를 사람에게 쪼이면 한 시간 이상 심한 구토증을 일으키는 것을 우연히 발견했고, 또 어떤 주파수는 이유 없이 사람을 웃게 만드는 것도 발견했다. 그는 이것을 마리화나 주파수라고 이름붙이고, "나에게 돈과 석 달의 여유만 달라. 그러면 이 도시 인구 80퍼센트의 행동을 아무도 모르게 변형시킬 수 있다"고 호언장담했다. ELF를 이용해서 사람을 조작하는 방법은 이미 여러 방면으로 개발되어 있다.

두뇌전기자극 테크놀로지

전자기파로 마인드컨트롤을 하기 위한 연구는 30여 년 전에 시작된 비교적 새로운 과학분야라 할 수 있으며, 그 대표적인 과학자로는 세 사람을 들 수 있다. 그중 가장 뛰어난 업적을 남겼다고 평가되는 사람은 델가도이고, 다음으로 UCLA 두뇌연구소에서 일하는 생리학자 아데이 박사, 그리고 캐나다의 펜필드(Wilder Penfield) 박사가 있다.

1969년 델가도 박사가 예일 대학교 의학부에서 일할 때 「물리적심리 컨트롤 : 심리문명사회를 향하여」라는 논문을 발표한 적이 있다. 그는 여러 해 동안 침팬지와 사람의 두뇌 속에 외과적으로 전극을 묻어 놓고 전기를 보내 동작조정, 내분비 배출조절, 특정 정신상태로의 유도, 그리고 자연적인 본래의 행동과 분별할 수 없는 행동과 태도로 변하도록 사람을 조작하는 방법을 연구한 결산을 보고했다. 이런 학문분야를 '두뇌 전기자극 테크놀로지'(ESB)*라고 한다. 그는 "사람두뇌의 기능 자체에 가장 원천적인 생리학적 반응구조를 이용하여 조정하면 아무도 그 조절작동에서 탈피할 수 없다"라고 했는데, 1974년 2월 24일 의회연설에서는 또 이렇게 말했다. "정치적으로 사회를 통솔하기 위해서는 정신수술(psychosurgery) 프로그램을 개발할 필요가 있다. 그 목적은 사람의 심리를 물리적으로 변형시키는 것이고, 만약 정상에서 이탈한 정신상태에 있는 사람은 외과적으로 수술을 받아야 한다. 만약 어느 개인이 자기가 존재해 있다는 사실 자체가 가장 중요한 것이라 생각한다면, 그것은 그 사람 혼자의 생각일 뿐 역사적인 관점에서는 아무 의미가 없다. 사람에게는 자기 자신의 생각을 개발할 권리가 없다. 이런 자유주의적인 사고방식이 강한 매력은 있을지 모르겠으나, 언젠가는 우리가 전기자극을 통해 군대장병들과 장군들의 두뇌를 조종하게 될 날이 올 것이다."[29]

정상적인 사람이라면 이런 델가도의 설명을 듣고 그를 미친 사람 취급하는 것이 당연할 텐데, 해군연구소와 공군 항공·의학 연구실험소, 보스턴에 있는 공중건강재단은 그에게 연구자금을 제공하겠다고 나섰다. 현재 델가도 박사는 두뇌전기자극 기술을 개발한 선구자로는 매우

---

* ESB, Electrical Stimulating of the Brain.

존경받는 과학자가 되었으나 사람들이 그가 한 일을 알기나 하고 존경하는지 의문이다.

1965년 5월 17일자 《뉴욕타임스》에는 '라디오로 투우를 정지시키는 투우사'라는 제목으로 델가도 박사가 스페인 코르도바 투우장에서 투우와 싸우는 실험에 대한 간단한 기사가 났다. 델가도 박사는 생전에 한번도 투우를 해본 적이 없었는데도 붉은 천과 한 손에 리모콘을 쥐고 흔들어 노한 황소를 충동질하였다. 황소는 다리로 땅을 한 번 구르고 머리를 낮추어 맹돌격을 시작했다. 황소가 거의 투우사에 근접하여 뿔로 천을 들이받을 찰나 투우사 델가도는 손에 쥐고 있던 리모콘의 단추를 하나 눌렀다. 그러자 황소는 급히 돌격을 멈추고 마치 자신이 왜 그곳에 있는지 잊어버린 것처럼 어슬렁어슬렁 투우장 한가운데로 움직이기 시작했다.

이것은 스티모씨버(Stimoceiver)의 초기 단계를 이용한 실험으로, 아주 가는 전깃줄을 황소의 두뇌 특정한 부분에 미리 심어 놓고 가지고 있던 리모콘으로 전파신호를 보내 황소의 행동을 조종한 것이었다. 이 실험은 거의 40년 전에 있었던 일이다. 그때 그는 이미 짐승과 사람의 두뇌에 직접 스티모씨버를 집어넣고 두뇌를 조종해서 행동을 제어하는 방법을 개발했던 것이다.

델가도 이외에 펜필드 박사도 수술을 해야 할 간질병 환자의 두뇌 깊숙이 전극을 집어넣어 전기자극을 가함으로써 기억력을 증진하는 데 성공했으며, 아데이 박사도 델가도와 마찬가지로 원숭이와 고양이의 두뇌 속에 송수신기를 집어넣고 밖에 돌아다니는 그들의 두뇌활동을 실험실에 있는 컴퓨터로 받아 관찰했다. 그는 고양이와 원숭이의 두뇌로부터 신호를 받기도 했지만 다시 컴퓨터에서 두뇌 쪽으로 신호를 보내 그들의 행동을 조종하는 데 성공하기도 했다.

그리고 한 단계 더 나아가 뇌 속에 넣어둔 송수신기와 무선통신으로 주고받는 방법에 최면술까지 더하여 사람을 조종하는 '대두뇌 전자기 최면조종'(RHIC)*법이 있다. 이 기술은 1930년대부터 소련 레닌그라드 대학의 바실리에프(L. L. Vasiliev) 같은 사람들이 이미 연구 하고 있었다. 러시아의 생리학자 토마쉐프스키(I.F. Tomaschevsky)는 실험대상인 여자의 두뇌에 본인 모르게 송수신기를 심어 놓고 원거리에서 한 사람은 조종하고 다른 한 사람은 그 여자의 행동을 기록하게 했는데, 실험대상이 공원에 있을 때 잠자도록 명령했더니 1분 이내에 벤치에서 잠이 들었다. 미국에서는 국방성 소속 첨단국방기술연구계획국(DARPA)이 제이슨 그룹(Jason Group)이라는 과학자 팀을 구성하여 이와 비슷한 연구와 실험을 하고 있다. 이제는 사람들을 휴머노이드(humanoid)로 만들고 있는 것이다.

두뇌에 이물질을 집어넣어 사람의 생각과 행동을 조종하는 이야기가 나온 김에 한 가지 더 이야기해 본다. C-스팬이란 회사의 레이 커츠(Ray Kurtz)는 나노기술의 하나인 '뉴런 트랜지스터'(Neuron transistor)를 두뇌에 삽입하는 방법을 제의한 적이 있다. 약 1천억 개의 뉴런 트랜지스터가 든 액을 사람의 두뇌에 직접 주사해서 128비트의 IP 주소를 갖는 마이크로 네트워크와 연결해 두뇌를 PC화하자는 것인데, 그렇게 되면 동시에 모든 뉴런을 연결해서 통제·관리할 수 있다. 영화〈매트릭스〉에서처럼 실제로 매트릭스를 만들 수 있다는 말이다.

저음파기기와 뉴로폰
우리가 귀로 들을 수 있는 소리의 주파수가 20헤르츠에서 20킬로헤

---

* RHIC, Radio Hypnotic Intercerebral Control.

르츠 정도인데, 병원에서 흔히 보는 초음파 기기들은 20킬로헤르츠에서 1기가헤르츠 사이의 주파수를 잡아낸다. 그리고 여기서 말하는 저음파란 0헤르츠에서 20헤르츠까지, 즉 가청주파대 이하의 전파를 가리킨다. 저음파 장치는 일반 가청음파를 저음파로 바꾸어 귀 대신 직접 뇌신경으로 전달해서 뜻을 전달하는 방법에 사용된다. 듣는 사람은 실제 귀에 들리는 소리는 없지만 마치 몸 속에서 나는 소리처럼 그 내용을 듣는다.

미 육군에서는 이 기술을 개발하여 원거리에서 의사를 전달하는 방법으로 사용하는 것이 실용화된 상태이다. 백악관의 과학자문위원회에서 만든 『21세기 새세계는 외계를 조망한다』라는 논문집은 마치 머리로 소리를 듣는 것 같은, 일종의 텔레파시 같은 형식으로 원거리에서 서로 대화할 수 있는 테크놀로지에 대해 서술했고, 특히 이 기술이 머지않은 장래에 가능한 것이 아니라 이미 현실화되었음을 강조했다.

그런데 특이한 점은 저음파 기기를 통해 머릿속에 어떤 정보가 들어가면 아주 오랫동안 기억된다고 한다. 따라서 외국어도 불과 몇 시간만에 터득할 수 있고 심지어는 잠자는 사이에 습득이 가능하다고 한다.

물론 이런 좋은 목적으로 사용만 한다면 걱정할 필요가 전혀 없겠지만, 현실은 그렇지가 않다. 예를 들어 저음파 기기를 사용하여 유치원이나 초등학교 학생들에게 지식을 주입시킨다고 할 때 과연 필수과목은 누가 선택하며 어떤 내용을 입력시킬 것인가? 그리고 그렇게 입력된 지식이 아이들의 양심이나 자주적인 판단과 어떤 관계가 있을지도 생각해 보아야 한다. 궁극적으로 인류가 선과 악, 또는 옳고 그름을 판단할 수 있는 능력을 모두 상실하게 될까 걱정스럽다. 그렇게 되면 모든 인간은 결국 장난감 병정이나 일벌, 또는 목장의 소떼처럼 주인의 계획에 따라 태어나고 훈련받아 사용되고, 필요없을 때에는 죽어 없어지는 물건에 불과하게 될 것이다.

1958년 천재과학자 플래내건(Patrick Flanagan)이 14살 때 발명해 낸 기구가 이 저음파 기기와 같은 원리이다. 뇌 속에 직접 메시지를 넣어 주는 '뉴로폰'(Neurophone)으로, 이 기기의 개념은 건스백의 책에서 처음 나왔다. 플래내건은 11살 때 미사일 기지를 탐색해 내는 기구를 발명해 펜타곤의 차출을 받아 연구원으로 있으면서 당시 70대인 건스백과 가까이 지냈다. 1962년 「라이프」잡지는 아직 십대였던 플래내건이 세계에서 가장 위대한 과학자 중 하나라고 극찬하기도 했다. 또한 플래내건은 HAARP의 특허를 낸 과학자 이스트룬드 박사와 함께 HAARP의 위험성을 경고하고 프로그램의 중지 운동에 참가한 여러 사람 중의 하나이다.

1969년에는 CIA가 두뇌와 컴퓨터를 연결시켜 교신이 가능한 기구를 만들었다는 소문이 퍼졌다. 그리고 1970년대에 들어 《사우스차이나 모닝포스트》지에는 어떤 미국 대학이 마음을 읽고 생각을 기록해 두는 기계를 발명했는데 그 목적은 사고로 인해 정신을 잃거나 혼수상태에 있는 환자들에게 사고경위를 알아내기 위한 것이라 하면서 CIA가 그 특허권을 샀다고 주장했다.

1994년 콜로라도에 있는 진보 뉴로테크놀로지사(Advanced Neurotechnologies Inc.)는 두뇌와 컴퓨터를 연결하는 인터페이스, '브레인링크'(Brainlink)를 만들었다고 발표했다. 이 기기는 0.5~40헤르츠의 뇌파를 증폭하고 디지털 전파로 전환시켜 컴퓨터와 연결시킨다는 것이었다. 이런 예들은 수많은 발명품 중의 하나일 뿐이고 지금도 계속해서 만들어지고 있다는 점을 염두에 두기 바란다.[30]

마인드 모뎀

영국의 과학자들은 컴퓨터칩을 머리의 안구 뒤에 심어서 그 사람의 평생 생각과 감정을 기록하는 기계를 개발하고 있다. 영국텔레콤(British Telecom) 부설연구소 인조인간 연구팀의 윈터(Chris Winter) 박사는 이 연구가 성공하면 인류에게 더 이상 죽음은 없을 것이라 말한다. 약 30년 후에는 컴퓨터로 다른 사람의 인생을 다시 살 수 있을 것라는 말이다.

그가 개발한 '솔캐쳐'(The Soul Catcher)라는 칩을 사람에게 심어 두면 마치 비행기의 블랙박스처럼 그 사람의 평생 생각과 경험 등을 기록하는데, 그 쓰임새는 무궁무진하다. 예를 들어 어떤 사람이 강간이나 살해를 당했다 하면 희생자의 입장에서 당시 상황을 정확하게 파악하여 범인검거에 혁신을 불러올 수 있으며, 여행을 다녀와서 지인들에게 자신이 경험한 냄새, 소리, 심지어는 광경까지 재생해 보여줄 수 있다. 그뿐이 아니다. 어떤 사람이 임종할 때 그의 칩을 뽑아 신생아의 두뇌에 집어넣으면 이 아이가 죽은 노인의 생애를 계속 살 수도 있다는 이야기이다. '죽음의 끝'인 것이다.

이러한 모든 정황들로 보아, 인간의 두뇌와 컴퓨터를 연결시키는 '마인드 모뎀'(mind modem)의 출현은 결국 시간문제라는 것을 짐작할 수 있다. 두 사람의 마음을 컴퓨터로 연결하여 상대방의 속 마음을 알게 되면 이것이 바로 말 그대로 이심전심 텔레파시가 이루어지는 것이 아니겠는가. 그러나 인간이 이런 기술을 좋은 목적으로만 사용한다면 모르겠으나, 인간을 정복해서 노예로 만들려는 수단으로 이용하겠다 하면 이처럼 가공할 무기가 또 없을 것이다. 머지않아 사람이 자기 마음대로 생각할 수 있는 권리가 사치품으로 전락할 날이 오게 될지도 모를 일이다.

유비컴

요즈음 한국에서도 유비컴 이야기가 심심치 않게 나오고 있다. 물론 유비컴이란 것은 컴퓨터의 자연적인 발달과정으로 보아야 할 것이다. 컴퓨터가 우리의 생활을 편리하게 만들었다고 하면 유비컴 시대의 도래는 한층 더 인류의 삶을 편리하게 만들 것이다. 유비컴 시대가 되면, 주변의 모든 물건이 지능을 갖게 된다. 이것을 뒤집어서 말하면, 우리는 그만큼 유비컴의 노예가 되어 주변의 모든 물건을 포함해서 우리의 일거수 일투족을 감시당하며, 결국 유비컴의 족쇄에서 풀려날 수 없는 신세로 전락할 것이다.

유비컴은 지능을 가진 물건과 사람 사이의 정보교환을 가능하게 해준다. 컴퓨터가 내장된 옷을 입고, 시계, 허리띠, 운동화 등에 컴퓨터가 장착되면 주변환경에 설치된 컴퓨터와 통신하여 우리의 일상생활이 모두 기록될 것이다. 예를 들면 손목시계에 내장된 컴퓨터의 고유정보를 사용하여 출입문, 책장서랍 등을 자동으로 여닫을 수 있는 반면, 그런 생각과 행동이 기록된다. 또 사람과 사람 간의 정보교환도 순간적으로 완벽하게 가능해진다. 입는 컴퓨터를 착용한 사람끼리 악수를 하면 손을 통해 정보가 건네져서 상대방의 이름, 직장, 주소, 취미 등등의 정보가 즉시로 교환되어, 내가 사귀는 사람의 모든 신상명세서가 전달되고 기록된다.

유비컴 시대가 아직 완전히 도래하지는 않았다 해도, 현재에도 사람의 정보를 즉석에서 알아내는 기기들이 여럿 개발되어 있다. MIT에서는 사람 사이의 상호작용을 활성화하는 몇 가지 컴퓨터 뱃지를 개발했다. 이 뱃지기술을 사용하면 학술회장이나 술집 등 사람들이 많이 모이는 곳에서 단시간 내에 마음에 드는 사람을 찾을 수 있다. 이미 일본에서는 '러브게티'(Lovegety)라 하여 이것이 상품화되어 있다. '러브게티'는 발매 6개월 만에 100만 개 이상이 팔렸는데, 주요 고객은 이상형을 찾는 10대 젊은이들이다. 사랑, 춤, 채팅, 장난, 음주, 영화감상 등 6개 항목에 대해 의향을 떠보는 무선송수신 장치인데, 반경 10미터 이내에 의사가 맞는 사람이 나타나면 푸른불이 켜지면서 삐삐 소리가 나 서로 상대방을 알아보고 대화를 할 수 있다.

지금 보편적으로 사용되고 있는 교통카드도 약간의 기능을 추가하고 용도를 확대하면 카드소유자에 대한 많은 정보를 얻을 수 있다. 우선 교통카드 요금내역뿐 아니라 행선지, 소유자 신분을 포함해서 신용카드, 주민등록증, 다른 신분증 등 지갑 속에 있는 모든 카드를 '삑' 하는 소리 하나로 읽을 수 있고, 이들 모두를 단일화할 수도 있다. 만일 경찰이나 정보부에서 특정인을 검거하기 원할 때 지하철이나 버스의 검표장치에 그 사람의 정보를 입력한 후 그 사람이 나타나면 연락하도록 만들 수도 있다.

그런데 이런 기능을 좀더 확대하여 카드 대신 칩을 아예 태어날 때 몸속에 심어 놓고 길거리에 검문장비를 설치하거나 비행기나 인공위성의 GPS 장치 같은 것으로 그 사람을 찾아내려고 하면 간단하게 찾을 수 있을 것이다. 이미 세계 여러 곳에서 소위 시민의 안전을 위한다는 허울로 이런 움직임이 일어나고 있고, 칩의 개발도 다양해지고 있다. 현재 미국의 펜타곤에서는 전 미국 시민들의 구매활동을 기록하고 있으며, 아예 마이크로 칩을 전 시민에게 심자는 주장도 심심치 않게 나오고 있다.

폐허 아래서 진행되고 있는 몬토크 프로젝트

마인드컨트롤에 관한 이야기를 끝내기 전에 한 가지 더 소개하고 싶은 것이 있다. 뉴욕 주 롱아일랜드에는 브룩헤이븐 국립연구소가 있고,

거기서 멀지 않은 롱아일랜드의 동쪽 끝에 역사적으로도 유명한 등대 가까이 몬토크(Montauk)라는 공군부대와 히어로(Hero)라는 육군부대 가 있었다. 1969년에 이 부대들은 이사가면서 문을 닫았다. 이 지역은 원래 몬토크 인디언 부족의 땅을 1910년 미 연방정부가 속임수와 사기 등으로 찬탈하여 소유하던 곳이고, 여기에 군부대가 주둔하다가 1984 년에 뉴욕 주로 이관되어 주립공원이 된 곳이다. 이 공원은 전에 테슬라 가 세웠던 워덴클리프 타워에서 그리 멀지 않은 곳에 위치하고 있으며, 공원이기는 하지만 외딴 곳이기 때문에 사람들이 많지는 않았다. 그러 나 공원을 이용하려는 사람들이 이곳에 갔다가 무장한 사복 경비원들에 게 잡혀 혼이 나곤 하는, 내용을 모르는 사람들에게는 매우 이상한 곳이 기도 하다. 주립공원 안에서 이 지역은 사실상 출입금지구역이었다.

겉으로 보기에는 아주 조용한 공원으로, 지금은 아무도 사용하지 않 는 폐허가 된 옛 군부대 시설에 불과하지만, 그 폐허 밑에 새로 건설된 대단한 시설이 자리잡고 있다. 폐허가 된 자리이기 때문에 전화나 전기 가 필요할 리 없겠지만, 이곳에는 최신 전화선과 전기배선이 되어 있을 뿐 아니라 용량이 기가와트 단위로 설치되어 있다. 이 정도면 상당히 큰 도시가 소비하는 전량에 맞먹는데, 부대가 이전한 공터에 이런 전기가 소모되고 있다는 점은 무언가 비밀리에 거대한 일이 진행되고 있다는 증거가 될 만하다. 이는 이 부근에 전기를 공급하는 전기회사 직원들이 증언한 이야기이지만, 그들도 그런 시설이 되어 있고 전기가 소모되고 있다는 것만 알지 그 이상은 알 수 없다는 것이다.

당연히 이를 수상하게 본 몇몇 사람들, 통신기사 니콜스(Preston Nichols)나 퀸(John A. Quinn) 같은 사람들이 1990년대 초기부터 조사 를 해서 그 전모가 세상에 밝혀졌다. 그것은 바로 1950년대부터 시작된 '피닉스 작전'의 일환으로 이후 몬토크 프로젝트라 불린 기술연구였다.

여기에는 세계단일정부를 수립하려는 일당인 엘리트들과 미국 정보부처와 군당국, 그리고 공수기기 실험소, 지멘스, ITT 같은 개인회사와 브룩헤이븐 국립연구소 등의 기관에서 참여했다.

여기서 연구하는 대상은 전자기파를 이용한 마인드컨트롤과 사람의 마음과 기계를 연결시키는 인터페이스(interface), 즉 사이코트로닉스 (psychotronics) 테크놀로지, 입자광선 테크놀로지, 블랙홀 시뮬레이션이나 시-공간 와프항법(time-space warping) 같은 '차원간 테크놀로지' 등이다.

이 때문에 가까이 있는 브룩헤이븐 연구소에서 입자광선무기의 에너지 공급을 위한 입자가속기, HAARP 전파중계, 입자광선 레이더 등을 사용하는 것을 사람들이 목격했던 것이다. 조사에 나선 사람들은 1996년 7월 17일 밤 롱아일랜드 앞바다에서 있었던 TWA 800기 추락사건도 이 시설과 관련이 있다는 의혹을 제기하고 있다. 퀸은 그날 밤 브룩헤이븐 연구소에서 입자광선을 사용했다는 증언을 그곳에서 일하는 사람으로부터 들었다고 말했다.

몬토크 작전은 1960년대 후반까지 합법적으로 정부가 예산을 주고 지원했지만 그후로는 의회에서 불법화한 작전이다. 미 의회에서 이를 불법화한 이유는 연구내용이 엄청나기도 했지만, 이러한 기술이 엉뚱한 사람의 손에 들어가면 그 피해가 상상을 초월할 수도 있다는 근거로 아예 개발하지 않는 것이 좋다는 판단에서였다. 그러나 미 의회가 자금을 주지 않는다고 해서 또는 불법화했다고 해서 연구개발을 그칠 그들이 아니다. 정보기관, 군 고위간부들은 비밀리에 불법적인 방법으로 자금을 마련하여 프로그램을 진행시키고 있다. 연구개발을 위해 군인들을 속여 실험을 하는가 하면, 심지어는 수많은 어린이들을 납치하여 원숭이나 쥐처럼 실험대상으로 사용하고, 이들의 시체를 무더기로 매장하고 있다.

이런 이야기들은 1991년 캘리포니아의 《나파 센티넬(*Napa Centinel*)》
이란 신문에 연재되었으며, 《워싱턴포스트》도 CIA, NSA 같은 기관들이
마인드컨트롤 분야에 필요한 일을 위해 권력을 오용하고 있다는 내용을
보도했고, 1970년대에 상원 교회분과위원회에서도 그들이 잘못된 처사
를 조사·보고한 일도 있었다. 그러나 이런 보도들은 진실의 내막을 밝
히는 데에는 너무나 미흡하기만 하다.

1994년 존 록펠러 4세(John D. Rockefeller IV)가 위원장으로 있는
상원 재향군인 분과위원회에서 청문회를 통해 생화학무기에 대한 실험
과 마인드컨트롤에 사용하는 약물사용 그리고 전자기파 송수신에 의한
영향에 관한 실험결과 등을 조사했다. 여기서 몬토크 작전에 관한 청문
결론의 요지는 천재적인 물리학자들이 최첨단 연구를 거쳐 사이코트로
닉 장비를 컴퓨터와 접목시켰을 뿐 아니라, 사람의 생각을 파장형태로
바꾸어 디지털 컴퓨터에서 코드화한 후 고성능 파장형태의 라디오전
파·전자파로 방송하여 사람의 생각, 마음, 의식을 변형시키고 텔레포
테이션 효과까지 만드는 업적을 성취했다는 것이다(1997년 5월 IBM 웹
사이트 보도내용).

그러나 이런 연구를 위한 실험대상으로 사용된 인간의 존엄성은 아
예 무시되어 있고, 이런 연구의 목적이 인류 발전이라기보다는 인간을
종속시키기 위한 것이라는 데 마음이 아프다. 다행스럽게도, 몬토크 프
로젝트에 관련된 수명의 지도 연구원들이 더 이상 참지 못하고 1983년
8월 시설을 불태워 이 연구에 제동을 건 일이 있다. 1943년 8월 필라델
피아 실험이 있은 지 꼭 40년 만의 일이었다. 분명 몬토크 프로젝트는
필라델피아 실험의 연장선상에 있던 연구임에 틀림없다. 물론 이런 방
해행위가 있었다고 포기하고 연구를 끝낼 그들이 아니었다. 그들은 이

를 기회로 지하에 더 큰 시설을 세우고, 지상은 뉴욕 주에 기부하여 공원으로 위장한 것이 아닌가 한다.

음파무기를 이용한 인간관리

들리지 않는 소리로 조종한다

대개 도청기나 레이더나 카메라 같은 것을 숨겨 놓았을 때는 전파탐지기를 사용하여 숨겨진 기기를 찾아낸다. 그런데 음파무기의 경우에는 전파를 사용하는 것이 아니라 공기의 파장을 사용하기 때문에 이를 탐지하려면 음파탐지기가 필요하다. 현재로서는 찾아내기가 그만큼 어렵다는 말이다. 그리고 음파무기는 사람의 심리를 변화시키는 목적으로 많이 사용되기 때문에 심리전 무기 또는 사이코트로닉 무기 분야에서 커다란 영역을 차지하고 있다는 것을 우선 말해 둔다.

먼저 음파에 대해 잠깐 설명해 보자. 음파는 보통 말하는 소리로, 우리는 귀로 이 소리를 듣게 된다. 그런데 이 소리라는 것은 마치 연못에 돌을 던졌을 때 잔잔한 파도가 동심원을 그리면서 점점 퍼져 가는 형상과 마찬가지로, 눈에는 보이지 않지만 공기에서 소리가 날 때 번져 가는 일종의 파도라고 할 수 있다. 그러나 음파라고 하는 이러한 소리의 파장을 우리가 무조건 다 들을 수 있는 것은 아니어서 인간의 귀가 감지하여 소리로 들을 수 있는 것은 한도가 있다. 이렇게 우리가 들을 수 있는 소리를 가청음파라고 하는데, 이것도 파장이기 때문에 사이클 또는 헤르츠로 표시한다. 인간의 가청음파는 20헤르츠~20킬로헤르츠이다. 그리고 제일 낮은 20헤르츠보다 더 낮은 음파를 초저음파(infrasonic)라 하고, 제일 높은 2만 킬로헤르츠보다 더 높은 음파를 초고음파(ultrasonic)라고 부른다.

가청음파가 공기 중에 파도를 만들고 그 파도가 일종의 압력으로 변하여 우리 고막을 자극시킬 때 스피커나 수화기처럼 진동을 일으켜 우리가 소리를 들을 수 있게 되는데, 초저음이나 초고음 파장은 우리의 고막이 반응하지 못하는 공기의 파도이다. 이 파도는 청각기능이 관리할 수 없는 진동이기 때문에 우리가 들을 수 없다. 그런데 음파는 공기 중에서만 전파되는 것이 아니라 금속, 콘크리트, 돌, 플라스틱, 나무, 물, 심지어는 사람을 통해서도 전파된다. 음파가 통과하지 못하는 것은 진공상태뿐이다. 이런 원리 때문에 사람들이 알아채지 못하는 것을 이용하여 매우 효과적인 무기가 되기도 하고 여러 가지 편리한 도구를 만들기도 한다. 병원에서 태아를 찍을 때 사용되는 초음파기가 그 한예라 할 수 있다.

그러나 이렇게 좋은 용도로 사용되는 것보다는 무기로, 특히 현재로서는 마인드컨트롤을 위한 도구나 실험용으로 사용되는 경우가 더 많다는 점이 안타까운 현실이다. 현대인들이 무기력증, 두통, 불쾌감, 우울증 같은 것들을 호소하고 있다는 점을 익히 잘 알고 있을 것이다. 문제는 이런 증세를 보이는 사람들 중에 정말로 병이 나서 고생하는 이들도 있지만, 누군가가 의도적으로 보낸 전파나 음파 때문에 고통받는 경우가 있다는 것이다. 이렇게 음파의 공격으로 고통을 느끼는 사람들은 그 원인이나 상대가 누구인지 모르기 때문에 많은 경우 미친 사람처럼 광폭한 행동을 하기 일쑤다.

작은 음파무기는 권총이나 작은 캠코더처럼 주머니나 손가방에 넣고 다닐 수 있지만, 대개는 자동차 속에 넣고 다니는 정도이다. 손가방이나 주머니에 넣고 다니는 음파무기는 무엇이나 흔적 없이 통과하기 때문에 그 속에 넣은 채 그대로 발사할 수 있다. 그래서 표적으로 정해진 사람의 뒤를 따라다니다가 뒷머리나 원하는 부분에 발사할 수 있다. 게다가 일반 총처럼 가늠자를 이용하지 않고 레이저 포인터를 이용하여 목표지점에 빨간점이 나타나기 때문에 초보자라도 정확하게 조준할 수 있다. 이처럼 운반, 위장, 휴대 등이 편리하다 보니 그만큼 악용될 소지가 크다.

그래서 이런 음파무기는 다른 사람들이 알아차릴 수 없도록 대부분의 경우 벽이나 창으로 가려진 방이나 자동차 속에서 사용한다. 공개된 장소나 밀폐된 공간이나 그들이 사용하는 데 별 차이가 없다면, 아무래도 실내에서 운신이 자유롭기 때문일 것이다. 음파는 진공상태를 제외하고는 무엇이나 통과할 수 있고, 방 안에 있는 사람을 마치 야외에 노출되어 있는 사람처럼 정확하게 겨냥하여 쏠 수 있기 때문에 장소에 큰 구애를 받지 않는다.

줄기음파무기

줄기음파라는 것은 단순파장으로 한 방향을 향하도록 만든 음파이다. 레이저 포인터의 직선으로 된 가는 붉은 빛이 비슷한 예인데, 이 빛이 한 방향을 향하도록 초점을 맞춘 단순파장이다. 줄기음파라는 것은 전자기파 대신 음파로 만든 레이저라고 생각하면 될 것이다. 레이저의 경우에는 빨간 선을 눈으로 볼 수 있지만 음파의 경우에는 듣지도 보지도 못하는 가는 선으로 되어 있다.

줄기음파무기는 초저음파로나 초고음파, 또 경우에 따라서는 가청음파로도 만들 수 있고, 이것을 혼합하여 만들 수도 있다. 이들은 강력한 음파를 한데 묶어 놓은 것이기 때문에 진공 이외의 물체는 시멘트, 벽돌, 철판 등 상관없이 무엇이나 통과하게 된다. 이것으로 총을 만들어 멀리 있는 사람에게 쏘면, 맞은 사람은 마치 폭탄이 폭발할 때 옆에 있는 듯한 느낌을 받게 된다. 이 가공할 만한 위력에 사람들은 기절할 수도 있고, 심하면 죽을 수도 있다. 많은 사람들이 모인 장소에서 어느 한 사람에게만 쏘면 다른 사람들은 옆에 있는 사람이 쓰러지는 이유를 이해하지 못할 것이다. 공기총에 맞으면 소리는 나지 않더라도 상처가 있어 총에 맞은 것을 알게 되지만 이것은 상처마저도 없다.

이런 무기를 가장 효율적으로 사용할 수 있는 곳은 폭동이나 감당하기 어려운 데모가 일어난 장소다. 많은 군중 속에서 표적으로 삼은 몇 사람을 얼마 동안 무기력하게 만들 수 있기 때문이다. 대부분의 경우 음파가 인체를 지나갈 때 아무런 해가 없는 것이 일반적이지만 강력한 음파를 사용하게 되면 인체 내에 공기 기포를 유발할 수 있고 이것이 심할 경우 치명적이기도 하다. 또 집 안에 있는 사람에게 흔적 없이 혼을 내려면 일단 음파를 이용한 다른 기기로 그 사람을 마치 TV 보듯 보면서 음파무기를 쏘면 아무 흔적 없이 벽을 통과하여 표적을 맞힐 수 있다.

벽처럼 딱딱한 표면을 겨냥하여 음파무기를 특정 각도로 쏘면 이것이 가청음파로 변환되어 마치 벽이 진동판처럼 소리를 낼 수도 있다. 이때 표적이 집 안에 있으면 그는 소리가 집 안 전체에서 나는 것을 느낄 것이다. 그런가 하면 미리 프로그램을 짜놓은 사람의 말을 보낼 수도 있고, TV 프로그램에서 나오는 말처럼 만들 수도 있는가 하면, TV 수상기 같은 딱딱한 플라스틱 표면에서 장작 패는 소리 같은 커다란 굉음을 내게 할 수도 있다. 마찬가지로 표적이 길을 걸을 때도 주변의 딱딱한 표면을 이용해서 반사작용으로 소리를 만들 수 있다. 그래서 이 기술을 이용하면 말하는 마리아상이나 귀신들린 집을 얼마든지 만들 수 있다.

음파무기는 비살상무기에 속한다. 그러나 아직 비밀무기에 속하기 때문에 일반인으로서는 그 내용을 낱낱이 알 길이 없다. 대략 알려진 음파무기를 분류하면 다음과 같다. 초저음파 압축줄기음파를 기관총 쏘듯 짧은 간격으로 방출하면 초저음파탄(Infrasonic bullets)이라 하고, 길게 방출하면 초저음파 레이저가 된다. 초고음파 압축줄기음파를 짧은 간격으로 방출하면 초고음파탄이라 하고, 길게 방출하면 초고음파 레이저(Ultrasonic Laser)라고 부른다. 고음파 저음파 구별 없이 일반적으로 말할 때에는 그저 음파탄(Sonic Bullets) 또는 음향탄(Acoustic Bullets)이라 부르고, 레이저일 경우에는 음파레이저(Sonic Laser)나 음향레이저(Acoustic Laser)라 부른다.

초고음파와 초저음파의 차이점이 있다면 초저음파는 음에너지가 인체에 흡수되고 초고음파는 그렇지 않다는 것이다. 예를 들어 사람이 초저음파를 맞으면 인체는 그 에너지를 막으려 하기 때문에 타격당하는 느낌을 받지만, 초고음파의 경우에는 막으려는 반응이 일어나지 않기 때문에 아무런 느낌이 없다.

초고음파는 사물을 그대로 통과하기 때문에 벽이나 가구를 통과하는 것은 전혀 문제가 없다. 그러나 인간의 뼈는 벽이나 가구보다는 밀도가 높기 때문에 사람을 통과하려면 좀더 강도 높은 주파수로 발사한다. 초고음파가 사람의 뼈를 통과하려 할 때는 마치 전기에 감전된 것처럼 발작을 일으킨다. 다시 말해서 음파가 가는 방향으로 사물이 움직이게 된다. 만약 다리를 관통하면 다리가 심하게는 10센티미터까지 움직이게 되고, 잠자는 사람의 허리를 겨냥하여 쏘면 매트리스와 함께 그 사람도 얼마간 움직이게 되어 혼비백산하여 깰 것이다.

그래서 초고음파의 저격을 받은 사람은 마치 터렛증후군 환자처럼 근육이나 신경계 발작증세가 있는 병자처럼 보인다. 그런데도 인체에는 아무런 흔적이 남지 않으니, 이런 일을 당한 사람이 친구나 의사나 경찰에게 하소연을 해도 미친 사람 취급만 받을 뿐이다. 한편 비교적 낮은 주파수의 초고음파를 머리에 맞을 경우에는 심한 두통이 발생하여 여러 시간 두통이 지속된다.

초고음파탄으로 머리를 맞으면 두골을 통과하는 약 1초 동안 아찔하면서 음파가 들어온 쪽에서 나간 쪽으로 무엇이 움직이는 느낌이 든다. 그런가 하면 초고음파탄보다 훨씬 높은 주파수를 사용하는 초고음파 레이저로 두골을 맞으면 통과하는 데 1~3초 정도 걸리며 계속해서 마치 바늘에 찔린 듯한 느낌이 들기도 하고, 어떤 것은 음파가 두개골을 빠져나갈 때 한방 크게 얻어맞는 느낌이 들기도 한다.

그 다음으로 강력한 음파무기는 초고음파 폭발파를 사용하는 것이 있다. 이것은 미 육군에서 개발한 것으로 짐작되는데, 이것으로 표적의 머리를 조준하여 발사하면 그 사람은 마치 거대한 쇠뭉치로 얻어맞은 것처럼 수시간 내지 하루 종일 정신을 못 차리게 된다.

초저음파탄이나 초저음파 레이저는 대개 사람의 머리, 손, 손가락, 팔, 다리 같은 곳에 흠칫할 정도로 자극을 주기 위한 무기로 사용된다. 그래서 그리 강도가 높지 않은 소리 에너지를 사용한다. 위에서 언급했듯이 초저음파는 인체에 흡수된다. 때문에 너무 강력한 음파를 사용하면 인체에 흔적이 남을 수 있고, 경우에 따라서는 건물의 벽이나 구조를 손상시키는 결과도 가져올 수 있다. 이는 초저음파 무기의 가장 큰 가치를 오히려 저버리는 경우가 되어 오히려 역효과를 내므로 가능한 작은 에너지를 소모하도록 고안해야 한다.

초저음파가 인체를 통과할 때에는 인체 내의 장기들이 낮은 주파로 음파와 공명을 일으킨다. 그러면 신경조직이 그에 따라 반응하기 때문에 매우 불편한 느낌이 든다. 목을 통과하면 목을 조이는 느낌을 받고 성대가 공명하게 된다. 그래서 잠자던 사람은 깨게 되고, 한 시간 정도 편도선이 부은 듯한 느낌을 갖게 된다. 또 가슴을 통과하면 허파를 자극해서 마치 주먹으로 명치를 크게 맞은 것처럼 숨을 몰아쉬게 되고, 위장을 겨냥하면 구역질이나 구토를 하면서 심한 복통을 일으킨다. 이 역시 잠자는 사람을 깨우고 못 자게 하는 수단으로는 제격이다.

만약 초저음파의 연속적인 작은 폭발파가 귀 가까이 지나가면 총알 지나가는 소리 같은 것을 아주 작게 들을 수 있다. 그래서 가끔은 표적에게 겁을 주기 위해 일부러 귀 가까이 쏘기도 한다. 또 초저음파나 초고음파 레이저를 직경 약 30센티미터의 굵기 또는 그 이상 크게 만들어 마치 표적에게 샤워를 하듯 7~8분간 쏘이면 이 사람은 맞은 부위에 따라 가스 마신 사람과 비슷한 증상이나 가슴이 조여오는 느낌, 맥박상승 및 호흡장애를 느끼게 된다. 그러나 병원에 가면 아무런 이상을 찾을 수 없어 정신병자로 취급될 가능성이 높다.

또 아주 낮은 초저음파 에너지를 사용하면 음파에 얻어맞는 부위가 저리거나 짜릿함을 느끼게 된다. 이런 것은 사람을 속이는 데 잘 쓰일 수 있다. 예를 들어 귀신이 나온다는 흉가에 그것을 확인하러 온 사람들에게 음파무기를 사용해서 그들에게 짜릿한 느낌을 주면 그들은 강신(降神)이 되었다고 믿을 것이다. 또 독실한 기독교 신자에게 이런 장난을 치면 하나님이 계시를 주셨다거나 신과 접촉했다고 믿게 될 수도 있다. 이런 방법들은 물론 사이비 종교에서 아주 유용하게 사용된다.

음성투사기

초저음이나 초고음은 사람이 들을 수 없다. 그러나 원한다면 바로 옆 사람은 듣지 못하나 표적된 사람은 소리를 들을 수 있게도 만들 수 있다. 레이저가 광파로 목표를 맞추듯, 음파로 사람을 맞추는 이것을 가리켜 음성투사기(音聲投射機)라고 한다. 이것은 MIT의 폼페이(F. Joseph Pompei) 박사가 개발한 것으로 소리를 마치 스포트라이트처럼 투사하는 것이다. 이것은 초점을 정하고 두 개 이상의 초고음파 레이저가 그 초점에서 교차하도록 만들면 그중 약 200킬로헤르츠의 낮은 주파수의 레이저 음파가 교차하는 초점에서 가청소리를 낸다. 물론 그 초점은 표적의 머리가 된다. 이 레이저 음파에 원하는 소리를 집어넣고 투사하면 그 사람만 소리를 듣고 다른 사람은 듣지 못하는 것이다.

들리는 소리의 음질은 매우 좋아 AM과 FM의 중간 정도는 된다고 한다. 물론 이들이 작업하는 곳은 남들이 볼 수 없는 가까이 있는 집이나 자동차 속이다. 또 용도와 환경에 따라 더욱 강력한 음파를 투사하기 위해 메가헤르츠 단위로 많이 사용하고 있다. 사용자가 원할 때에는 방에 있는 모든 사람이 들을 수 있도록 스피커를 크게 튼 것처럼 만들 수도 있다. 경우에 따라서는 밤중에 표적이 혼자 잘 때 이 방법을 사용하여 주변 사람들은 그가 스테레오를 크게 틀어 옆 사람들을 모두 깨우는 것으로 오인하도록 만들 수도 있다. 물론 같은 방법으로 아무도 없는 빈 집에서 난데없이 어마어마하게 큰 노래소리나 라디오 소리 같은 것이 나오도록 해서 흉가를 만들기도 한다.

투벽성대음독기

1960년대에는 레이저광을 이용하여 방 안에서 하는 말이 유리창에 부딪쳐 미세하게 일어나는 진동을 포착하고 증폭시켜 듣는 도청방법이 있었다. 그런데 이제는 도청방법이 더욱 정밀해져서 유리창이나 벽의 진동을 이용하는 것이 아니라 직접 소리가 나는 사람의 목청을 측정하는 방법이 등장했다. 바로 옆 사람도 알아차리기 힘들 정도로 속삭이는 소리도 목청의 진동을 감지해서 다른 소리와 마찬가지로 들을 수 있는 기구가 만들어졌다. 집 안에서 조용히 하는 소리를 창의 유리나 벽의 진동을 통해 측정하는 것이 아니라, 사람들의 목청진동을 직접 감지하여 비밀스런 회담내용 따위를 알아내는 기술이다. 애초 음파로 생성된 것을 측정해서 전기에너지로 바꾼 다음 다시 음파로 전환시켜 도청한 소리를 들을 수 있게 되는 것이다. 후천적 사고로 목소리를 잃은 사람이 라디오처럼 생긴 소형기기를 목에 대고 말하는 장면을 TV에서을 본 적이 있을 것이다. 바로 이와 똑같은 이론을 적용시켜 훨씬 강력하게 만든 것을 정보기관 요원들이 사용하는 것이다. 이것을 투벽성대음독기(Through-Wall Vocal Chord Reader)라고 한다. 그 밖에도 전파를 이용하는 소위 전자청진기와 장총마이크 도청기라는 것도 있다. 용의자나 반정부인사를 체포하기 위해 잠복해서 그들의 말을 도청해야 할 때 이런 기기들은 매우 유용하게 쓰일 것이다.

망막판독기

요즈음 정부기관은 테러와의 전쟁이라는 미명하에 인권을 유린하면서도 국민 앞에 당당하다. 테러분자들을 잡기 위해서는 개인의 인권은 침해당할 수 있다는 것이다. 그에 발맞추어 신원감별기술이 음지에서 양지로 나오고 있는 실정이다.

그중 대표적인 예가 망막판독기(Retinal Scanner)인데, 벽 너머에 있어 보이지도 않는 사람의 망막을 정확하게 판독할 수 있는 도구이다. 투시력이 강할 뿐 아니라 검열당하는 사람이 눈치채지 못하는 상황에서 신분이 정확하게 노출된다는 것이 장점이다. 지문과 마찬가지로 이 세상에서 똑같은 망막을 가진 사람은 없다. 이제 머지않아 모든 인간은 태어나자마자 망막이 등록되어 세계 어디를 가도 신분이 노출될 것이다. 지문을 얻으려면 보통 손에 잉크를 묻히게 되므로 당연히 본인이 모르게는 하지 못한다. 그러나 망막판독기는 사람들이 지나가는 부근에 카메라처럼 멀리 설치해 놓기만 하면 자동으로 기록이 가능하다. 여권과 승차권을 대조하는 과정에서 직원 뒤에 망막판독기를 설치해 두면 승객은 모르지만 이미 그 사람의 신분과 망막이 기록되고, 그 기록은 연방수사국이나 경찰에 모두 배포되어 그 사람의 신분이 노출될 것이다. 그 밖에도 학교나 병원 등 망막기록을 얻을 수 있는 곳은 얼마든지 있다.

최근에는 얼굴판독기가 나왔다는 말도 있으나 망막을 이용하는 것보다는 정확도가 떨어진다. 성형수술을 하거나 변장을 하면 판독에 착오가 생길 수 있기 때문이다. 따라서 얼굴판독기를 사용한다고 언론에 정보를 흘리는 것은 NSA나 CIA 같은 정보기관의 디스인포메이션(disinformation, 거짓을 진실처럼 그럴듯하게 유포하여 대중이 진실의 핵을 비켜 지나가 음모자들의 속내를 알아볼 수 없도록 대중을 현혹시키는 정보)일 수도 있다.

망막판독기의 기능이 얼마나 탁월한지 벽돌이나 시멘트나 철판 같은 물질의 벽을 통해서 표적이 눈을 감았는지 떴는지, 잠을 자고 있는지 꿈을 꾸고 있는지를 구별할 수 있을 정도다. 그리고 이 기기를 통해 표적의 머리형상을 짐작할 수 있을 정도니 위치 파악은 말할 것도 없다.

투벽조준영상기
투벽조준영상기는 벽 너머에 있는 사람의 영상을 노트북 컴퓨터 모니터 비슷한 것으로 보는 기구이다. 보통 초음파 사진보다 훨씬 더 깨끗한 영상을 보여주어 그 사람의 모든 신체부위를 거의 100퍼센트 정확하게 파악할 수 있는데, 일단 영상을 포착한 다음에는 망막판독기로 자기네가 원하는 표적인지 확인한다. 그 다음에는 눈의 움직임을 추적하면서 그의 머리가 어떻게 움직이고 있는지도 알게 된다.

이 기구는 음파를 사용하는 것이 아니라 농축된 초단파 레이더 신호를 약 20센티미터 직경의 원형 모양으로 벽을 통해 쏘고 벽 저쪽의 영상을 비디오처럼 모니터를 통해 보는 것이다. 이는 마치 캄캄한 방에 손전등을 비추어 사물을 파악하는 것을 연상하면 된다.

투벽조준영상기 사용여부를 탐지하기 위해서는 최소 300기가헤르츠를 잴 수 있는 초단파 탐지기를 목표 부위에 설치해야 한다. 예를 들어, 사용자가 표적의 다리를 쏜다면 탐지기를 다리 부위에 놓아야지 목에 놓는다거나 하면 탐지할 수 없게 된다. 그러므로 이를 탐지한다는 것은 매우 어려운 일이다.

또 투벽조준영상기는 목표를 찾아 조준 하는 것뿐 아니라 거리도 측정할 수 있다. 이는 매우 중요하다고 할 수 있는데, 압축줄기음파무기를 사용하려면 어느 정도 거리에 초점을 맞추어야 하는지 알아야 하기 때문이다.

음파무기로 인한 증상

이 장에서 언급한 음파무기들은 거리극장(Street Theater)이니 스키트(Skit)니 해서 무작위로 사람을 선택하여 희생자를 만드는 일에 사용되고 있다. 당하는 사람들은 자신의 잘못이나 범죄에 대한 대가라기보다는 그저 운이 없다는 이유로 형언하기 어려운 고통을 감내하고 어느 누구에게도 하소연할 길이 없는 것이 현실이다. 그렇다면 과연 누가 왜 이런 짓을 자행하는 것인가? 나의 생각으로는 정부일 수도 있고, 정부를 움직이는 보이지 않는 정부, 즉 그림자 정부의 행실일 수도 있다. 미국만 해도 자국민에게 매독균 같은 병균을 집단으로 주사해서 실험을 한다거나 독가스나 방사능을 살포한다거나 하는 일이 비일비재하다.

이런 일들을 하는 이유는, 시온의 왕국을 실현하기 위한 실험이라고 믿는다. 그때는 통제가 아주 중요하기 때문에, 인간이란 동물을 관리할 수 있는 일종의 무기를 실험하고 있는 것이다. 여하튼 음파무기나 전자기무기를 이용하여 무작위로 사람을 괴롭히는 일은 더 이상 우리 나라와 관계없는 먼나라의 일이 아니다. 이미 한국에서도 이런 일이 일어나고 있다고 나는 믿는다. 때문에 음파무기로 인한 증상과 정신병이나 안면경련 증후군등의 증상을 구별할 수 있도록 몇 가지 경우를 예시했다.

- 뇌골 속에서 모욕이나 경멸하는 언사 등이 계속 들리는 경우.
- 무엇이 찌르거나 만지거나 감전당하는 느낌 혹은 알 수 없는 소리가 들려 잠을 못 자게 괴롭힘을 당하는 경우.
- 이유 없는 고통이 심해 구토증이나 요실금증이 나타나는 경우.
- 인체의 모든 구멍으로 출혈이 있고, 경우에 따라서는 핏덩어리가 나오지만 의사는 아무런 이상을 발견하지 못하는 경우.
- 아무 이유 없이 얻어맞은 느낌이나 불에 데인 느낌을 받으며, 때로는 실제로 화상을 입은 증거가 피부에 있는 경우.
- 아무 이유 없이 누가 밀치거나 때리는 것처럼 몸의 일부가 움직이는 경우.
- 전신마비에 가까울 정도로 이유 없는 피곤증이 심하여 직장에서 근무를 할 수 없던가, 경우에 따라서는 몸을 가누기 어려운 정도가 될 경우.
- 후각, 미각, 촉각 등이 마비되는 경우.

- 일을 처리할 요령을 생각할 수 없는 경우.
- 보이지 않는 손이 신체를 만지작거리는 느낌이 드는 경우.
- 운전할 때 원하지 않는 방향으로 손이나 발이 움직이는 경우.
- 아주 중요한 일을 잊어버리는 기억 상실의 경우.
- 갑자기 감전되는 느낌을 받은 후 너무 가려워서 피가 날 정도로 긁는 경우.
- 아주 정교한 손놀림을 할 때나 잠을 잘 때 갑자기 벌에 쏘이는 듯 뜨끔한 느낌을 받는 경우.
- 갑자기 코를 잡아 숨도 못 쉬게 하는 느낌을 받는 경우.
- 의도하지 않았는데 마치 최면 걸린 사람처럼 변태적 성행위를 하는 경우.
- 평상시 성취향과 반대되는 사람들 앞에서 강한 성욕이 일어나고, 경우에 따라서는 오르가즘을 느낄 정도의 자극적인 성욕을 느끼는 경우.

물론 여기 열거한 징후는 일부에 지나지 않는다. 의사도 원인을 알 수 없어 사람들이 오히려 정신병자로 의심할 가능성이 있는 경우 심각하게 살펴보고 판단해야 할 것이다. 대개 피해자들은 특별한 사람들이 아니다. 대부분 지극히 평범한 사람들로, 정치나 군대나 특수활동과 무관할 뿐더러, 자신의 경제적·사회적 지위와도 전혀 상관없이 무작위로 선택된 사람들이다. 아주 평범한 생활을 하다가 어느날 갑자기 희생자가 되었음을 알게 되는 것이다.

음파무기에 고통당하는 사람들

그런데 이런 억울한 희생자들은 전체 인구에 비해 극히 소수에 불과한데다. 이들이 아무리 설명하고 호소해 보아도 다른 사람들은 이들을 이해기는커녕 미친 사람으로 여기기 일쑤다. 혹여 이들의 말을 믿고 도와주려는 사람들이 나선다 해도 그 방법을 모르려니와, 대부분 자기에게 피해가 돌아올까 두려워 외면하는 경우가 많다.

여기서 가장 큰 문제는 주변 사람들이 자기와는 무관한 것으로 여겨 관심을 두지 않는 것이다. 나는 이를 두고 '놈(NOMB) 증후군'* 또는 '도살장의 소(CISH) 증후군'*이라 이름붙였다. 무슨 말인가 하면, 도살장에 끌려가는 소들은 조금 후에 자신이 죽는 것을 모른다. 물론 도살꾼들이 소에게 죽이러 간다고 말할 이유도 없으려니와, 그동안 주인은 혹여 병이라도 걸릴까 소의 건강을 위해 온갖 정성을 기울이기 때문에 소들은 주인을 철석같이 믿게 된다. 이런 상황에서 어느 소가 나머지 소들을 모아 놓고, 사실은 주인이 자기들을 잘 돌보아 주는 이유는 건강하고 알맞게 살이 쪄서 사람들이 먹을 맛있는 고기를 생산해 내기 위한 것이고, 시간이 되면 모두 죽일 것이라고 말한다면 어떻게 되겠는가? 다른 소들은 모두 이 소를 보고 주인의 은혜를 모르는 배은망덕한 놈이라며 왕따를 시키던가 몰매를 맞게 할 것이다. 이와 같이 소들은 도살장에 도착해서도 자기 차례가 되어 죽임을 당하기 직전까지는 사람들이 자기를 죽인다는 사실을 믿지 않는다.

만물의 영장이라는 인간도 이런 소와 조금도 다를 바가 없다. 어쩌면 소만 못할지도 모른다. 소들은 죽기 전까지는 주인이 잘 돌보아 주지만,

---

* NOMB, None Of My Business Syndrome.
* CISH, Cattle In Slaughter House Syndrome.

인간 농사를 짓는 악랄한 주인들은 인간이 살아 있는 동안에도 혹독하게 부려먹는다. 그런데도 사람들은 순진하게 치정자들을 믿고 있다. 그뿐 아니다. 자기네들이 짐승보다 훨씬 현명하다고 믿고 있을 정도로 아둔하다. 대부분의 사람들은 자신은 정치나 역사와 무관하다고 생각하며 하루하루를 살아가고 있는 실정이다. 인혁당 사건에 연루된 사람이나 박정만 같은 시인이나 모두 이런 보통 사람들이었지만 치정자들의 기분 여하에 따라 운명이 바뀌고 역사와 시대에 새끼줄처럼 꼬여들어 갔다는 사실을 아직 많은 한국 사람들은 깨닫지 못하고 있는 듯하다.

여기에 우리의 경각심을 일깨워 줄 실례들을 살펴보자.

의혹의 사건들

2001년 8월 14일 미국 말보로 시에 사는 제니퍼(Jennifer Cisowski)라는 23세의 여자는 8개월 된 아들을 데리고 휴가 차 플로리다 팜시티에 사는 친정집을 방문했다. 그런데 갑자기 자기 마음 속에서 아들을 던져 죽이더라도 믿음만 있으면 그 아들이 다시 부활하리라는 소리가 들렸다. 그녀는 그 목소리를 믿고 여러 번 아들을 바닥에 내던져 결국 아들을 죽이고 말았다.

또 그보다 조금 전인 2001년 6월 20일에는 휴스턴에 사는 36세의 안드레아(Andrea Yates)라는 여자가 6개월에서 7살까지의 다섯 아이를 아주 용의주도하게 차례로 목욕탕에 넣어 살해했다. 이 사람 역시 자식들을 사탄으로부터 구하려면 자식들을 죽여야 한다는 신의 음성을 들었다는 것이다. 그리고 2003년 8월 23일에는 역시 미국 알라바마 주 쿠사다 시에 사는 멜리사(Melisa Wright)라는 27세의 여자가 18개월 된 딸을 오븐 속에 넣고 구우려는 순간, 아이의 울음소리를 듣고 나온 남편에 의해 다행히 아이의 목숨은 구할 수 있었다. 그러나 아이는 신체 70퍼센트에 화상을 입고 여러 번에 걸쳐 성형수술을 받아야 했다. 물론 이 여자도 신의 음성이 속에서 들렸고, 자기는 다만 그 말씀을 따랐을 뿐이라고 말했다.

2003년 5월 10일 텍사스 주 뉴채플힐이란 작은 마을에서 단란하게 살던 디아나(Deanna LaJune Laney)라는 38세의 여자는 남편이 잠을 자는 사이 6살과 8살 난 두 아들의 머리를 돌로 쳐 죽였다. 14개월 된 셋째아들도 머리를 쳤으나 다행히 죽지는 않았다. 이 여자는 자식들을 죽이고, 경찰에 전화를 걸었고 감옥에 가서도 찬송가를 부르다 기도를 하다가 발광하는 행동을 얼마간 계속하였다. 물론 이 여자도 신의 음성을 듣고 그런 일을 했다고 한다. 법정에서는 모두 범행 당시 제정신이 아니어서 그런 끔찍한 일을 했다는 판결을 내렸다. 물론 그럴 가능성도 있겠지만, 앞에서 말한 음성투사기 같은 무기를 사용해서 표적으로 하여금 이런 일을 저지르도록 만드는 것 또한 가능하다는 점을 명심하기 바란다.

음파무기로 살인을 조장하는 것이 가능하다면, 다른 무엇인들 하지 못하겠는가? 만약 이런 희한한 도구를 가진 집단이 작당을 하고 교회랍시고 사이비 종교를 만들어 현혹된 교인들을 상대로 가진 재산 모두 팔아서 교회에 바치라고 하면 거의 모두 그리할 것이고, 또 큰 회사에서 돈을 만지는 직원에게 회사의 돈을 다른 곳으로 돌리라고 명령하면 그대로 따를 것이다.

미국에서는 멀쩡한 사람이 난데없이 광기로 날뛰는 살인범으로 돌변하는 일이 많다. 전 세계에 잘 알려진 미국의 총기난사 사건의 경우를 생각해 보자. 물론 어느 사회나 이유없이 미친 사람은 있게 마련이지만, 2000년 4월에 발표한 《뉴욕타임스》의 연구발표 '광기살인'(Rampage Killers)에 의하면 미국 전체에서 1960년대에 3건밖에 없던 것이, 1970년대에는 6건, 1980년대에는 17건, 1990년대에는 73건으로 늘어났다. 이 사람들은 평소에 항상 술에 취해 있거나 마약중독자로 알려진 사람들이 아니었다. 아주 평범한 사람들이 갑자기 걷잡을 수 없는 분노에 사로잡혀 총을 들고 학교나 직장이나 상점에 나타나 사람들을 마구 쏘아 죽이는 이해할 수 없는 발작적인 행위를 보였다.

마르티 코스키(Martti Koski)

이 사람은 핀란드에서 캐나다로 이민온 용접공이었는데, 1970년대 말부터 여러 가지 이상한 신체 변화를 보이고 어떤 목소리를 듣기 시작했다. 몸이 마음대로 움직이지 않고 반응하지 않으며, 마치 어떤 보이지 않는 힘이 수면을 조종하고, 냄새나 맛을 보는 감각마저도 조종하는 것 같았다. 모든 음식이 짜고 시며, 신진대사가 이상하게 바뀌었고, 공기 중에 조금만 이산화탄소가 들어 있어도 호흡이 어려워 용접공으로 일할 수도 없게 되었다. 입에서는 침이 많이 분비되어 항상 거품을 물었고, 하루 24시간 계속 이상한 목소리가 들리는가 하면, 잠도 하루 1시간 정도밖에 잘 수 없었다. 아파트 밖으로만 나가면 어지러워지고, 호흡도 불규칙할 뿐 아니라 호흡을 스스로 조종할 수도 없었다.

1979년 12월 그는 심장마비 증세 때문에 캐나다 에드몬튼 시에 있는 앨버타 주립대학 병원에 3일간 입원하게 되었다. 그가 병원에 들어갔을 때 그 목소리는 자기가 캐나다 국립경찰관이라고 정체를 밝혔다. 그 목소리는 그가 스파이로 지명되었고 병원은 그의 훈련장소가 될 것이며 첫 훈련은 러시아 정신병원에 감금되었을 때 살아남는 방법을 익히는 것이라고 말했다. 병원에서 주는 약은 독약이니 먹지 말라고 하기도 하고 병원 내에서도 어디는 가고 어디는 가지 말라는 명령을 내리기도 했다. 그런데 실제로 먹지 말라는 약을 먹었더니 심장박동이 갑자기 빨라졌고, 가지 말라는 방에 의사의 지시를 받아 갔을 때 그곳에 붙잡혀서 성기와 성기능에 대해 실험을 당했다.

그는 병원에서도 여전히 잠을 이룰 수가 없었다. 잠을 자려고 하면 마치 전기에 감전된 것 같은 느낌이 오고 갑자기 심한 두통이 일어났다. 퇴원해 아파트로 돌아왔을 때에도 심한 두통과 호흡곤란으로 수면을 취할 수가 없었다. 혹시 다른 곳으로 피하면 도움이 될까 하여 집에서 나와 싼 호텔에서 열흘 정도 지내기도 했는데 그 사이에 방광이 두 번이나 터지는 일이 일어났다. 방광이 찰 때 소변을 보아야겠다는 감각이 마비되었기 때문이다. 이 때문에 그는 다시 병원에 입원하게 되었는데, 이번에는 도둑질을 하라는 목소리가 들렸다. 그 병원에는 한 죄수가 입원하고 있었는데, 그 사람은 모든 건물이 금연구역으로 지정된 병원에서 담배를 몰래 팔고 있었다. 바로 그 사람의 셔츠를 훔치라는 것이었다. 이 훈련을 받는 동안, 병원의 환자와 의사들은 마치 그곳이 러시아의 정신병원인 양 연극을 하고 있었다.

코스키는 병원에서 퇴원한 이후에도 상태가 조금도 나아지지 않았다. 미지의 목소리는 그를 마이크로웨이브 맨이라고 불렀다. 만일 코스키에게 컴퓨터 칩 같은 것을 심어 놓았다면 극초단파를 이용해서 통신을 했을 것이기에 이는 사실을 그대로 말한 것이라 하겠다. 이후에도 코스키에게는 아무런 의미도 없는 업무가 주어졌다.

이런 고통스러운 상태를 피해 보고자 코스키는 고향인 핀란드로 갔다. 그러나 그곳에서도 이상한 상태는 계속되었고, 다만 목소리의 정체가 이번에는 캐나다 국립경찰이 아니라 시리우스(Sirius)라는 이름으로 핀란드어를 하는 여자였는데 프리메이슨의 의식이나 용어를 반복하여 계속 들려주었다. 별 차도가 없어 그는 두 달 반 후에 다시 캐나다로 돌아왔으나 고통은 여전했다. 그가 정말로 스파이 훈련을 받고 있으며, 자기를 재창조하고 있다고 확신하게 된 것은 이 즈음이었다. 목소리는 신용카드 사용한계를 무제한으로 만들어 놓았으니 쓰고 싶은 대로 쓰라고 말하는 한편, 토론토의 인구를 조사하고 남녀의 비율을 파악하라는 명령을 내리기도 했다.

이때쯤부터 그는 이 정체 모를 목소리와 싸우기로 결심하고 자신을 조사하기 시작했다. 집에 있을 때에는 극초단파의 무더기 공세를 받는데 비해, 밤에 공간이 트인 야외에 나가면 목소리 크기도 작아지고 잠자기도 훨씬 수월해지는 것을 알게 되었다. 자신이 마인드컨트롤 당하고 있다는 확신이 강해지면서, 그는 왜 자기가 이런 실험대상으로 선택되었는지를 생각해 보게 되었다. 그의 특징이라면 '나홀로' 인간이란 점이었다. 독신인데다 친척들은 모두 수천 마일 떨어진 핀란드에 살고 있어 캐나다에는 아무런 연고가 없으며, 영어도 잘하지 못해 다른 캐나다 사람들과 의사소통하는 것도 그리 자유롭지 못한 상태이고, 친구가 많거나 어떤 단체에 속해 활동하는 것도 아니어서 자기를 선택한 것이라고 추측하게 되었다.

그는 이것이 4년 전부터 시작되었으리라고 짐작했다. 증세가 나타나기 약 4년 전부터 자신이 사람들과 잘 어울리지 못하고 혼자 있는 것을 좋아하게 되었으며, 자기답지 않은 이상한 행동을 하게 되어 의아하게 생각했던 경험이 있었기 때문이다.[31]

오시안 안데르손(Ossian Andersson)

다른 여느 나라와 마찬가지로 스웨덴에도 한국의 국정원에 해당하는 사포(SAPO)라는 비밀정보처가 있다. 이들은 스톡홀름에서 약 450킬로미터 북쪽 해안가에 있는 쉐로케르라는 매우 평화로운 마을에 샤데르가르덴(Tjadergarden)이란 이름으로 비밀기지를 만들고 스웨덴 국민을 상대로 마인드컨트롤을 실험했다. 쉐로케르는 인구가 약 2천 명 밖에 되지 않는 곳인데, SAPO는 이 마을을 실험대상으로 음파를 방사했던 것이다.

안데르손은 이곳 주민을 대표하여 정부당국에 항의서한을 보냈는데, 그 서한의 일부를 소개하면 다음과 같다.

······내가 지난 8년 동안 당한 심각한 인권유린과 테러행위, 견딜 수 없는 괴롭힘에 대해 정부는 책임을 져야 합니다. 내가 우선 원하는 바는 한 인간으로서 정당한 삶을 영위할 수 있도록 정부가 보장해 주는 일입니다. 지금 경찰과 군대연구원들이 그들의 흥취에 따라 나를 갖고 마음대로 농락하는 행위에 대해 나는 추호의 법적 방어능력이 없으니 정부는 시급히 나의 인권을 법적으로 보장하는 행동을 취해야 합니다. 지금까지 나의 탄원서는 아무런 효능을 발휘하지 못했고, 당국은 모두 책임을 회피했습니다······.

당국은 소위 초음파무기, 음파무기, 전자기파무기, 죽음의 방사능무기 등을 개발한다는 미명하에 나를 모르모트로 이용하고 있으며, 마이크로 전자기술과 마이크로 컴퓨터로 나의 두뇌를 조종하여 나의 중추신경을 아예 소유하고 있습니다······. 초음파 파장 덕분에 나는 두통, 현기증, 시각기능 손상, 판단력 장애 같은 증세와 지능저하, 혈액순환 장애, 복통 같은 것들을 얻게 되었습니다······. 음파무기는 눈에 보이는 상처를 입히지는 않지만, 사소한 판단력 상실과 기억상실로 정상적인 인간으로서의 생활을 불가능하게 만듭니다. 이런 무기들은 한 인간의 삶을 송두리째 앗아가 버립니다······.

그들이 보내는 방사능을 막아 보려 했지만 방사능은 모든 물질을 통과하기 때문에 나를 방어하는 데 실패했습니다. 예를 들어 내 침대 주변을 2밀리미터 두께의 납판으로 감싸 놓았으나 소용이 없었고……, 나의 두뇌활동을 완전히 조종할 수 있는 것을 보아 마이크로 칩을 사용하는 것 같습니다……. 이런 마이크로 장치를 나도 모르는 사이에 내 머릿속에 심어 둔 것 같습니다……. 노년에 은급을 받고 사는 나 같은 사람에게 매일 고통을 받게 하고, 한 시간 이상 잠을 계속 잘 수 없게 만드는 일은 매우 잔인한 처사입니다.

마인드컨트롤의 희생자이자 지금은 그에 대항해서 싸우고 있는 내스룬드(Robert Naeslund)가 이에 대해 언급했다. "내가 쉐로케르를 방문한 이후 안데르손을 잘 알게 되었습니다. 그가 묘사한 고통은 실제로 그가 경험한 고통의 일부에 불과합니다. 그는 지난 20년 동안 인간으로서의 생존권을 강탈당했고, 하루 22시간 동안 고문을 받는 것도 모자라 나머지 잠자는 시간에도 틈틈이 고통을 당하고 있습니다. 그는 CRG(Cranial Radiographic) 뇌검사를 받아 그의 두뇌 속에 뇌신경과 연결된 어떤 외부 물질이 삽입되어 있는 것을 확인하기도 했습니다."[32]

데이비드 프라투스(David Fratus)

프라투스는 절도범으로 1986년 5월 미국 유타 주립형무소에 입소했다. 11개월간 형무소 생활을 하는 도중 그는 다른 죄수와 사소한 일로 싸운 적이 있는데, 그 이유로 간수한테서 문책을 받게 되었다. 그런데 이 간수는 프라투스가 거만하다는 이유로 온갖 사적인 박해를 가했다. 그의 식사에 발암물질이나 다른 병원균들을 넣는 등 직책을 남용하여 갖은 못된 짓을 하면서 만약 이 사실을 발설하면 그의 부모를 죽이겠다고 협박까지 했다. 그리고는 그를 독방에 감금했다.

그런데 그가 독방에 있을 때 이상한 일이 일어났다. 정신이 몽롱해지면서 마치 현실이 꿈속 세상처럼 보이고 심한 두통과 불면증이 몇 주일씩 지속되어 도무지 잠을 잘 수 없었다. 의료팀은 15분도 채 안되는 시간에 형식적인 엉터리 진료를 하고, 그가 피해망상증과 같은 정신병에 걸렸다고 결론을 내렸다. 이는 미리 계획된 일이었다.

이후에 그에게는 마치 방송시간이 지난 TV 채널에서 오색선과 함께 나오는 고음의 쇠소리 같은 것이 들리기 시작했는데, 그 소리의 음량이나 강도가 마치 누가 조절하는 것처럼 시시각각 변했고, 심해질 때에는 손톱으로 유리를 박박 긁는 듯한 소리가 나서 몸이 오그라들어 꼼짝 못할 정도였다. 귀에 솜을 틀어막거나 귀마개를 해도 오히려 그 소리는 체내에서 증폭되는 느낌이었다. 그가 견디다 못해 괴로움을 호소하면 간수들은 그를 완전히 벌거벗겨 때리고 침대나 변기나 물도 없는 작은 독방에 집어넣었다. 소리가 점점 강해져 거의 미칠 지경까지 갔다 다시 잠잠해지는 현상이 하루 24시간, 수주일간 지속되었다.

신기한 것은 이 소리들이 그의 잠재기억을 끄집어내서 좋지 않았던 기억들을 되새기게 하고는 과거의 옳지 못한 행동에 대해 모두 벌을 준다는 것이었다. 심지어는 까맣게 잊고 있었던 30년 전의 일들을 상기시키고, 그때 일어난 일들과 관련된 사람들의 이름까지도 일일이 알려 주었다. 그들은 그의 과거사에 대해 프라투스 자신보다도 더 자세하게 알고 있을 뿐만 아니라, 당시 그의 생각까지도 잘 알고 있었다.

그들이 그를 물리적으로 결박한 것은 아니었지만 마인드컨트롤을 통해 그 이상으로 그를 완전히 장악했다. 근력이 없어 하루종일 침대에 누워 손가락 하나 꼼짝 못하고 화장실 가는 것조차 어려울 정도로 탈진된 상태가 한번에 수주일간 지속되는 고통이 11개월이나 계속되었다.

그는 계속해서 설명하기를, 자기가 받은 전파가 너무 강력해서 청각 테스트에 사용하는 U자형 진동쇠를 머리에 댄 것처럼 전기와 자장이 혼합되어 떨리는 기분이었고, 그 U자형 진동쇠를 머리의 각기 다른 부분에 갖다 대서 정신적으로나 육체적으로 다른 반응을 보이도록 하는 것 같다고도 했다. 어떤 때는 두개골이 척추와 연결된 부분에서 진동이 일어났고, 또 어떤 때는 이마에서 일어나기도 했다. 그럴 때면 마치 뇌엽절제수술을 받은 것처럼 전혀 정신집중을 할 수 없었고, 아주 간단한 단어의 철자도 말하기 어려울 정도로 두뇌의 활동이 쇠퇴했다. 수초에서 수분간 아주 강력한 전파를 받아 심리적인 상태가 매우불안정하여 마치 인간 요요가 된 기분이었다고 설명했다.

프라투스가 말한 내용은 때와 장소와 연루된 사람들이 확인되지는 않았다. 마인드컨트롤이 어떤 것인지 아는 사람들은 그가 겪은 내용에 충분히 개연성이 있는 이야기라고 입을 모은다.[33]

알렉스 콘스탄틴(Alex Constantine)

콘스탄틴은『미국의 심리독재(*Psychic Dictatorship in the U.S.A.*)』라는 책을 써서 마인드컨트롤의 실상을 세상에 알린 유명작가이다. 그는 1994년 12월에 《몬도 2000》이라는 잡지에 아래와 같은 글을 써 보내면서 본인 역시 마인드컨트롤 실험의 희생자였다고 고백했다.

나는 지난 5년간 CIA가 실시한 특유의 고문 프로그램의 희생자 중한 사람이다. 그 고문이란 것은 전자기파로 실행하는 것이어서 증거를 제시하기가 매우 어렵다. 나의 생각으로는 미 연방정부와 미 군당국이 마인드컨트롤을 연구하기 위해 1960년대 초부터 벌인 여러 불법적 사실들, 피플스 템플, SLA, 파인더스 같은 사교(詐敎)를 만들고 마약사업을 하는 작업 등을 심층적으로 조사하는 나의 일을 못마땅하게 여겨, 그에 대한 보복으로 나를 희생자로 선택한 것 같다……. 당시를 회고

하는 내 기고문이 이런 가공할 무기에 혈안이 되어 있는 무기 미치광이들에게는 뉘우침의 계기가, 독자들에게는 전자기무기란 것이 인간의 존엄성을 송두리째 앗아가며, 정치적으로 CIA와 국방부의 망동에 비판적인 의사를 가진 사람들에게 엄청난 위협이 될 것이란 사실을 깨닫게 하는 계기가 되었으면 하는 바람이다…….

나는 매일 원거리에서 작동하는 고문을 받도록 되어 있었다. 매일같이 그들이 보내는 극초단파의 세례를 받았고, 며칠씩 계속해서 내 귀에 들리는 찢어지는 듯한 금속성 고음 때문에 잠을 이룰 수 없었다. 그중에서도 가장 고통스러웠던 것은 어느 날 저녁 척추에 저음파 공격을 받은 일이었다. 국가안보 동지회의 전자감시 계획분야협회에서 진단을 내려 주어 나중에서야 내가 저음파 공격을 받았다는 사실을 알게 되었다. 저음파 공격을 당했을 때에는 너무 고통스러운 나머지 비명을 지르며 방바닥을 긁으면서 몸부림을 쳤다. 내가 겪은 고통을 다 기록하자면 일기장 수십 권은 족히 넘을 것이다. 이제는 파시스트 독재정권이 자기들의 일에 동조하지 않는 사람들을 감옥이나 강제수용소에 가둘 필요가 없다. 그 사람이 사는 곳에 그대로 놓아둔 채로 고문할 수 있는 기술이 개발되었기 때문이다…….

한번은 미국에서 저명한 아동심리학자 두 명을 찾아가 진찰을 받은 적이 있는데, 두 사람이 내 머리에 영구자석을 갖다 대었을 때 이 자석들이 밀려나는 것이었다……. 마인드컨트롤 기술을 주관하는 연방정부의 사악한 행위를 성토하는 시민단체 사람들의 말을 빌리면, 연방정부가 하는 불법적인 짓이 그것 하나뿐이 아니고 여러 방면으로 국민을 기만하고 못살게 굴고 있다. 소위 외계인들이 사람을 납치한다는 이야기는 오래 전부터 정부의 전자무기 개발을 속이기 위한 연막전에 불과하다. 연방정부가 인권을 앗아가기 위해 용이주도하고도 은밀한 계획을 진행하고 있다는 사실이 알려질 때에는 모든 국민이 경악하여 들고 일어날 것이라고 인권운동가들은 말하고 있다…….

지금까지는 소위 디스인포메이션을 퍼뜨리는 자들이, 전자기무기를 개발하고 그 용도를 실험하기 위해 순박한 국민을 무작위로 모르모트로 만들어 마치 가학쾌락증에 걸린 사람들처럼 고통스럽게 하는 일들을 전략적으로 감추어 왔다. 그러나 이제는 모든 국민들이 이러한 실태를 직시하고 세상 사람들에게 널리 알려 정부의 이와 같은 작태를 중지토록 해야 할 것이다."[34]

C.P.

C.P.라는 약자를 사용한 어느 미국 여자가 1995년 12월 4일자로 텍사스 휴스턴의 한 외국 영사관에 망명을 탄원하는 서한을 인터넷에 올린 일이 있었다. 그중 일부를 여기 소개해 본다.

저는 미국 시민이자 CIA의 소행으로 여겨지는 마인드컨트롤 실험의 희생자로, 아래에 열거하는 사정으로 귀 정부에 정치적 망명을 요청하는 바입니다. 제가 이런 기상천외의 방법을 통하여 망명을 요청하게 된 이유는 저의 생명과 신상에 위협을 느끼기 때문이며, 법적 수단을 비롯하여 내가 생각할 수 있는 모든 방법을 동원해 최선을 다하여 노력해 보았으나 이제는 더 버텨낼 만한 희망과 기력을 모두 상실했기 때문입니다. 미국의 대통령을 위시하여, FBI, CIA, 법무장관, 지역출신 의원 등 여러 사람에게 도움을 요청해 보았으나 그들은 모두 저를 외면했습니다. 이 기술이 저 같은 무고한 시민을 대상으로 사용하기 위해 존재한다는 것을 정부의 중책에 있는 사람으로서는 공식적으로 인정할 수 없는 처지에 있는 사정이 현실입니다.

저의 이러한 처지가 정치적 망명의 사유로 수락되기를 바랍니다. 필요하다면 미국 시민권을 포기할 수도 있습니다. 이러한 저의 현실을 탈피할 수만 있다면 기꺼이 무국적자임을 선언할 용의도 있습니다. 저의 이러한 결정은 심사숙고한 결과이며, 그에 따른 어떠한 고충도 달게 받겠습니다. 물론 제가 이런 결정을 하게 된 것이 쉬운 일은 아니었습니다. 이 길이 저의 생명을 연장하고 현재 제가 처해 있는 상황보다는 나은 삶의 질을 영위할 수 있다고 믿기 때문에 택한 것입니다.

제가 이러한 결정을 내리게 된 연유를 설명하기 위하여 여기 제가 당한 일들을 순서대로 나열해 보겠습니다.

저는 전에 1년 계획으로 프랑스와 독일로 유학을 간 일이 있었습니다. 파리에서 공부하고 있을 때 독일에서 대학을 졸업하고 유학온 한 남자를 알게 되었고 후에 그와 결혼하게 되었습니다. 결혼 후 우리는 미국으로 돌아와 대학을 졸업하고 그는 국제기업전공 석사학위를 얻은 후 다시 독일로 돌아와 살았습니다. 그리고 수년이 지난 후 뮤니히에서 이혼을 하였습니다. 그러고 나서 저는 석사과정을 마치고 교사가 되어 당시 서베를린에서 거의 10년 동안 교직생활을 했습니다. 1983년까지는 전혀 이상할 것이 없는 아주 평범한 생활을 했습니다.

그러던 중 서베를린의 한 초급대학에서 초심리학(parapsychology)을 강의하고 있을 때 제 강의를 듣던 친구가 그의 친구를 데려 왔습니다. 이 사람을 C.L.이라고 부르겠습니다. 우리는 서로 친구가 되었고, 이 친구를 통해 또다른 어떤 사람을 알게 되었는데, 이것이 우연인지 또는 미리 계획되어 있던 것이었는지는 알 수 없습니다만 좀 석연치 않은 일이 생겼습니다.

그 어떤 사람은 페기 울시(Peggy Woolsey)라는 여자였습니다. 이 사람은 이란에서 혁명이 일어날 당시 이란 주재 CIA 책임자로 있었던 리차드 헬름스(Richard Helms)라는 사람의 비서로 일한 적이 있었습니다. 그녀는 가끔 이란에서 살던 이야기를 했습니다. 하루는 그녀의 아파트에 방문해서 술을 마시고 있었는데, 내가 마시던 술잔 바닥에서 적어도 1인치 두께의 침전물을 발견했습니다. 그녀는 대수롭지 않은 듯이 원래 베를린의 물이 다 그렇다고 말하더군요.

또 한번은 외교관 번호판이 붙은 그녀의 차를 타고 동베를린에 갔었는데, 그 차 안에서 편집증에 걸린 것 같은 이상한 기분을 느꼈습니다. 그녀는 제게 러시아 대사관이 어디에 있느냐고 물었고, 저는 모른다고 대답한 기억이 납니다. 당시에 저는 동베를린에 러시아 대사관이 있다는 것을 모를 정도로 정치에 무관심했습니다. 그전에 내가 동베를린에 갔던 일이라고는 오페라 구경을 하거나 값싼 독일 고전문학 책을 사기 위해서였습니다.

페기와 함께 차를 타고 가면서 문득 이상한 일이 벌어지고 있다는 느낌이 들기 시작했습니다. 그것은 세 번씩이나 각각 다른 장소에서 제가 자는 도중 저와 안면이 있는 사람이 찾아와 대화를 했다는 사실이었습니다. 그리하여 저는 미국 영사관에 찾아가 사실을 말하고 그 사람들의 이름까지 밝혔습니다. 그때 이후로 하얀 차를 모는 어떤 남자가 제 아파트 가까이 지나갈 때면 어떤 전기장 같은 것을 쏘는 것 같았습니다. 척추부터 온몸이 맥박 뛰듯 욱신거리면서 진동했고, 벽은 마치 불꽃이 튀어나오는 것처럼 번쩍거렸습니다.

미국 영사관에 여러 번 찾아가 제가 겪는 고초를 설명하고 도움을 요청했지만, 그들은 제 말을 믿으려 하지 않았습니다. 그러면서 겨우 한다는 말이 저는 정치적으로나 군사적으로 중요한 사람이 아니기 때문에 아무도 저를 귀찮게 할 이유가 없다는 것이었습니다. 미국으로 돌아오면 괜찮지 않을까 하여 급거 귀국했지만, 고국이 도저히 상상조차 하기 어려운 고문과 학대가 난무한 생지옥 실험장이란 것을 미쳐 몰랐습니다.

뒤돌아 생각해 보면, 저는 불행하게도 CIA의 실험대상으로 무작위적으로 선택되었는데 그 작업을 외부에 노출시킨 것입니다. 이들은 비인륜적인 창살 없는 감방에 사람들을 구금해 놓고 계속 감시하면서 두뇌 속으로 극초단파 전자기파를 침투시키는 게임을 하고 있습니다. 지금 제가 말씀드리는 것은 그들이 한 생명을 농락하는 한 가지 예에 불과합니다. 지난 13년간 저는 단 한순간도 사적인 즐거움을 가져 본 적이 없으며, 마음의 평안을 누려 본 적도 없습니다. 저는 인생을 완전히 박탈당했습니다.

이렇게 일반인들은 감히 상상할 수도 없는 첨단 전자기술을 이용하여 무작위로 사람을 택해 실험하는 목적은 과연 무엇일까요? 특정 목소리를 이용하여 한 개인을 훈련시켜 그 목소리를 인지하도록 한 후 그 목소리로 긍정 또는 부정적으로 사람의 행동을 조종하려는 의도가 있다고 봅니다.

예를 들어 제가 그들이 원치 않는 행동을 하면 C라는 음성을 보내줍니다. 마치 TV쇼에서 박수소리나, 웃음소리나 감탄하는 소리를 미리 녹음해서 사용하는 것처럼, 그 소리는 수없이 반복해서 악을 쓰고 칭얼댑니다. 그리고 감정을 자극하는 소리를 하루에 다섯 번 정도는 반복해서 보냅니다. 그런데 신기하게도 이 목소리는 진짜 제 애인의 목소리를 흉내냅니다. 만약 제가 이 목소리가 진짜 사람소리가 아니라는 것을 알아차릴 때에는 더 이상 속이려는 노력은 중단하지만, 그 목소리로 제게 해코지를 합니다. 그 목소리는 하루 종일 1분에 한 번 정도로 성화를 부릴 때도 있고, 어떤 때는 4분 간격으로 훼방을 놓습니다. 또 어떤 때는 저의 판단이나 결정에 훈수를 들기도 합니다. 요즈음은 증세가 더욱 심해져 마치 발악하는 것 같습니다. 지금 제가 이 편지를 쓰는 중에도 방해가 심합니다. 그들은 더욱 확고하게 저를 장악하고자 수단방법을 가리지 않습니다.

　이런 예를 들어보겠습니다. 직장관계로 S라는 여자를 알게 되었습니다. 그 여자와 만날 때에는 그들은 제 기분을 좋게 만들었습니다. 왜 그런지 저는 이해할 수 없었습니다. V나 E, J를 만날 때에는 그렇지 않았는데, 성격이나 배경이나 취미가 다른 S가 저와 특별히 친밀감을 느낄 근거는 없었습니다. S의 마음씨는 따뜻했지만, 그녀는 이란에서 온 미용사였고 지적으로 세련된 여자는 아니었습니다. 나중에 알게 된 일이지만, S의 남편은 이란의 절대군주 샤 정권 때 판사였다고 합니다. 혁명이 일어난 다음 샤 정권의 고위관료들을 집에 숨겨 두었던 이유로 남편이 검거되었을 때 그녀는 목숨을 구하기 위해 이란을 탈출하여 독일로 온 것입니다.

　제 판단으로는, 저와 S가 접선하는 것이 그들의 목적이었던 것 같습니다. 그들은 제가 외국사람들과 친해지도록 만들어 주었습니다. 그들은 모두 자기 나라의 정보부와 관련이 있는 사람들이었는데, 제가 이에 비협조적 태도를 취하자 저를 괴롭히기 시작했습니다. 그들은 제가 이런 사람들과 친교를 가지면서 네트워크를 구성하기 원하여 제 마음속에 항상 그들을 생각하도록 만들었는데, 이런 일은 제게 환멸을 가져다주었습니다. 어쩌다 얻은 최신 과학기기를 실험대상에게 사용해 보고 싶은 마음 외에는 아무것도 머릿속에 들은 것이 없는 사람들이 원하는 바에 고스란히 순종해야 하다니요. 저는 한때 인간의 기본 구성요소라 믿었던 모든 것, 즉 한 사람의 인간으로서 또 여성으로서 마땅히 누려야 할 존엄성과 이상, 삶의 즐거움과 성생활의 즐거움, 감성을 즐길 수 있는 자유 등등을 일순간에 박탈당해 버렸습니다.

그들이 사람을 괴롭히는 데는 한계가 없었습니다. 심지어는 제가 화장실에 앉아 있는 것도 감시하고 있다고 말해 줄 정도였으니까요. 한때는 자살도 기도해 보았지만, 그 역시 어떤 사람에게 들켜 미수에 그쳤습니다. 제가 겪은 일들을 낱낱이 알려 드리기에는 이 지면이 부족할 정도입니다.

제가 이렇게 망명을 요청하게 된 여러 이유 중 하나는 저 말고도 다른 희생자들이 있어 마찬가지로 고통당하고 있다는 사실을 세상에 공개하기 위해서입니다. 실제로 저는 CIA의 모나크(Monarch) 작전 및 MKUltra의 희생자들을 만나보기도 했습니다.

이러한 사실을 알게 된 그들이 저의 심장과 갑상선에 극초단파를 쏘아 이상증상이 나타나기 시작했습니다. 자고 있는 도중 위장이나 내장, 심지어는 성기까지 전파로 자극시켜 잠을 깨우는 바람에 허리 위 상체가 아플 지경입니다. 또 제가 갑상선에 쏘이는 전파를 막을 요량으로 목 부근을 손으로 막으면 얼마 후 관절염에 걸린 것처럼 손에 통증이 옵니다. 이틀 전에는 자는 도중 겨드랑이와 양쪽 다리 임파선 있는 부분에 통증을 느껴 깼습니다. 이제 소모품에 불과한 저는 더 이상 필요없게 되었으니 없애 버리려는 것이 아닌가 덜컥 겁이 났습니다.

저는 저의 신변에 대해 매우 염려하고 있습니다. 저를 보호하기 위해 온갖 방법을 동원해 보기도 했습니다. 패러데이 상자(Faraday cage)도 만들어 보고, 화장실 바닥에서 자기도 했으며, 구리나 알루미늄 호일로 몸을 감싸 보기도 했습니다. 그러나 전혀 소용이 없었고 오히려 울리는 소리가 더 극에 달했을 뿐입니다. 특히 각성수면 상태일 때 더욱 그러했습니다. 저는 요즈음 함석통이 전파를 차단시키는 역할을 하기 바라는 마음으로 그 속에서 잠을 자고 있습니다. 그런데 간밤에는 새로운 전파를 보내 제 몸을 통 밖으로 들어냈습니다. 제 몸이 반사작용으로 통 밖으로 튀어나온 것입니다. 이런 경험은 처음입니다. 그러고 나서 이 편지를 쓰기 시작했습니다. 처음에는 전동타자기를 사용했는데 타자가 제대로 쳐지지 않았습니다. 예를 들면 n자를 쳤는데 q자가 찍히는 식으로 말입니다……. 귀하께서 빠른 시일 안에 결정을 내려 알려주시면 대단히 감사하겠습니다.

텍사스 오스틴에서 C.P. 드림 [35]

데이비드 베이더(David Bader)
이 글은 데이비드 베이더가 '현대 인간실험과 고문'(Modern Human Experimentation/Torture)이라는 제목으로 쓴 공개편지에서 마인드컨트롤에 의해 자신이 어떻게 희생되었는지를 묘사한 글이다.

저는 거의 3년째 심리조종 작전 대상으로 무고하게 선택된 희생자의 한 사람이며, 그 심리조종 작전이란 매우 고통스럽고 비인간적인 것임을 설명하려 합니다. 저는 너무나 황당하고 상상도 해보지 못했던 일인데다 눈에 보이지도 않는 일이라 어떻게 항의를 해야 할지 엄두가 나지 않았습니다. 저는 3년 전만 해도 캘리포니아 소재 '타이탄 리서치 앤드 테크놀로지' 소속 직원이었으며, 그 회사는 국방성의 LAN 프로그램 관리일을 하청받은 터였습니다. 그 프로그램의 관리요원으로 일하기 위해 비밀취급인가를 신청한 이후, 현 정부와 관계되는 누군가가 정신적으로 저를 겁탈해 온 것 같습니다. 저는 저를 이렇게 고문하고 미칠 지경으로 만드는 이유는 커녕 누가 가해자인지도 알지 못하기 때문에 주변의 여러 지인들을 의심하는 죄를 짓게 되었고, 소위 민주주의라고 하는 정치체제에 대한 신념마저 저버리게 되었습니다.
제가 캘리포니아 주 노스리지에서 국가비밀 취급인가 신청을 한 지

약 한 달 후, 같은 회사 파스테르나크 박사의 소개로 저는 어느 치과에 가서 이를 뽑게 되었습니다. 그런데 치과에 다녀온 직후인 1993년 1월 중순부터 저의 악몽이 시작되었습니다. 어느 날 갑자기 몸 속에서 정체 불명의 목소리가 들리기 시작한 것입니다. 처음에는 어디서 소리가 나는지 잘 구별이 되지 않았으나, 마치 라디오에서 주파수가 잘 맞지 않을 때 나오는 아주 고음의 쇳소리 같은 것이 제 귀에 들렸습니다. 정확한 날짜와 시간은 기억하지 못하겠습니다. 그때에는 날짜와 시간을 기록해 둘 생각은 하지도 못했으며, 다만 견디기 어려운 그 이상한 소리에서 벗어날 궁리밖에는 머리에 떠오르는 것이 없었습니다.

그 목소리는 마치 한 방에 함께 있는 사람이 말하는 것처럼 크게 들렸습니다. 처음에는 누가 장난삼아 벽에 스피커 장치를 설치해 놓았나 생각했습니다만, 그 소리를 피하기 위해 밖에 나가 걸어다니는데도 계속 들렸기 때문에 집 안 벽에 장치된 것은 아니란 것을 알게 되었습니다. 그런데 귀를 막아도 소리가 계속 들리는 것이 아닙니까. 그제야 그 소리는 제 머릿속에서 나오고 있다는 것을 확신하게 되었습니다. 저는 공포에 사로잡혀 마치 정신병 환자같이 되어 버렸습니다. 목소리는 조금도 쉬지 않고 계속 들려왔고, 그 목소리와 함께 더불어 살아야 한다는 사실을 도저히 인정할 수 없었습니다.

시간이 지나면서 혹시 제 머릿속에 수신작용을 하는 컴퓨터 칩 같은 것을 심어 놓지 않았나 하는 의심이 들어 두개골 X-레이를 찍기로 했습니다. 치과에서 이를 뽑은 직후 소리가 들리기 시작했기 때문에 그때 의사가 모종의 시술을 한 것이 아닌가 하는 의심이 들었기 때문입니다. X-레이 검사 결과, 발치 부분 바로 밑에 금속 같은 이상한 이물질이 있음이 확인되었습니다. 그런데 또 이상한 일이 생겼습니다. 제가 근처 도시에 다녀오는 길에 어느 교차로에서 신호에 걸려 정지해 있는데, 제 차

옆에 나란히 신호대기 중이던 자동차의 남자가 저를 쳐다보면서 자기 목을 옆으로 조금 제치고 한 부분을 손으로 가리키는 것이었습니다.

당시에는 그냥 좀 이상한 사람이라고 생각했을 뿐이었는데 나중에 X-레이 이물질이 있던 곳이 바로 그 사람이 가리키던 부분이었습니다. 이 남자가 누구였는지 물론 알 길은 없습니다. 저는 의사에게 혹시 이를 뽑는 과정에서 실수로 쇠붙이 같은 것이 떨어져 들어갈 수 있느냐고 물었습니다. 의사는 그런 일은 거의 불가능하다고 하면서, 이물질은 턱뼈 아래 목의 일부인 연한 조직에 있는데 턱뼈에 구멍을 뚫고 집어넣지 않는 한 거기에 들어갈 수는 없다고 했습니다.

저는 그 의사가 제 편이 되어 도와주리라 믿고 자초지종을 설명했습니다. 그러나 그것은 매우 큰 실수였습니다. 저는 그 의사에게 그것을 제거해 줄 이비인후과 전문의를 소개해 달라고 부탁했고, 그는 저의 요청에 의해 한 이비인후과 의사를 소개해 주면서 먼저 신경정신과 의사를 만나 보는 것이 현명할 것이라고 강력히 권했습니다. 그러나 저는 그것만 제거하면 모든 문제가 끝날 것이라 믿고, 난생 처음으로 이비인후과 의사에게 갔습니다.

그 의사는 형식적인 진찰을 끝내고 제게 무엇을 원하느냐고 질문했습니다. 저는 그 금속물질을 제거해 달라고 간곡히 부탁하면서 필요하다면 사고에 대한 책임을 묻지 않겠다는 각서도 쓸 용의가 있다고 했습니다. 그러나 뜻밖에도, 그는 정신과 의사의 동의 없이는 절대 수술을 할 수 없다고 했습니다. 그제서야 저는 의사에게 진실을 알려 준 것이 큰 실수였으며, 두 의사가 제 문제로 의견을 나누고 저를 어떻게 처리할 것인지 이미 결정했다는 것을 알게 되었습니다. 할 수 없이 저는 신경정신과 의사를 찾아가 사건의 자초지종을 또 설명했습니다. 그 의사의 대답은—제가 염려했던 대로—저는 정신병에 걸린 것이며 장기간 약물치료와 정신치료를 요하고, 이물질 제거 수술동의서에는 절대로 서명할 수 없다는 것이었습니다.

그래서 저는 다른 이비인후과 의사를 찾아가, 이번에는 그동안 일어난 일에 대해서는 함구하고 그냥 통증이 있다고만 이야기했습니다. 더 자세한 조사를 위해서는 컴퓨터 단층촬영이 필요하다고 해서 그것도 했습니다. 모든 검사를 마치고 나서 그는 그것이 마치 짚더미 속에서 바늘을 찾는 일과 같은 일이기 때문에 자기는 그런 일은 할 수 없다고 하더군요. 저는 생각끝에 그 곤경을 탈피해 보고자 직업을 바꾸고 워싱턴으로 이사를 했습니다. 거기서도 병원을 두 군데나 찾아가 보았습니다만 대답은 마찬가지였습니다.

어느 금요일인가는 목소리가 친구처럼 친근하게 여러 말을 했지만, 여전히 자기가 누군지, 어떻게, 무엇을, 왜 하는지에 대해서는 말이 없었습니다. 그것이 주말을 지나고 월요일이 되면서는 말로 형언하기 어려운 고문처럼 악랄해지기 시작했습니다. 이때 말을 주고받는 식으로 저도 말을 하기 시작했습니다. 그들이 항상 저의 말을 도청하는 것이 스피커를 숨겨 둔 것으로 보여 그렇다면 저도 그들과 대화가 가능하다고 믿었기 때문입니다.

저는 잠을 잘 수도, 휴식을 취할 수도 없었습니다. 취기로 잠을 자볼까 해서 술을 마셔 보기도 했습니다. 그러나 2시간마다 저를 깨우는 통에 도무지 깊은 잠을 잘 수가 없었습니다. 잠이 모자라니 저는 산 송장 같은 존재가 되었습니다. 그후로도 목소리는 수주일간 난폭하게 저를 괴롭혔습니다. 울화가 치밀 정도의 모욕을 계속 주었고, 아주 강한 높은 음성을 내는가 하면, 제가 잠에서 깨지 않으면 미쳐서 발광하는 여자의 악쓰는 소리를 내기도 했습니다. 그리고 배경음으로 쇠를 깎는 기계소리 같은 것이 높고 낮은 음을 번갈아 가며 나기도 하고, 때로는 깊고 굵은 변전소나 선박의 엔진실에서 나오는 소리 같은 것을 들려주어 견디기 어렵게 만들기도 합니다.

아주 심할 때에는 매우 낮은 목소리와 초고음의 목소리가 합성되어 괴물소리같이 들릴 때도 있는데 그때는 이명현상이 심해집니다. 마치 늘어진 테이프처럼 "나는 네 마음속에 있다, 나는 네 마음속에 있다, 나는 네 마음 속에 있다……"와 같은 문장이나 문구를 반복하는 합성된 남자 목소리가 들립니다. 때로는 그들이 원하는 것처럼 정신력이 혼미해지고 반항할 기력조차 없게 되지만, 때로는 화가 머리끝까지 치밀어 올라 미친 사람처럼 변하기도 합니다. 반항할 상대도, 방도도 없이 정신적으로 고문을 당할 때 일어나는 분통을 상상할 수 있겠습니까?

이런 전자 목소리만이 그들의 무기는 아닙니다. 두번째 해에는 전기 쇼크를 주어 왼쪽 팔근육이 경련을 일으켜 저 혼자 움직이는가 하면, 머리도 견디기 어려운 심한 압력을 받았습니다. 이것은 두통과는 다릅니다. 한편으로는 귀가 간질간질하면서 다른 한편으로는 머리통이 폭발하는 것 같은 느낌이 듭니다. 그들이 언제, 어떤 방법으로 저를 괴롭힐지는 물론 예측할 수 없습니다. 머리의 압력은 제가 운전할 때에는 거의 항상 일어납니다. 그리고 쇼크는 제가 휴식을 취하던가 잠을 자려고 할 때 혹은 그들을 생각할 때 주로 일어납니다. 어쩌면 그들은 제가 그들을 잊어버릴까 두려워 잠시라도 편해지려 하면 벌을 주는 것 같습니다.

보통 저는 그 목소리로 잠을 깨면서 일과를 시작합니다. 처음에는 아무런 의미도 없는 경 읽는 조의 허튼소리부터 시작합니다. 일어나서 샤워를 할 때쯤에는(이때는 물소리와 합하여 목소리가 증폭되어 더욱 견디기 어려워집니다) 제 목소리를 흉내내어 혼자 중얼거리기도 합니다. 첫해에는 아침부터 몹시 괴롭게 굴더니 요즈음에는 그렇게까지 심하지는 않은데, 제 짐작으로는 제가 심장마비로 죽을까 봐 조심하는 것 같습니다.

그렇지만 제가 출근하기 위해 차를 운전할 때부터 그 목소리는 심해지기 시작해서 하루 일과가 진행됨에 따라 점차적으로 심해집니다. 그리고 퇴근하여 좀 쉬려고 하면 목소리의 템포는 훨씬 빨라져서 어떤 때는 저를 미칠 지경으로 만들기도 합니다. 또 제가 주의를 돌리기 위해 TV를 보려 하면 저의 마음을 바꾸도록 하기도 하고, 어떤 내용을 설명하기 위해 한참 말을 하고 있는 도중 애초의 제 의도와 다른 방향으로 결론을 내도록 만들기도 합니다. 그래서 어떤 결정을 하는 데 망설이게 만들기도 하고, 듣는 사람들에게는 제 말이 횡설수설하는 것처럼 들리게 만듭니다.

물론 제가 설명하는 이런 경험담이 많은 사람들에게 황당하게 여겨질 것이라는 사실을 잘 알고 있습니다. 그렇다고 제가 겪은 지난 2년 반의 악몽을 모두 꾸며 내는 것도 있을 수 없는 일이니, 부디 제가 표현할 수 있는 능력을 다해서 말하는 솔직한 고백임을 믿어 주시기 바랍니다.

제가 언제까지 그리고 어느 한계까지 이런 상태를 견딜 수 있을지 알 길도 없고, 그들이 언제까지 어떤 극한 상황까지 저에게 이런 가혹한 일을 계속할지도 알 길이 없으며, 사실 저에게는 그런 생각을 할 기력조차 없는 상태입니다. 이런 현상을 경험한 사람은 세상에 아주 극소수이겠지만, 그들은 저의 말을 충분히 이해하고 저의 심정을 잘 알고 있을 것입니다. 그러나 보통사람이 이런 저의 경험담을 믿는 것은 매우 어려운 일이라 여겨집니다. 그러나 저는 저의 진정한 고백을 여러분들이 현명한 판단력으로 믿어 주기 바라는 마음으로 이 글을 쓰고 있습니다.

제가 여러분께 알리고 싶은 것은 이러한 과학기술이 이 세상에 엄연히 존재하고 있으며, 우리 모두가 걱정해야 하는 현실이라는 점입니다. 우리 모두에게는 이런 기술개발을 막아야 하는 커다란 과제가 안겨져 있습니다. 이 기술을 시험하기 위해 우리 중의 누군가는 아무 이유도 없이 그들의 실험대상이 된다는 점을 명심해야 합니다. 그러나 궁극적으로는 소수의 몇 사람만 실험실의 쥐가 되는 정도에서 끝나는 것이 아니라 전 인류를 이런 식으로 조종하게 될 것을 알아야 합니다.

우리가 알고 있는 개인의 인권이나 프라이버시라는 것은 완전히 송두리째 사라져 버리는, 조지 오웰이 『1984년』에서 묘사한 세상보다 훨씬 더 두려운 세상이 올 것입니다. 그가 예언했던 빅브라더가 다스리는 세상은 누군가 우리를 감시한다는 면에서는 옳았으나, 이 정도의 과학기술까지는 알지 못했기 때문에 전자기파 기술로 사람을 조종한다는 시나리오는 설명하지 못했습니다. 그러나 앞으로는 지배체제에 아주 작은 불만을 표시해도 그 사람을 족집게로 뽑듯 축출할 수 있게 됩니다. 더더욱 두려운 것은 지금 원자무기를 생산하고 자신들의 범죄에 대해 지난 반세기 동안 거짓말을 하고 있는 한 종족이 직접 우리의 두뇌에 드나들 수 있다는 것입니다. 제발 이런 일이 지속되지 않기를 바라는 바입니다.[36]

종교를 통한 자발적 통제

　세계를 통일하고 지구상에 있는 인간들을 정복한 엘리트들이 지구를 지배하는 효과적인 통치수단으로 사용할 수 있는 것 중의 하나가 바로 종교이다. 외부적인 위협으로 사람들이 순순히 통제에 응할 수도 있지만 자발적으로 통제관리를 받도록 하는 심리적인 기술 또한 대단히 중요한 과제인 것이다. 한국은 벌써 오랫동안 종교의 형식으로 대중을 관리한 예가 많다. 영생교 같은 집단도 그중 하나다. 이런 집단들은 대단한 조직과 규모를 지닌 종교체제를 빌려 사람의 마음을 마음대로 조종한다. 이러한 현상을 세계를 통치하겠다는 사람들이 간과할 리는 만무할 것이다.

　미 CIA가 여러 불법을 자행하고 있다는 것이 드러나 국민의 원성과 의회의 감시가 강화된 1970년대 후반부터는 여러 CIA 사업들이 거의 지하로 숨어들어 가게 되었다. 그중 대표적으로 중요한 부문이 사교(邪

敎)를 이용한 마인드컨트롤이었다. 이는 전 세계 인류를 상대로 사용할 인간조종을 미리 실험하는 단계였다고 보여진다.

한국을 비롯하여 미국이나 다른 국가에도 수많은 사교집단이 존재한다. 여기서 분명히 말해 둘 것은 CIA 같은 정보기관의 사주를 받아 사교를 만든다고 해서 세계 모든 사교들이 그들의 창작품이라는 것은 결코 아니다. 그러나 많은 사교집단에는 정보기관이 여러 방면으로 연루되어 있다는 사실은 부정할 수 없다. 그중 몇 사례를 살펴보자.

찰스 맨슨의 추종자들

한국에서는 찰스 맨슨(Charles M. Manson)이라고 하면 대개 모르는 사람들이 많은 것 같다. 그러나 서방에서는 1960년대에 가장 큰 센세이션을 불러일으킨 사람이다. 그는 거지 같은 생활을 했지만 많은 사람들이 그를 추종했으며 그의 명령이라면 목숨을 걸고 이행했다.

영화감독 로만 폴란스키(Roman Polanski)의 부인이며 영화배우였던 샤론 테이트(Sharon Tate)가 임신 8개월의 몸으로 1969년 어느 여름밤에 맨슨의 추종자들에게 아주 끔찍하게 살해당한 사건이 있었다. 다음날인 8월 10일 밤까지 이틀 동안 7건의 비슷한 살해사건이 더 발생했다. 맨슨 자신은 이 살인사건에 직접 관여하지는 않았지만 이 사건을 통해 그의 조직은 세상에 알려졌다. 믿기 어려운 사실들이 각종 미디어에 보도되어 세상을 경악케 했다. 보도에 따르면 맨슨은 자기 이미지를 사회에 부각시키기 위해 이마에 뒤집은 만(卍)자인 스와스티카 문신을 했으며, 감언이설로 추종자들을 만들어 돈 많고 유력한 사회계급에 살인으로 보복하려는 정신 이상자였다.

그러나 그에 대해 조금만 더 알아보면, 그렇게 단순하게 판단할 사람은 아니었다. 맨슨의 카리스마적 지도력으로 사람들이 규합되었다는 점과 추종자들이 그의 명령이라면 엄청난 살인까지도 서슴지 않았다는 점이 주목을 끌었다. 그뿐 아니다. 그의 추종자들이 감옥에서나 공판정에서도 맨슨을 신처럼 절대적으로 섬기는 열정적인 태도는 온 세상이 탄복할 정도였다. 그의 추종자들 사이에서는 30년이 지난 지금도 보통사람의 상식으로는 도저히 이해할 수 없는 일들이 일어났던 것이다. 그들은 맨슨을 재림 예수이자 성경의 묵시록에 있는 예언을 실행하기 위해 온 사람으로 믿었다.

맨슨 추종자들이 벌인 일 가운데 하나는, 통상 스퀴키 프롬(Squeaky Fromme)으로 불리던 맨슨 추종자 사라 제인무어(Sara Jane Moore)가 1974년 암살을 목적으로 당시 대통령이던 제랄드 포드(Gerald Ford)에게 총을 쏜 일이다. 그녀의 아버지는 노드롭(Northrop)이란 무기제조회사의 엔지니어였다. 그녀가 포드를 암살하려 했던 것은 맨슨을 옥에 가두었다는 이유에서였다.

맨슨은 1967년 잡범으로 투옥되었다가 가출옥한 경험이 있다. 가출옥을 하면 대개 매주일 가출옥 감독관에게 자신의 근황을 보고하게 된다. 맨슨은 샌프란시스코에 있는 '국립정신건강학회' 소속 '헤이트 애쉬베리 무료의원'에서 일하는 스미스(Roger Smith)라는 사람에게 보고하도록 되어 있었다. 헤이트 애쉬베리라는 지역은 샌프란시스코 히피문화의 중심지이자 마약의 중심지이며, 바닥 인생의 메카라고 할 수 있는 곳이었다.

한편 CIA 같은 조직을 염두에 둔 사람들은 이 지역 전체를 '인간 모르모트 농장'이라는 별명으로 부르기도 한다. 악명 높은 '졸리 웨스트' (Louis Jolyon Jolly West) 같은 사람이 '사랑의 여름'(Summer of Love)이라는 마약실험 아지트를 이곳에서 운영하기도 했다. 결국 헤이트 애쉬베리 무료의원은 '사랑의 여름' 프로그램을 확장시켜 놓은 꼴이었다.

맨슨은 수감중에 AMORC 로지쿠루시안(Rosicrusians)이라는 프리메이슨의 한 단체와 연관을 맺기 시작했는데, 로버트 케네디 암살범인 서한 서한(Sirhan Sirhan)도 이곳 회원으로 있었다. 또 맨슨은 사이언톨로지라는 한 기독교 종파에서 떨어져 나온 '프로세스'(The Process Church of Final Judgement)라는 집단과도 접촉이 있었다. 맨슨이 샌프란시스코에 살 때 그는 프로세스 교회에서 불과 두 블럭 떨어진 곳에 거주했다. 이 모든 것이 헤이트 애쉬베리 지역에 존재하고 있었다.

'프로세스'는 영국의 왕실국제문제연구소(RIIA)가 세계통일정책의 일환으로 만든 타비스톡 연구기관의 창립이념, 즉 세상을 극단의 카오스 상태로 몰아넣어 세계단일정부 또는 새세계질서를 성립시킨다는 정신을 하나의 종교적 이념으로 받아들인 곳이다. 물론 사이언톨로지교의 창시자 허버드(L. Ron Hubbard)나 프로세스의 창시자 디그림스톤(Robert DeGrimston, 일명 Robert Moore) 모두 CIA와 연결되어 있었고 특히 마인드컨트롤을 연구하는 여러 CIA 학자들과 유기적인 관계가 있었다.

여기서 타비스톡의 창립이념을 잠깐 살펴보자. 우선 2차 세계대전 중 타비스톡 연구기관을 착상한 쿠르트 레빈(Kurt Lewin) 박사는 이 세상을 통일하기 위해서는 세계를 먼저 '타불라 라사'(Tabula Rasa)의 상태로 만들어야 한다고 주장했다. '타불라 라사'라는 말은 라틴어로 아무것도 써 있지 않은 칠판이라는 뜻이다. 즉 지식을 가득 써놓았던 칠판을 깨끗이 지워 다시 사용할 수 있도록 만들었다는 뜻이다. 곧 세계통일을 위해서는 인간의 마음을 백지, 즉 공백상태로 만들어 놓아야 한다는 말이다. 레빈 박사의 말을 인용해 보자.

카오스를 조작하고 잘 조종하여 사회에 퍼뜨리면 사람들은 더욱 거대한 인간관리를 기꺼이 감수하게 된다. 이런 이유 때문에 모든 인간을 어린아이같은 심리상태로 환원시키는 것이 우선해야 할 일이다. 다시 말해서 '유동성 사회 카오스'를 창조해 내야 한다는 말이다.

만일 테러가 사회에 만연한다면, 그 사회는 아무것도 써 있지 않은 깨끗이 지워진 칠판으로 환원된다. 이런 사회조건에 외부에서 어떤 새로운 사상을 가져와 배포하면 사람들을 조종하기가 매우 쉬워진다.

프로세스는 종말론을 강조하기 때문에 '최후심판교회'라고 불리기도 하는데, 종말은 결국 아마겟돈을 가리키고, 그 이후에는 예수가 재림하여 전 세계가 결국 천당이 된다는 내용이다. 맨슨 가족의 주장은 그때 재림하는 예수가 바로 찰스 맨슨이라는 것이었다.

그런데 여기서 또 흥미로운 것은 맨슨이 영국 런던의 귀족들이 많이 사는 버킹엄셔에 위치하던 프리메이슨의 한 지파이며, 특히 제식의 일부로 혼음을 하는 곳으로 유명하고, 한때 벤자민 프랭클린이 다니던 곳으로도 잘 알려진 헬파이어 클럽(Hell Fire Club)과 연루되어 있다는 소문이다. 이 클럽은 세상에는 성 프란치스코의 와이콤 수도사회(Friars of St. Francis of Wycombe)로 알려져 있다. 18세기부터 시작된 클럽에는 귀족과 정치 거물들이 드나든다는 소문이 나 있다.

그뿐 아니다. 그는 캘리포니아의 죽음의 계곡(Death Valley)과도 연관이 있었다. 죽음의 계곡에 있는 수많은 동굴들은 선사시대에 만들어진 것들도 있고, 백인들이 캘리포니아에서 금광을 발견했을 때 강탈한 금을 숨겨 두기 위해 만들진 것도 있었다. 이 지역을 발굴하여 일확천금을 얻으려는 사람들의 시도가 많았으나 금을 발견한 사람들보다는 그

과정에서 죽은 사람이 더 많다. 보통사람들은 이 동굴에 접근하기 쉽지 않은데, CIA에서는 이 부근을 손바닥 보듯 훤히 알고 있다고 한다. 전부는 아닐지 몰라도 최소한 몇몇 동굴은 그렇다는 소문이다. 그런데 바로 맨슨이 이 동굴 중 하나에서 살면서, 미로같이 생긴 근처 동굴들을 매우 잘 알고 있었다고 한다.

요즈음 한국에서도 인기가 있는 미국의 엽기 락가수 마릴린 맨슨 (Marilyn Manson)은 마릴린 먼로(Marilyn Monroe)와 찰스 맨슨의 이름 일부를 가져와 '마릴린 맨슨'이라는 이름을 붙였다고 한다. 또 맨슨은 비틀즈와도 깊은 연관이 있다. 최소한 맨슨은 비틀즈가 자기를 대신해서 자기의 복음을 노래가사로 표현하고 있다고 믿었다. 〈나는 할 거야〉(I Will)는 누군가를 칭송하는 송시(頌詩)인데, 과연 누구이겠는가? 이는 비틀즈의 다른 노래들을 살펴보면 맨슨을 칭송하고 있다는 주장에 수긍이 간다.

〈행복은 따뜻한 총이다〉(Happiness is a Warm Gun)는 인종전쟁을 위해 무장하라는 내용이고, 〈검은 새〉(Blackbird)는 흑인들은 일어나 말세 전쟁을 시작하라는 노래이다. 맨슨의 추종자들이 저지른 라비앙카 살인현장에 '일어나라'는 뜻의 'rise'라는 단어를 써놓은 것은 우연의 일치가 아닐 것이다. 또 '이 사회에서 성공한 돼지들'이라는 내용의 〈피기스〉(Piggies)에 나오는 'damn good whacking'이란 가사는 돼지들을 혼내 주어야 한다는 뜻이고, '돼지부인들이 베이컨을 먹기 위해 포크와 나이프를 꼭 쥔다'는 대목은 살해당한 라비앙카 부인의 위 속에 꽂혀 있던 포크와 나이프와 '돼지의 죽음'(Death of Pigs)이라는 벽낙서를 연상시킨다. 영어에서 돼지란 뜻은 부정하고 비윤리적인 방법으로 가난한 사람들의 피를 빨아 부자가 된 모리배 같은 사람들을 가리킨다.

또 〈헬터스켈터〉(Helter Skelter)라는 노래에는 헬터스켈터가 세상

밑바닥에 도달하면 세상의 꼭대기로 올라가며 헬터스켈터는 매우 빨리 바닥으로 내려가니 조심하라는 내용의 가사가 있다. 즉 맨슨이 거지행각을 하며 세상에서 바닥생활을 하고 있으니 곧 바닥을 치고 최상의 위치로 돌아간다는 뜻이었을 것이다. 그런데 희생자 라비앙카 부부의 집 거울에 립스틱으로 '헬터스켈터'라 써놓은 것은 너무나 유명한 이야기다.

〈묵시록 9장〉(Revelation 9)이란 노래도 성경의 묵시록 예언을 말하는 것이다. 물론 보는 사람에 따라 여러 가지 의미로 해석할 수 있겠으나 일반적으로 '천사들은 불의 흉장을 달고'라는 구절은 비틀즈의 전기기타라고 믿어지고 있다. 그리고 '연기 속에 메뚜기들이 땅에 나타날 것이니, 그들에게 권력이 주어졌도다'라는 가사에서 메뚜기들이란 비틀즈를 말하며, '남자의 얼굴이면서 여자의 머리를 하고, 긴 머리칼로, 야,야,야', '다섯 천사로 시작해서 넷으로 끝나는' 같은 가사들도 역시 비틀즈를 비유한 내용이 틀림없다는 데 모두 동감한다. 최소한 후에 레논이 죽어 다섯이 넷으로 줄어든 것을 이상한 우연이라고 할까?

이러한 일련의 단서들을 염두에 두고 영국 첩보기관원 콜맨(John Coleman)의 이야기를 듣는다면 전체 그림이 대강 그려질 것이다. 콜맨 박사는 비틀즈는 로마클럽(Club of Rome) 산하 영국의 타비스톡과 그 자매기관인 미국 스탠포드연구소의 합작물이라고 했다. 맨슨은 CIA의 창작물이고 CIA 역시 세계단일정부를 계획하고 있는 자들의 하부조직이란 점을 고려한다면, 비틀즈와 맨슨은 비록 만나지는 않았다 하더라도 당연히 서로 통하는 면이 있었을 것이다. 이런 측면에서 보자면 둘 다 고차원적으로 계획된 공작물이 아닌가 생각해 볼 수 있다.

피플스 템플의 존스타운 학살

많은 사람들의 기억에서 이제는 거의 사라진 일이지만, 1978년 11월 18일 남미 가이아나 조지타운 외곽의 숲속에서 '피플스 템플'(People's Temple) 교회 소속 신도와 교직자 913명이 교주의 명령에 따라 오렌지 주스에 시안화칼륨(청산가리)을 타먹고 자살했다는 보도가 전 세계 언론에 대서특필되었다. 피해자는 모두 미국인들이었고, 이 교회의 지도자는 짐 존스(Jim Jones)라는 복음전도사였다. 언론에 보도된 내용은 위와 같으나 사실은 모든 사건의 전말이 MKUltra와 연관이 있었다.

존스와 CIA의 관계는 여러 해를 거슬러 올라가서, 죽마고우였던 밀트라이온(Dan Miltrione)과 1961년 브라질을 함께 여행할 때부터였다. CIA 지원으로 경영되는 국제경찰학교를 졸업한 밀트라이온은 존스와 브라질에 갈 당시 CIA를 위해 일하고 있었다. 그 길로 존스는 브라질에 눌러 앉게 되었는데, 그때 주위 사람들에게는 자신이 해군 첩보부에서 일하고 있으며, 생활비는 모두 주 브라질 미국대사관에서 지불하고 있다고 설명했다.

브라질 이웃 사람들의 증언에 의하면, 그는 왕과 같은 대단히 호화로운 생활을 하고 있었으며, 당시 주 브라질 CIA 본부가 있던 벨로 호리존테에 정기적으로 다녀오곤 했다. 1963년에는 현금 1만 달러를 갖고 다시 미국으로 돌아왔는데, 당시로서는 그 정도 돈이면 웬만한 사업을 시작할 수 있을 정도였다.*

그는 그 돈으로 캘리포니아 유카이아라는 곳에 처음으로 '피플스 템플' 교회를 건축하는 한편, '행복한 안식처'라는 노인복지관을 같은 장

---

* 이 이야기는 마이어스(Michael Meiers)가 쓴 『존스타운은 CIA의 의약 실험대였는가?』라는 책에 자세히 설명되어 있다.

소에 짓고 전기울타리와 감시초소를 설치하고 경찰견을 대동한 검은 복장의 경비원들로 하여금 보초를 서게 했다. 그리고 간혹 교회 울타리 밖으로 나가려는 사람을 강제로 감금하기도 했는데, 그 속에는 정신병자, 노인들, 죄수들, 어린이들 합해서 약 150명이나 되는 사람들이 있었다. 그는 이 시설을 멘도치노 주립 정신병원과 직간접으로 연결시켜 놓았다. 교회의 간부들을 병원에 보내 정신과 치료법에 대한 교육을 받게 하더니, 급기야는 병원의 전 직원이 피플스 템플 교인으로 대치되었다. 결국 캘리포니아 주 정부는 이 병원을 짐 존스에게 완전히 내준 것이다.

짐 존스를 연구한 마이어스에 의하면, 멘도치노 계획은 정신병 환자의 집중수용 이외의 방법을 모색하는 연방정부의 실험의 일환이었다. 멘도치노 병원 원장이었던 데니(Dennis Denny)에 의하면, 짐 존스가 유카이아로 온 유일한 이유는 그 병원 때문이었으며, 그가 머무는 동안 교회는 병원에 수용될 환자와 교인들을 상대로 인간 행위조작 실험을 실시했다.

그는 일부 교인에게 감각퇴폐(感覺頹廢) 요법이란 세뇌공작기술을 시험하고, 그 기술을 공생해방군(Symbionese Liberation Army)*의 디프리즈(Donald DeFreeze)에게 전수했다. 공생해방군은 이 기술을 패티 허스트(Patty Hearst)에게 적용하여 세상에 그 성공을 증명해 보였다.

또 존스는 유카이아에 있을 때 반공 복음주의 교회의 연합체인 월드비전(World Vision)과도 긴밀하게 접촉하고 있었다. 월드비전에는 칼 맥킨타이어(Carl McIntyre)의 기독교 국제협의회 같은 극우파의 교회 그룹들이 포함되어 있었다. 또 월드비전은 비틀즈의 존 레논을 살해한

---

* 1974년 미국의 대부호 허스트(William Randolph Hearst)의 상속자인 19살의 패티 허스트를 납치하고 세뇌를 해 그녀가 직접 총을 들고 은행강도에 동참하게 하는 엽기적인 사건이 대낮에 일어나 전 세계를 놀라게 만든 일종의 테러조직이다.

채프맨(Mark David Chapman)을 채용했고, 레이건 대통령 암살미수범 존 힝클리(John Hinckley. Jr.)의 아버지이자 당시 부통령이었던 부시 대통령의 친구 존 힝클리(John Hinckley, Sr.)로 하여금 콜로라도 덴버의 월드비전 지부를 운영하게 했다. 아들 존 힝클리가 레이건 대통령을 쏜 날 그의 형 스콧은 현 부시 대통령의 동생 닐 부시(Neil Bush) 집에 초대되어 저녁식사를 하기로 되어 있었다는 일화도 충분히 의혹을 일으키는 일이다.

유카이아에서 짐 존스는 각 부문의 명사들과 교분을 두텁게 했을 뿐 아니라, 특히 그 지역의 '존 버치 소사이티'(John Birch Society) 지도자 월터 헤디(Walter Heady)와 매우 가깝게 지냈다. '존 버치 소사이티'는 기독교와 유대교계의 극우파 단체이다. 피플스 템플 사람들은 공화당을 위해 일했고, 닉슨의 대통령 당선을 위해 선거운동도 했다. 그리고 존스는 지방법원의 대배심원에도 임명되어 명실공히 지방유지가 되었다.

피플스 템플을 연구한 존 저지(John Judge)에 의하면, 이때 그 교회에 연루된 사람들은 재계·법조계 등의 부유한 지식인들로 군대나 첩보계통과 연관이 있어서 교인들의 은행구좌나 법적 문제 등을 교회의 통제하에 들어가도록 도와주었다. 이중 대표적인 사람으로 독일 및 영국 재벌들과 혈연관계에 있던 레이턴(Layton) 가문을 꼽을 수 있다. 이런 사람들이 어떤 속내를 감추고 있는지는 알 길이 없지만, 여하튼 거금의 돈을 존스에게 건네주었다. 로렌스 레이턴(Lawrence Layton)은 유타주의 유명한 '덕웨이 과학실험장'의 '화학 및 환경 무기전쟁 연구'의 책임자였고, 그후에는 해군 '탄두 추진부' 미사일 및 인공위성 개발부 책임자로 있었다.

그의 장인은 독일 이게파르벤(I. G. Farben)의 증권을 맡아 거래하는 사람이었다. 이게파르벤은 획스트(Höchst), 바이엘(Bayer), 바스프

(BASF) 세 회사의 모(母)회사이다. 독일과의 관계를 또 언급하자면 피플스 템플은 독일 네오나치(Neo-Nazi) 조직과도 연결된다. 여자형제인 데비 레이턴(Debbie Layton)의 전 남편 블레이키(George Philip Blakey) 역시 이게파르벤의 또다른 자회사인 솔베이 약품(Solvay Drugs)의 대주주로 존스타운 부근에서 개인군대를 만들어 용병사업도 했다. 그의 용병들은 앙골라의 반정부군인 '앙골라 완전독립 연합반대'라는 뜻의 '유니타'(UNITA)라는 집단을 위해 싸웠다. 피플스 템플의 가이아나 대지 계약금 65만 달러를 지불해 준 사람도 바로 블레이키였다.

또다른 예를 든다면, 샌프란시스코의 지방검사보 스토엔(Timothy Stoen)이나 샌프란시스코 시장 모스콘(Mayor Moscone)이 있다. 존스는 교인들을 시켜 시장선거 유세운동을 도와주고 샌프란시스코 주택위원회의 의장직을 맡게 된다. 이런 경로를 통해 그는 교인들에게 시 정부 내에 직책을 주어 복지부 등 요소요소에 심어 놓고, 이들을 이용해 교인들을 모집하기도 했다.

그러던 차 샌프란시스코에서 7명이나 희생된 의문의 살인사건이 일어났고 이 죽음이 피플스 템플과 연루되었다는 설이 나돌았다. 정치가들이나 언론이 이 교회를 점차 사건의 핵심으로 지목하자, 존스는 교회의 근거지를 아예 멀리 남미에 있는 가이아나로 옮겨 버렸다.

가이아나의 교회 부지는 원래 유니온 카바이드 회사 소유의 알루미늄 원광과 망간광이 있던 곳이었다. 유니온 카바이드는 1919년에 많은 노동자들을 유치하여 인구를 증식하려는 계획도 갖고 있었다. 짐 존스의 집단 살해사건 이후, 현재는 라오스 흐몽족 사람들 약 10만 명이 이주해서 살고 있다.[37]

정보서비스사(Information Services Company)에 의하면, 짐 존스가 가이아나의 조지타운 외곽을 후보지로 결정한 다음에는 지방관리와 미

대사관의 대대적인 협조가 있었다. 존스가 교회를 세우는 것이 CIA의 프로그램이라고 한다면, 미 대사관이 도움을 주었다는 사실은 이상할 것이 하나도 없다. 대사를 포함한 대사관의 요직들은 CIA 요원이 많이 차지하고 있으며, 특히 규모가 작은 나라의 경우에는 CIA 사무실을 대사관 안에 두는 것이 일반적이기 때문이다. 아버지 부시가 중국대사를 지내던 시절, 그가 CIA 사람이었던 것은 다 알려져 있는 사실이다. 그는 CIA 부장까지 지낸 사람이었으니 더 이상 설명이 필요 없을 것이다. 어떤 경우에는 전 직원이 국무성 소속 신분의 CIA 요원인 경우도 있다. 당시 가이아나 주재 대사는 버크(John Burke)로 역시 CIA 요원이었다. 그는 존스타운을 조사하러 오겠다는 하원의원 리오 라이언(Leo Ryan)을 극구 말려 오지 못하게 한 장본인이다.

가이아나의 조지타운 외곽에 둥지를 내린 이곳을 사람들은 짐 존스의 마을이라 하여 '존스타운'이라고 불렀는데, 이 안에서 지도자급인 백인 남자들은 특별한 대우를 받았다. 이들은 자유로이 지역을 드나들 수 있었으며, 돈도 마음대로 갖고 다닐 수 있었다. 경비원들이 항상 보초를 서고 있었는데, 이들은 아프리카 등지에서 채용한 용병들이었다. 그외 신도들은 90퍼센트가 여성들이었고, 80퍼센트가 흑인들이었으며, 하루 16~18시간 노동을 하며 겨우 연명하는 노예생활을 하고 있었다. 자유로이 지역을 이탈할 수도 없었고, 소유물도 마음대로 가질 수 없었다. 미국에서 온 신도들은 존스타운에 도착할 때까지 눈을 가리고 입에 자갈을 문 채 이동해야 했다. 그리고 일단 존스타운에 들어온 후에는 강제로 약을 먹어야 했고, 대중 앞에서 강간당하고, 구타도 당했다.[38]

그런데 여기서 가장 큰 의문은 왜 신도들을 모두 학살 또는 집단자살 시켰느냐는 점이다. 연구가들의 견해로는 하원의원인 리오 라이언이 존스타운을 조사하기 위해 왔기 때문이라는 의견이 지배적이다. 그는 샌프란시스코 출신 의원으로 CIA의 권리남용에 대해 가장 적극적으로 조사를 벌이고 있던 워싱턴의 인물이고, 자기 출신구 시민 중에 피플스 템플의 피해자가 발생하여 그 가족들의 탄원이 쇄도했기 때문에 존스타운 조사에 발벗고 나서게 된 것이다. 더구나 CIA가 마인드컨트롤을 위한 사이비 종교단체들을 만든다는 정보도 입수한 상태였다. 때문에 당연히 CIA에게 미운털이 박혀 암살대상 1호로 지명되었을 만한 사람이었다.

그가 존스타운에 도착하여 나름대로 조사를 마치고 기자들과 존스타운을 탈출하려는 신도 수명을 대동하고 카이투마 항 부근에 있는 작은 비행장에 도착했을 때 이들은 모두 사살되었다. 그리고 곧이어 존스타운에서 집단자살극이 이루어졌다. 라이언의 최후를 목격한 사람들의 증언에 의하면, 그는 좀비들처럼 날뛰는 무장한 일련의 남자들에 의해 살해당했다.

저격살인, 집단살인극이 일어난 직후 얼마간은 진상을 제대로 알리는 증인들이 몇몇 나와 증언을 하였다. 그러나 사건이 일어나고 약 45분 경과 후, 양상은 완전히 달라졌다. 백악관에서 정치적으로 민감한 모든 자료와 시체의 신분을 확인할 만한 증거들을 모두 없애라는 지시가 내려진 것이다. 당시 백악관에서 명령을 내린 장본인은 대통령 지미 카터의 국가안전보좌관을 맡고 있던 브르제진스키(Zbigniew Brzezinski)의 보좌관 패스터(Robert Pastor)였다.[39]

처음 현장에 달려와 시신들을 점검한 사람은 가이아나인 병리학 의사 무투(Mootoo)였다. 그의 증언에 의하면 시체들의 약 80~90퍼센트는 왼쪽 어깨죽지에 바늘자국이 있었으며, 다른 시체들은 총상에 의해 죽었거나 목이 졸려 죽었다. 그리고 존스가 자살에 사용했다는 총은 그의 시체로부터 약 70미터 정도 떨어진 위치에 놓여 있었다. 그가 가이아나 정부 검사장에게 보고한 내용에 따르면, 시체 3구를 빼고는 모두 타살이지 자살이 아니었다.

그러나 델라웨어 도버에서 차출된 미국 검시의사들이 와서 시체들을 부검했을 때 무투의 보고내용은 전혀 전달되지 않았다. 이 의사들이 존스의 시체라고 제시한 시체에는 가슴에 있어야 할 문신이 없었을 뿐 아니라, 시체가 너무 많이 부패해 육안으로는 식별할 수 없는 상태였다. 이 전문가들은 존스의 지문을 두 번이나 확인했다고 하는데, 다 썩은 시체의 지문이 얼마나 정확한 정보를 줄 수 있는지 심히 의심스럽다. 보통 시체로 신분을 확인하기 어려운 경우에는 치아를 검사하는데, 존스의 경우에는 치아감식은 전혀 고려되지도 않았다.[40]

시체를 미국으로 운송하여 유족들에게 나누어 주는 과정에서도 역시 성의가 전혀 없었다. 모든 시체에는 전혀 신원표시가 되어 있지 않았고, 수송날짜도 여러 날 지연되어 부패상태가 아주 심각했다. 그래서 겨우 시체 17구만 신원확인이 가능했다. 애초 가이아나 관리들이 처음 현장에 왔을 때에는 174구의 신원이 확인되었다고 하나, 그 기록은 모두 파기되어 사라져 버렸다.

이 사건은 거의 1천 명이 동시에 한 장소에서 죽은 기록적인 사건이다. 그러나 존스타운에 있던 모든 사람이 다 죽은 것은 아니다. 그때 최소 200여 명은 살아 있었다고 한다. 그러나 언론에서는 아무도 그들과 접촉하지 않았다. 이런 대형사고를 현장에서 목격한 사람들이 많았는데도, 초미의 관심사가 된 상황에서 언론이 하나같이 이들을 외면했다는 일은 우연이라고 보기에는 너무나 억지스럽다. 특히 생존자 중 밀스 부부(Jeannie and Al Mills)는 짐 존스와 존스타운에 대해 책을 쓰겠다고 제안했다. 그러나 그들은 얼마 안 되어 살해당했고, 비슷한 이야기를 한 또다른 사람도 디트로이트에서 죽임을 당했다. 두 살인사건의 경우에도 역시 범인은 잡히지 않았다.

존스타운 학살 당시, 미 대사관 부대사였으며 CIA 요원이었던 드와이어(Richard Dwyer)가 현장에 있었다. 학살 직전 존스의 설교를 녹음한 테이프를 들으면 "드와이어를 여기서 쫓아내라"는 말을 들을 수 있다. 존스의 개인자산은 2,600만 달러에서 20억 달러 사이로 추측되는데, 당국의 추산으로는 약 1천만 달러였다. 그러나 이마저도 대부분 흔적도 없이 사라졌다.

또 라이언 의원의 변호사이며 친구였던 홀싱어(Joe Holsinger)는 라이언이 죽은 직후 백악관에서 "CIA로부터 현장상황을 보고받았다"는 말을 들은 후, 그 배후에 심상치 않은 움직임이 있었다는 확신을 가지게 되었다. 그는, 존스가 CIA와 매우 가까운 관계였다는 점은 의심의 여지가 없다고 확신했다. 한 가지 더, 학살 당시 존스타운에는 해안에 존스타운 소속 배가 세 척이나 정박하고 있었는데 사건 직후 모두 사라졌다.

알려진 바로는 존스는 브라질을 잘 알고 있었고, 가이아나는 브라질에서 매우 가까운 거리라는 것, 그리고 그의 돈은 모두 브라질에 저축되어 있었다는 것이다. 이 내용을 조사한 전문가 크로체크(Krawczyk)에 의하면 존스는 CIA에 의해 살해되었고, 범인들은 배를 타고 모두 도주 했다. 이런 모든 정황으로 볼 때 CIA가 사교를 만드는 일로부터 마인드컨트롤 실험 등을 자행하고, 불리할 때에는 모두 학살해 버리는 일을 서슴지 않는다는 것을 짐작할 수 있다.

CIA의 지원을 받은 사이언톨로지교

앞에서 언급한 사이언톨로지 교회에 대해 좀더 설명하려고 한다. 창시자 허버드는 2차 세계대전 중 미 해군정보부에서 근무했는데, 유명한 알리스터 크로울리(Aleister Crowley)가 매스터까지 했던 캘리포니아의 프리메이슨, '오리엔트 십자가기사단'(Ordo Templi Orientis)에서 파슨스(Jack Parsons)가 매스터로 있을 때 가입하여 매지익(magick), 즉 천기묘법을 배운 사람이다. 파슨스는 제트추진을 연구하는 공학자로, 캘리포니아 공대 제트추진 실험실을 만드는 기초작업을 했다. 그러면서 그는 많은 형이상학적인 초과학을 신봉하기도 했다. 파슨스는 후에 허버드와 함께 바빌론 작업(Babylon Working project)이란 마술 같은 일을 하기도 했다.

여하튼 허버드의 다른 언행을 보면 그는 진실로 크로울리를 존경하고 그의 사상에 심취되어 있었다. 그는 알리스터 크로울리가 죽은 1947년 자신이 666이란 야수의 관을 쓰고 우주에서 가장 강력한 존재가 되어야 한다고 믿고 1954년 사이언톨로지교를 만들었다. 그의 아들 디울프(Ron DeWolf)에 따르면, 허버드는 달의 자식, '문차일드'(Moon Child)에도 대단한 흥미를 갖고 있었다. 그는 사탄이나 악마의 영을 이용하여 뱃속에 태아로 들어앉아 동정녀의 아이 '문차일드'를 만든다고 했다. 그리고 그 구체적인 방법으로 최면, 마약 등 위험한 방법들을 사용했다.[41]

그는 해군에서 제대한 후에도 미 정보부와 계속 긴밀한 관계를 유지했다. 코프랜드(Miles Copeland)라는 CIA 요원의 말로는 CIA와 사이언톨로지 그리고 1960년대 한국에서도 꽤 널리 퍼졌던 도덕재무장(MRA)이라는 국제조직이 모종의 협약을 한 일이 있다. CIA가 음지에서 MRA를 지원했다는 사실은 윌코트(Jim Wilcott)라는 CIA 요원에 의해서도 확인된 바 있다. 그에 따르면 CIA의 원격투시(Remote Viewing) 기능을 위해 소위 그릴플레임 작전(Project Grill Flame)이란 이름으로 비밀리에 원격투시사를 훈련시키는 과정에서 사이언톨로지 교인을 14

명이나 투시사로 배출시켰다.

'원격투시'란 1976년 4월 20일 말레크(Robert G. Malech)가 원격투시를 위한 부대장치를 특허낸 것인데, 1960년대 후반에서부터 1970년대에 구 소련이 초과학적인 현상으로 수천, 수만 킬로 떨어진 곳을 마치 현장에 있는 것처럼 볼 수 있는 능력을 개발했다는 데 미국이 충격을 받아 개발한 프로그램이다. 그들은 사이언톨로지와 스탠포드 연구소에서 주로 인재를 차출하여 연구했으며, 여기에는 유명한 마인드컨트롤 심리학자인 졸리 웨스트도 동참했다.

그들이 실험한 것은 '유체이탈' 또는 '체외체험'(OBE)*으로 표현되는 것으로, 인위적으로 육체에서 혼이 빠져나가 시공간의 구애를 받지 않고 원하는 곳에 가서 마치 사람이 그곳에 가 있는 것처럼 모두 볼 수 있는 것이다. CIA뿐 아니라 육군정보처도 공동으로 이것을 개발했다. 예를 들면 미국에 앉아서 소련의 미사일 조종실을 보는 것이 가능했다. 이 연구는 당시에 극비로 진행되었는데, 이 프로그램에 사이언톨로지교가 참여했다.

그는 교회를 비판하는 신도나 교회 밖의 인사들을 공갈, 협박 등 갖은 방법을 동원하여 굴복시켰고, 경우에 따라서는 법정까지 끌고 가겠다는 등 매우 위협적인 행동을 취해 침묵을 지키도록 했다. 1970년대 후반에는 그의 부인을 포함한 교인 10명이 세무청을 도청하고 사무실에 잠입했다는 죄목으로 형무소에 가기도 했다. 이들은 비밀리에 사교경계 네트워크(Cult Awareness Network)라는 한 인터넷망을 매입하여 대중의 눈을 멀게 만들었고, 1997년 산타바바라 소재 사이언톨로지의 도서관 직원 멜톤(J. Gordon Melton)이 일본의 옴 진리교를 변호하기 위해 나선 일도 있다.

---

* OBE, Out of Body Experience.

또 흥미로운 것은 사이언톨로지에 몸담고 있던 애플화이트(Marshall Applewhite)가 '천당문'(Heaven's Gate)이라는 사교를 만든 것이다. 1997년 3월에 헤일밥이란 혜성이 지구에 근접했을 때 외계인의 모선(母船)을 타고 함께 헤일밥에 간다면서 21명의 여자와 18명의 남자가 동시에 자살한 사건이 바로 이 종교이다. 사이언톨로지의 이러한 창설배경을 감안하면, CIA가 애플화이트의 자질을 인정하여 CIA의 협조하에 또다른 사교를 만들었다는 추측도 가능할 것이다.

샘의 아들 연쇄살인 사건

1976년 여름부터 다음해 늦여름 범인이 잡힐 때까지 뉴욕 시를 공포의 도가니에 몰아넣은 한 사건이 있었다. 젊은 남녀가 데이트하는 곳에 44구경 권총을 난사하여 아무 이유도 없이 살인을 저지른 이상한 범인이 있었던 것이다. 당시 사람들은 '샘'(Sam)이란 이름의 악마로부터 조종을 당했다고 해서 이 살인범을 '샘의 아들'이라고도 했고, 44구경 권총으로 쏘아 죽인다고 해서 '44구경 살인범'이라고도 불렀다.

처음에는 수법이 비슷하여 단독범의 소행으로 여겨졌다. 경찰은 어떤 남자가 여자를 증오하여 여자들만 골라 죽이는 것으로 추측하고, 뉴욕 경찰청 안에 오메가 작전이란 특별수사반을 만들어 언론에 수사상황을 발표하고 있던 중이었다. 범인은 네번째 희생자 옆에 수사작전 팀장이었던 보렐리(Joseph Borelli) 총경 앞으로 한 통의 편지를 남겨 놓았다.

친애하는 보렐리 총경에게

그대가 나를 여자 증오자라고 이름을 붙인데 대해 난 무지 열받았다. 나는 여자 증오자가 아니라 괴물이고, '샘의 아들'이고, 망나니 기질이 좀 있는 사람이다.

아버지 샘은 술에 취하면 난폭해진다. 가족을 때리고, 어떤 때는 나를 집 뒤에 묶어 놓기도 하고, 어떤 때는 차고 속에 가두기도 한다. 그리고 샘은 피 마시는 걸 좋아한다.

우리 아버지 샘은 나한테 나가서 살인하라고 명령한다.

그리고 우리 집 뒤에는 강간하고 난도질해서 죽인 젊은 사람들 시체의 나머지가 있다. 우리는 시체에서 피를 모두 뽑아내 이제는 뼈만 남았다.

아빠 샘은 가끔 다락 속에 나를 가두기도 한다. 난 나올 수는 없지만 세상 돌아가는 걸 내다볼 수는 있다.

나는 외계인 같은 느낌이 든다. 난 다른 사람들과 주파수가 다르고, 살인을 하도록 프로그램되어 있다.

그래서 내 행동을 중지시키려면 나를 죽여야만 된다. 경찰들, 잘 들어라. 나를 보면 무조건 쏴 죽여라. 그렇지 않으면 내 갈 길을 열어 놓아라. 안 그러면 너희들이 죽을 것이다…….

아빠 샘은 늙었다. 그가 젊음을 유지하려면 피를 마셔야 한다. 그는 벌써 여러 번 심장마비를 당했다.

내가 제일 그리워하는 것은 예쁜 공주님이다. 그녀는 창녀 집에서 쉬고 있지만 곧 내가 찾아갈 것이다…….

경찰들이여 나는 "또 올게, 또 올게" 하면서 너희들을 사냥할 것이다. 이 말은 '빵, 빵, 빵, 빵'이라고 해석해도 된다.

　　—살인을 위하여, 괴물로부터

여러 추적조사를 통해 알아낸 바로는, 범인으로 잡힌 버코비치(David Berkowitz)가 군에 입대하고 난 뒤부터 문제가 시작되었다. 군대에 있을 때 그는 어린이들(the Children)이란 비밀조직에 가담했다. 이 조직은 군대 속에 들어와 있는 '국제 사탄살인사교(邪敎)'였다. 군대에서 단짝으로 친하게 지내던 패터슨(Terry Patterson)이란 사람은 어떤 특정한 틀에 맞는 사람을 골라 조직에 가담시켰으며, 일단 가입이 승인된 후에는 높은 사람들이 환각제를 먹였다는 사실을 시인했다. 위의 편지 내용으로 미루어 보아 버코비치는 자기가 어떤 프로그램에 의해 조종되고 있는지 알고 있었던 것 같다.[42]

버코비치는 제대하고 뉴욕 시 북단에 있는 용커스(Yonkers) 시의 보조경찰로 일한 적이 있다. 용커스 시는 뉴욕 시가 서울이라면 의정부쯤 되는 곳이고, 행정적으로 완전히 독립된 시였기 때문에 경찰청도 독립되어 있었다. 용커스에는 '지옥의 22제자'(22 Disciples of Hell)라는 사탄을 섬기는 비밀조직이 있었는데, 그 신도들 중에 용커스 경찰도 여럿 있다는 의혹을 꽤 받고 있었다.

사실 그가 '샘의 아들'이란 이름의 범인이라는 제보는 그가 일하던 경찰서에서 처음으로 나왔다. 하지만 범인을 잡은 것은 '샘의 아들' 수사팀이 아니었다. 버코비치를 의심한 교통경찰관 두 명이 결국 버코비치를 체포하는 데 공헌을 세우게 되었다. 버코비치를 아는 수사팀 멤버들은 오히려 범인검거를 기피했고, 영문 모르는 교통경찰관이 범인을 잡게 된 것이 아닌가 의심스러운 일이었다.

또 이상한 점은 용커스 경찰측에서 버코비치에게 오래 전에 보낸 편지가 하나 있었는데, 내용이 무엇인지는 몰라도 코드(Michael Codd)라는 경찰청장이 당시 형사반장 코피(Joseph Coffey)에게 명하여 편지를 없애 버리도록 했다는 것이다. 버코비치 자신도 자기를 '샘의 아들'이란 살인범이 되게 만든 사람들 중 세 명은 용커스 경찰청에 속한 사람이라 진술했다고 한다.

뉴욕 경찰청에서 4년 간이나 비공개로 묶어 두었던 버코비치에 관한 서류 중에는 "나, 데이비드 버코비치는 태어나면서부터 본 사교의 살인 집행자로 선택되었다"라는 자술내용과 더불어 그 사교에는 수천 명의 신도가 있었으며, 1974년에 스탠포드 대학교회에서 알리스 페리(Arlis Perry)라는 여자를 난도질한 사건도 그 신도 중 한 사람의 소행임을 진술했다는 내용이 있다. 알리스 페리 사건은 소위 사탄의 제식살인(祭式殺人)으로 노스다코다 비스마르크 지부라는 집단에 의한 소행이었으며, 실제 살인범은 '맨슨 II'라는 사람이었다. 그 당시 희생자인 페리는 사우스다코다에서 캘리포니아로 이주한 지 불과 수주일밖에 되지 않은 때였다. 이 사건도 당시 세간을 떠들썩하게 만들었던 유명한 일이다.

　　이상한 일은 또 있다. 버코비치의 편지에서 살인을 명령한다는 아버지 샘은 버코비치가 제대 직후 셋방살이할 때 옆집에 살던 샘 카(Sam Carr)이다. 그 집에는 샘 부부와 딸 위트가 '하비'라는 개를 기르며 살고 있었다. 샘 카에게는 딸 위트 외에 위티스(John Wheaties)와 마이클(Michael)이란 두 아들이 있었는데, 여러 해 동안 위티스는 그 집에서 살지도 않고 방문도 자주 하지 않는 상태였다.

　　이 존 위티스 카가 1978년 2월 총에 맞아 살해된 일이 있는데, 경찰에서는 자살로 판정했다. 현장에 가보니 손바닥에는 칼로 '666'이란 글자가 새겨져 있고, 그 옆 벽에는 피로 S.S.N.Y.C.라 써 있었다. S.S.N.Y.C.는 즉시 'Son of Sam, New York City'의 머릿글자로 해석되었다. 그리고 위티스는 마지막 희생자가 총 맞아 죽을 때 목격한 증인이 말하는 범인의 인상착의와 똑같았고, 버코비치도 그 자리에 있었음이 확인되었다. 그래서 사람들은 이 연쇄살인 사건이 단독 범행이 아니라 어떤 조직의 소행이라고 믿게 되었다. 또한 위티스 역시 '지옥의 22 제자'의 회원이었다는 의심이 있다.

일설에 의하면 그가 죽음을 당한 이유는 너무 많은 것을 알고 있었기 때문이라고 한다. 게다가 위티스의 형 마이클도 1979년 10월 맨해튼에 차를 몰고 가는 도중 이상하게도 가로등을 들이받고 사망했다. 그의 누이 위트의 말에 의하면, 분명히 누군가가 옆으로 밀어 가로등에 충돌하게 했거나 아니면 타이어를 쏘아 가로등을 들이받게 했다는 것이다. 그녀가 이런 주장을 하고 난 다음날 밤, 그녀의 남편인 경찰 맥케이브(John McCabe)도 동료경찰이 운전하는 차의 옆자리에 앉아 있다가 총에 맞아 죽었다. 그때 그는 아파서 출근하지 못한다고 경찰서에 연락을 취한 뒤 처남 마이클의 시체를 확인하기 위해 가던 중이었다.

또 알리스 페리가 살해된 날은 바로 위티스의 생일이었다. 마이클은 사이언톨로지 교회에서 지도자급 위치에 있었으며, 뉴욕에서 마약중독 때문에 치료를 받고 있었다. 버코비치의 옥중고백에 따르면, 위티스와 마이클은 둘 다 사이언톨로지에서 갈라져 나온 뉴욕의 어떤 사교의 교인이었으며, 집단살인에 관련되어 있다고 했다. 프로세스 교회의 방계 조직이었으리라고 생각된다. 또 버코비치는 1979년 7월 10일 옥중에서 누군가가 면도칼로 그의 목을 잘라 거의 죽을 뻔한 일이 있었다. 그는 이 사고로 56바늘이나 꿰매는 대수술을 받았다. 버코비치의 말문을 막기 위해 조직의 일원이 파견되어 일어난 사건이 아닌가 의심하게 된다.

또 마이클 카가 가로등에 충돌하여 사망한 시각과 거의 비슷한 시각에 위티스 카의 친구 두 명이 노스다코다 미노 시에서 운전 도중 길 밖으로 밀려 죽을 뻔한 일이 있었다. 또 용커스 시의 한 우편배달부는 계속 누군가의 협박을 받던 중 버코비치가 수감되고 한 달되었을 때 자살을 했다. 그 외에도 '샘의 아들' 연쇄살인과 연관된 살인이 몇 더 있다.

이 사건을 가장 심도 있게 파헤친 사람은 탐문기자 테리(Maury Terry)였는데 위티스와 마이클의 사망과 관련하여 너무나 많은 사탄숭

배 조직의 관련 증거를 제시한 데 감동하여 산투치(John Santucci)라는 지방검사가 재판을 재개하기 위해 애썼으나 주변의 무반응과 방해로 인하여 결국 수포로 돌아갔다. 이 사건과 관련하여 버코비치 이외에는 아무도 기소되거나 거론된 일이 없다.

4

미래사회와 인간의 자유

세계는 지금 어디로 가고 있는가

우리가 상상할 수 있는 인류의 역사를 아무리 거슬러 올라가도 정복욕이나 전쟁이 없는 때는 없었다. 게다가 인간의 지능이 발달하면서 소위 과학기술을 이용해 칼과 창을 뛰어넘어 매우 복잡한 무기들을 사용하기에 이르렀다. 과거에는 감히 상상도 하지 못하던 것이 무기의 영역에 포함되었고, 지구를 정복하겠다는 특정 그룹의 술수는 21세기에 들어선 지금에 와서는 뭇 사람들의 이해를 초월할 정도가 되었다.

자신이 소유한 것으로 남을 위협할 수 있다는 의미에서 경제력도 무기가 되고 그에 좌우되는 식량과 수자원 또한 무기로 이용되고 있다. 이외에도 본서에서 살펴본 약물, 최면술, 전파를 이용한 심리조종 기술 등도 인간정복의 수단이 된다는 점에서 무기라 정의할 수 있다. 그런데 지금 이 순간에 우리 눈앞에 버젓이 자리잡고 있는 무기가 또 있다. 그것은 언어, 예술, 문화, 체육, 교육, 언론, 의학, 과학 등 다시 말해서 우리가 아는 것, 하는 것, 생각하는 것 전부를 가리킨다. 이를 뒤집어 말하면 세계가 정복되었을 때에는 우리 마음대로 할 수 있는 일은 없으며 정복자의 의사에 따라 그들이 원하는 것만 알 수 있고, 할 수 있고, 생각할 수 있게 된다는 뜻이다.

세계를 정복해서 통일하겠다는 사람들에게는 사전에 이를 위한 통일된 체계가 있다면 일이 매우 쉬워진다. 그래서 이들은 문화를 통일하는데, 이것이 '모노컬처'(Mono-culture)이다. 세계의 모든 사람들이 같은 형식의 옷을 입고, 같은 춤을 추고, 같은 노래를 부르며, 같은 운동경기를 하고, 같은 건물에서 같은 음식을 먹으며, 같은 생각을 하게 만드는 것이다. 심지어는 말도 같은 말을 하게 만든다. 요즘 한국 사람들을 보라. 정복자들의 구미에 맞도록 영어를 배우느라 모두들 법석 아닌가!

그 다음은 사상의 통일이다. 학교에서는 같은 방식으로 교육을 하고, 법정에서는 동일한 법률을 적용하게 할 것이다. 이를 위해 UN이나 WTO 같은 것을 만들어 점차적으로 세계인들을 한 울타리 속에 몰아넣고 길들이고 있는데, 이것을 좋게 말해서 세계화라고 부르고 있다. 그 과정에서 가장 중대한 것이 언론과 교육이다.

먼저 교육에 대해 살펴보자. 학교에서는 순 거짓을 가르치고 있다. 우선 역사 교육이 거의 엉터리로 왜곡되었다. 역사를 배우는 목적은 과거를 앎으로써 현재를 분석하고 미래를 준비해 나가는 것이다. 그러나 잘못된 역사라면 아무리 배운들 무슨 소용이 있겠는가? 세계의 정치가들이 세계평화를 위해 지금까지 열심히 일해 왔는데 왜 지구상에 평화는 오지 않고 계속 전쟁이 일어나고 있느냐고 묻는 사람들이 있다. 거짓 역사를 배운 탓에 우리 눈이 멀었기 때문이 아니겠는가.

과학 교육은 어떤가? 과학 자체가 잘못된 것은 아니다. 그러나 우리가 알고 있는 과학만이 절대적인 학문인 양 가르치는 것은 잘못된 교육이다. 만약 지금 과학이 모든 것을 해결해 줄 수 있는 절대적 학문이라면 피라미드, 나즈카 문양, 이스터 섬의 돌 등등에 대한 의문도 없어야할 것이다.

경제학 또한 마찬가지다. 이 세상에서 가장 거대한 도박은 증권시장에서 이루어진다. 그러나 사람들은 이것이 경제의 거울이라고 믿고 증권시장에서 돈을 잃고 울고불고하는 사람들은 외면하고, 카지노장에서돈 잃고 폐인이 되는 것만 몹쓸 것이라고 죄악시하는 반쪽 두뇌를 갖게되었다. 동전에 앞쪽이 있는 것은 알지만 뒤쪽은 생각 못하게 세뇌공작되어 있다는 말이다.

다음에는 언론에 대해 생각해 보자. 세상에서 일어나는 일을 독자들에게 정확하고 빠르게 알려주는 것이 언론의 가장 중요한 기능이다. 그다음에 평론이라고 해서 세상이 어떻게 돌아가는지 친절하게 설명해 주는 기능도 있어 사람들이 세상사를 쉽게 이해하는 데 도움을 준다. 문제는 실제로 그런가 하는 점이다. 독자들은 언론이 선전기구 또는 세뇌공작의 도구로도 사용될 수 있다는 점을 주시해야 한다.

한국전쟁 때에는 정훈국을 통해 정부가 직접 국민들에게 홍보를 하고자기네들이 원하는 방향으로 여론을 유도해 갔다. 그러나 지금은 이런일들을 언론이 담당하고 있다. 여론조사는 대중의 생각이 어디에 있는지를 통계로 분석하는 것인데, 국민이 어떤 사실에 대한 의견을 갖게 된경로를 살피면, 그들이 언론을 통해 얻은 정보에 좌우됨을 알 수 있다. 언론이 노란 것을 검다고 보도하면 국민은 노란 것을 검은 것으로 믿게된다. 따라서 여론조사는 언론이 얼마나 성공적으로 세뇌공작을 했지그 결과를 조사하는 점에 불과하다는 것을 깨달아야 한다. 사람들이 어느 정도나 언론에 세뇌되었는가 하면, 잘 나가는 언론이 다루면 무조건사실로 믿고, 언론에 보도되지 않은 사건은 아무리 사실이어도 전혀 믿으려고도 하지 않을 정도이다. 세월이 흐르면서 저들의 조종 강도는 점차적으로 확대되고 강대하며 복잡해지고 있다. 저들의 교묘한 술책에 넘어가지 않으려면 영민한 두뇌와 노력이 필요한 때다.

여기 내가 좋아하는 의미 있는 문구를 하나 소개하겠다. 『1984년』이란 소설로 유명해진 조지 오웰은 "현재를 조종하는 자가 과거를 조종하고, 과거를 조종하는 자가 미래를 조종한다"고 했다. "과거를 조종한다"는 말은 역사를 왜곡한다는 말이고, '현재를 조종하는 자'는 지금 우리가 사는 이 세상을 마음대로 움직이는 힘을 가진 자를 말하는 것이다. 다시 말해서 역사를 왜곡할 수 있는 힘을 가진 자가 미래의 주인이 된다는 뜻인데, 역사를 왜곡할 수 있는 힘을 가진 자는 바로 현재의 실력자이다. 조지 오웰은 1949년에 약 40년 후인 1984년경에는 정부가 시시콜콜 국민 개개인의 사생활까지 관여하는 무서운 세상이 도래할 것을 예견했고, 그런 정부를 '빅브라더'라고 표현했다. 후세 사람들은 그의 글에 깊이 공감하면서 그가 그린 유형의 세상을 '오웰식 사회'(Orwellian society)라고 부르게까지 되었다. 물론 정확하게 1984년에 그가 말한 세상이 왔다고 말하기는 어렵겠지만, 그가 예견한 사회의 모습만은 정확했다고 볼 수 있다.

그러면 그가 어떻게 이런 미래관을 갖게 되었고, 이런 소설을 쓰게 되었는가? 에릭 블레어(Eric Blair)라는 본명을 가진 그는 영국 사람으로, 2차 세계대전 중에 소설가로 더 잘 알려진 영국 정보부의 총 책임자 웰스(H. G. Wells) 밑에서 근무했다. 정보부에서 일한 덕에 누가 세상을 지휘하고 있는지를 알게 되었을 것이다. 전쟁 후 직장을 그만두고 소설을 쓰기 시작했는데, 공산주의의 허상을 소설 형식으로 신랄하게 풍자한 『동물농장』을 1945년에 출간했고, 이어 누가 세계를 정복하고 그때에는 어떤 세상이 될 것인지를 쓴 『1984년』을 내놓게 되었다.

조지 오웰만 보아도 알 수 있듯이, 역시 정보 계통에 있는 사람들이 세상의 비밀스런 내막을 알 기회가 많은가 보다. 영화 〈007시리즈〉도 정보부에서 일하던 이안 플레밍의 작품인데, 비록 허구의 세계를 다룬 소설이기는 하나 많은 부분 현실을 포함하고 있다는 것은 잘 알려진 사실이다. 한국의 『음모를 알고서야 세계가 보인다』를 펴낸 이성수의 경우도 결국 정보 계통에서 근무한 경험을 바탕으로 책을 펴낸 것으로 짐작된다.

9·11 참사 이후 미국의 행보는 가히 새로운 패러다임에 돌입했다. 부시 대통령은 백악관에 입성하면서 '악의 축' 발언을 하여 심상치 않은 분위기를 조성하더니 9·11 이후에는 "우리편이 아니면 적이다"는 논리를 내세우고 테러와의 전쟁을 선포했다. 그리고 나서 아프가니스탄에 진격하고 이라크를 침공했다. 다음 희생국가는 시리아나 이란이 될 것으로 예상된다. 대북관계에서도 클린턴 대통령 때는 잠시 북한과 해빙 무드가 형성되는가 싶더니 금세 냉전 분위기로 변했고, 급기야 부시가 들어서면서는 압박이 심해졌다.

이라크에 침공할 때만 해도 미국은 대량학살무기, 인권 등을 대의명분으로 삼았다. 물론 거짓말이었다. 거짓말이 잘 먹혀드는 것 같지 않자 곧 진짜 이유는 석유이라는 디스인포메이션을 퍼뜨렸다. 미국 정부는 계속 테러계획을 발표하고, 공항 단속을 강화하고, 외국인들을 모두 테러 우범자로 모는가 하면, 전국에 옐로우·오렌지·레드 하면서 위험경고를 발표해 국민들을 공포의 도가니로 몰고 있다. 그러나 이 모든 호들갑스런 행동들은 미국 사회를 어떤 방향으로 몰고가기 위해 만들어 낸 자작극에 불과하다.

미국은 지금 연평균 3,500억 달러의 국방비를 쓰고 있다. 세계보건기구는 1,010억 달러만 있으면 매년 질병과 기아로 죽는 800만의 인구를 구할 수 있다고 한다. 사람을 죽이는 데 사용되는 그 돈을 사람 살리는 목적으로 사용한다면 세상은 얼마나 살기 좋은 곳으로 변하겠는가? 권력자들이 이런 사실을 절대 모를 리 없다. 그럼에도 불구하고 그들은 정반대의 길을 걷고 있다. 언론을 통해서는 국가와 국민을 위해 왜 다른 나라 사람들을 죽여야 하는지만 열심히 설명하면서 말이다.

미국의 대외정책은 당파와는 상관이 없다. 민주당이든 공화당이든 누가 정권을 잡아도 아무 변함이 없고, 방법에서 다소 차이가 있을 뿐이다. 다시 말해서 정당이란 것은 하나의 연장이다. 예를 들어, 부시를 앞세운 공화당을 도끼라는 연장으로 만들어 사정없이 땅을 치게 해놓고, 나빠진 여론을 잠재우기 위해 민주당이란 연장으로 모난 곳을 다듬는 척하면서 또 일을 벌이는 식이다.

한동안 이라크에서는 미군이 이라크 포로들을 인간 이하로 고문하고 모욕을 주었다며 이를 증명하는 사진을 공개하면서 미국의 만행을 강력하게 규탄했다. 물론 미국 언론도 이 자료들을 공개했다. 그러나 미군의 만행은 이번이 처음 있는 일도 아니고, 이라크에서만 있는 일도 아니다. 10여 년 전 1차 걸프전에서도 그랬고, 아프가니스탄에서도 그랬고, 파나마나 그라나다에 침공했을 때에도 마찬가지였는데, 유독 이번에만 그 만행을 만천하에 공개하고 스스로의 평판을 무자비하게 끌어내리는 이유는 무엇일까?

이런 사건들은 전 세계에 반미감정을 크게 불러일으키는 좋은 도화선이 된다. 혹시 독자들 중에 미국이 모든 아랍권 사람들을 철저한 반미주의로 뭉치도록 애쓰고 있다는 점을 눈치챈 사람은 없는가? 이처럼 정치적으로 중대한 일들은 그저 자연발생적으로 일어나는 경우는 없다고 단언한 루스벨트의 말을 기억할 필요가 있다. 그는 이런 일들은 모두 누군가의 철저한 계획하에 일어나는 것이라고 했다. 계획을 했다면 목적이 있을 것이다. 우리는 이러한 일련의 사건과 현상들을 보고 미국의 목적이 무엇인지 그 진위를 꿰뚫어 볼 줄 알아야 한다.

다른 책에서도 누차 언급했지만, 미국을 잘 아는 사람들은 실제 미국의 외교정책을 수립하는 곳은 외교문제협의회(CFR)*라고들 한다. CFR은 영국의 왕립국제문제연구소(RIIA)의 형제조직이고, 이들의 모체는 원탁회의, 300위원회 따위들이며, 삼변회나 빌더버거(Bilderberger) 같은 조직들과는 횡으로 연결된 조직이다. 특히 부시나 케리는 똑같은 프리메이슨 해골종단 출신이다. 프리메이슨들에게는 국가관념이 없고, 다만 동지애와 프리메이슨의 정신이 있을 뿐이다. 세계단일정부 추종자들이 만든 세계를 움직이는 조직들은 수없이 많은데, 이들이 지향하는 바는 세계단일정부 수립과 세계독점경제이다. 그 목적을 위해 그들이 할 일이란 이제 두 가지 마지막 세계전쟁과 혁명뿐이다.

우선 혁명이 일어나기 전에 필요한 것은 카오스이다. 이것을 제일 먼저 실시할 곳은 미국이다. 지금 미국은 세계에서 절대적인 힘을 갖고 있다. 그러면 미국이 이 힘을 그대로 사용하여 세계를 지배할 것인가? 아니다. 여기서 헤겔의 변증법 원칙과 함께 '타불라 라사'를 이해해야 한다. 그리고 근래 펜타곤에서 고개를 들고 있는 '신세기 미국 프로젝트'(PNAC)*의 '대량살상 참사'나 헌법개정 또는 쿠데타의 필연성 같은 이야기로 앞으로 미국이 어떤 양상으로 변할 것인지를 짐작해 보아야 한다. 미국의 카오스는 아무도 미국에 맞서 겨루기를 꺼려하는 마당에 미국이 내적으로 붕괴되어야 가능할 것이다.

---

* CFR, Council on Foreign Relations.
* PNAC, Project for New American Century.

붕괴된다는 말보다 사실은 붕괴시킨다는 말이 더 정확할 것이다. 이 것이 그들이 말하는 카오스이다. 미국 사회를 춘추전국시대보다 더 험난한 지금의 이라크와 같은 상태로 만든 다음, 극도의 고난을 겪는 미국 시민들 앞에 구세주와 같은 절대영웅이 나타나서 전국을 통일하고 지배한다면, 과거 엘리트들이 말한 예언의 논리와 정확히 일치하는 시나리오가 된다. 미국에서 쿠데타가 일어난다면 군부 쿠데타가 될 것이다. 미국에는 이미 개인 군대가 여럿 있다. 그리고 쿠데타 정부가 들어선 후에는 '타불라 라사'를 실행할 것이다. 그때 미국 시민이 인권을 논하는 것은 역사 속에서나 존재했던 호사스런 일에 불과할 것이다. 곧 이어 세계는 마지막 전쟁에 돌입하고, 드디어 통일되어 세계단일정부가 수립된다. 궁극적으로 이 지상은 명실공히 시온의 왕국이 될 것이다. 이것이 내가 두려워하는 최악의 시나리오다.

한반도를 둘러싼 위험

　서론에서 이야기했듯이 한국은 제3차 세계대전의 주요 전쟁터 가운데 하나가 될 것이다. 이 때문에 일본이 엄청난 예산을 국방비에 쏟아부어 군대를 육성시키며, 전쟁에 돌입하기 위해 모든 법률을 개정하고 있는 것이다. 그들의 상대는 북한이 아니라 중국과 러시아이다. 일본이 미국과 함께 한반도에서 뇌관을 터뜨릴 것이라고 믿을 만한 충분한 징조가 있다. 그러나 한반도에서의 전운은 아직 때가 되지 않았기 때문에 긴장만 감돌고 있을 뿐이다.

　일단 북한을 상대로 뇌관을 터뜨리면 자연 북측은 중국·러시아와 함께 싸우지 않을 수 없고, 남한은 미국과 일본의 지시를 받으며 함께 북에 대항해 싸우게 될 것이다. 따라서 지금 북핵문제로 왈가왈부하며 회담을 되풀이하는 것은 미국의 지연작전으로, 자신들이 준비가 완료될 때까지 기다리고 있을 따름이다.

그렇다면 그 전쟁은 언제 올 것이냐는 질문이 뒤따른다. 전쟁을 계획하고 있는 당사자들의 마음속에 들어갔다 나오지 않는 한에는 아무도 그때를 장담할 수 없겠지만, 과거의 역사를 거울 삼아 앞날을 내다볼 수 있다면 어느 정도 예측도 가능할 것이다. 역사를 살펴보기 위해 굳이 멀리 갈 필요도 없다. 2차 세계대전이 일어날 무렵 어떤 일이 있었는지를 보면 가장 좋은 표본이 될 것이다. 1929년 미국에서 시작된 경제공황은 전쟁이 시작될 때까지 계속되었다. 심각한 경제공황은 여러 면에서 전쟁을 일으키기 좋은 조건을 만든다는 점을 염두에 두기 바란다.

우선 세계 석유공급이 가장 중요한 세계 경제공황의 요인이 될 것이다. 중국을 생각해 보아도 알 수 있다. 지금 중국에서는 '마이카' 시대를 맞아 화석연료 에너지 수요가 기하급수적으로 증가하고 있다. 그리하여 지금 석유자원을 확보하기 위해 세계 그 어느 나라보다도 혈안이 되었다.

그런 나라가 어디 중국뿐이겠는가? 이미 많은 자원을 소유한 미국도 그 누구보다 저돌적이다. 이런 세계적인 수요 증가에 공급이 따라갈 수 있겠는가? 2005년에 새로 발굴되는 메가급 유전은 18개, 2006년에 11개, 그리고 2007년과 2008년에 각각 3개가 예상될 정도로 자원은 점점 희박해진다. 이와 같은 수요와 공급의 불균형을 볼 때 당분간 저유가가 지속되더라도 유가상승이 뒤따를 것이라고 전문가들은 예측하고 있다. 저유가 시대는 2년을 넘기 어려울 것이고, 그후부터는 수요와 공급 격차가 급격히 벌어져 회복 불가능할 정도의 가파른 유가상승이 뒤따를 것이며, 이는 곧 세계 경제공황으로 연결될 것으로 보고 있다. 물론 그 사이에 인위적인 가격조종은 있을 수 있지만 장기적으로 볼 때 유가의 급상승은 어쩔 수 없는 일이 명약관화하다.

유가로 인한 경제 파탄에 달러의 가치절하가 불위에 기름을 붓는 격이 되지 않을까 두렵다. 지금 미국의 경상적자 형편은 세상이 다 아는데도 부시 대통령은 막대한 자금을 이라크전에 투입하면서 경제 살리기에 급급한 터에 중앙은행, 연준은(FRB)은 준비금을 유로(Euro)권으로 옮기고 있다. 그쪽에 투자가치가 더 있다는 대의명분이다. 오랫동안 세계의 기본화폐로 인정되어 오던 미화의 가치가 어느 정도 이하로 떨어지고 그 안정성에 의지하기 어렵게 되면, 각 나라는 보유한 미화를 다른 통화권으로 바꾸려고 할 것이다. 이런 징조는 세계경제에 도움이 되지 않는다. 경제적 어려움은 정치적 불안 상태를 야기하고, 정치적 불안은 세계 각처에서 무력 충돌을 일으킬 것이다. 세계적 카오스의 도래와 함께 지금 이라크 같은 아노미 상태가 도처에 일어날 것이다.

2차 세계대전이 끝난 지 이제 60년이 넘고 있으니, 어쩌면 새로운 세계전쟁이 발발할 시기가 지났다고도 볼 수 있다. 요즈음 북한의 서해안과 두만강 유역에 36억 배럴 이상의 석유가 매장되어 있다는 소리가 들린다. 만일 이 일이 사실이라면 석유에 굶주린 늑대들이 결코 그냥 지나갈 리가 없다. 세계전쟁까지는 아니라도 북한땅에 화약 냄새와 피비린내가 풍길 확률이 매우 높아진다. 미국에는 '합동비전 2010'(Joint Vision 2010)이라는 것이 있다. 미국과 미국의 추종국들이 뭉쳐 나머지 전 세계를 상대로 전쟁을 해서 이길 수 있는 능력을 키운다는 계획이다. 2010년까지 세계전쟁 준비를 끝내겠다는 의미다. 여기에 '공군 2025' 계획 등을 감안하면 세계인류의 피를 말리는 전쟁이 오랜 세월 지속될 수 있음도 인식해야 한다.

세 번의 세계전쟁을 일으키라는 지상명령이 있다는 것을 언급했고, 이미 두 번의 세계전쟁을 경험했으며, 마지막 세 번째 전쟁은 영원한 세계통일로 세계단일정부 수립이 실현되며, 그 다음에 오는 세상은 어떤 세상이란 것을 이미 여러 차례 서술하였으니, '언제인가?' 하는 질문에 독자들 스스로 답을 찾을 수 있으리라 본다. 세계의 정치·경제·사회적 조건을 감안할 때 위에 말한 모든 조건들을 방정식의 인수로 보고 문제를 풀어야 할 것이다. 감정이나 연민에 의존하지 말고 논법에 의해 모든 상황을 분석하고 믿어야 할 것이다.

지구본을 놓고 러시아와 중국 주변에 어떻게 미국의 세력과 군기지가 포석하고 있는지 들여다보라. 북극 넘어 저쪽에는 미국과 캐나다, 동쪽 끝에 일본과 한국, 남쪽에 대만과 필리핀을 이어서 오스트레일리아, 또 인도로 연결하면서 중앙아시아의 아프가니스탄을 위시한 '스탄' 국가들, 카스피 해를 지나면서 이라크, 이스라엘을 중심으로 하는 중동 국가들, 발칸으로 넘어가면서 하나씩 하나씩 분해되어 친미 꼭두각시들이 심겨지는 동구국가들 등을 보면, 브르제진스키가 『거대한 체스판(the Grand Chessboard)』에서 말한 것을 그려볼 수 있다. 그러면 중국과 러시아가 이러한 미국의 압박에 당하고만 있을 것인가? 신흥 중국과 이미 첨단과학 무기기술을 갖고 있는 러시아는 눌려 있는 스프링일 뿐이다. 언젠가는 튀는 일이 있지 않겠는가? 이뿐이 아니다. 이란도, 시리아도 이제는 미국의 침공을 기정사실화하여 전쟁을 준비하고 있고, 너무나 오랫동안 미국의 박해를 받아 온 남미에서도 여러 나라에 반미 성향의 정부가 들어서고, 베네수엘라를 선두로 이란, 중국, 러시아 등의 군사적·경제적 결속이 심상치 않다.

2005년 2월 3일 두 번째 임기를 시작한 부시 대통령은 북한에 대해 부드러운 어조로 의회에서 국정연설을 했고, 일주일 후 북한은 핵보유선언을 해서 세계가 발칵 뒤집히는 일이 있었다. 이런 공방전은 앞으로도 여러 차례 있을 것이다. 그러나 전쟁은 미국측에서 시작하지 않는 한 일어나지 않을 것이며, 미국은 때가 이르지 않는 한 열전은 시작하지 않을 것이다. 한반도에서 전쟁이 터지면 곧 일-미-한 군과 북-중-러 군의 교전이 되기 때문에 전면전이 될 것이다. 이런 이유로 한반도는 제일 막판에 전쟁이 터질 것이고, 아직 최소 5~6년이란 시간은 남았다. 지금은 시간끌기 작전으로, 북한을 압박하는 과정으로 보인다. 만약 미국이 전쟁준비를 완료한다면 하다못해 베트남의 통킹만 같은 사건이라도 만들어서 언제든지 전쟁을 할 수 있다는 점을 염두에 두어야 할 것이다.

한국에서는 전쟁이 일어난다면 북한 탓이라고 생각하는 사람들이 많은 듯하다. 이런 견해에 사족을 하나 달고 지나가고자 한다. 이미 북한은 미국이 불가침선언을 하면 기꺼이 핵 프로그램을 포기하겠다는 의사표현을 여러 차례 했고, 경제적 도움을 대가로 요청했다. BBC 방송의 한 시사해설은 북한의 이런 요구를 들어주는 데는 20억 달러면 족하다고 했다. 부시는 이라크와 아프가니스탄에서의 원만한 전쟁 수행을 위해 이미 퍼부은 2천 억 달러 외 800억 달러를 더 요청할 것이라고 한다. 그에 비하면 동북아시아의 평화를 위해 필요한 20억 달러는 너무나 적은 돈이다. 그러나 미국은 침략을 않겠다는 약속도 하지 않았고, 20억 달러를 지원하겠다는 말도 하지 않았다. 이것은 곧 기어이 전쟁을 하겠다는 말로 해석할 수밖에 없다.

한반도에 사는 한민족의 문제를 해결해 줄 당사자는 미국, 일본, 중국, 러시아 등 다른 열강들이 아니고 바로 한민족 자신의 손에 달렸다는 점을 우리는 반드시 기억해야 한다. 이는 구한말 역사를 공부한 사람이면 누구나 잘 알 것이다. 우리는 그 역사를 거울로 삼아야 할 것이다. 그럼에도 불구하고 한국 정부는 한반도의 정치적 안정을 얻는 데 미국에만 의존하고 있다. 한국 정부와 지도자층은 미국은 한국의 혈맹이기 때문에 절대 한국을 버리지 않고, 한국의 국익을 위해서는 자신들의 젊은 피를 흘려서라도 한국을 보호할 것이라 믿는 것같다. 한국전쟁 때 미국의 행동이 그 증거라고 믿고 있으며, 한국 민족은 그 은혜를 죽어도 잊어서는 안된다고 한다.

그러나 한반도의 정치안정을 손바닥에 놓고 장난치고 있는 장본인이 미국이라는 점을 깨달아야 한다. 그들은 한국 사람들을 위하는 것이 아니라 미국의 국익을 위할 뿐이다. 한국은 이미 과거 수십 년간 미국에 조종되어 왔다. 미국이나 일본이나 중국이나 러시아가 한국을 위해서 희생하거나 한국의 평화를 위해 일한다는 것은 모두 망상이다. 북한 핵문제를 해결하기 위해 미국과 주변국들이 함께 6자회담을 한다고 해서 한국 정부는 희망에 잔뜩 부풀어 있는 듯하다. 그러나 미국이 진정 한반도의 평화를 원했고 한국을 위했다면, 문제의 소지부터 만들지 말았어야 했다. 물론 미국이나 한국의 언론만 보는 사람들은 문제가 전적으로 북한에 있다고 할 것이다. 그러나 만약 북한의 처지를 조금만 생각한다면, 자기 방어와 생존을 위해 안간힘을 쓰고 있다는 점을 이해할 수 있을 것이다.

남북관계에 전운이 감돌면 외국인 투자유치가 힘들어져 큰일이라는 말들에 이의를 제기할 사람은 없을 것이다. 그러나 미국의 주도하에서는 언제나 조마조마하게 살 수밖에 없다는 사실을 깊이 깨달아야 한다. 잠시 상황이 좋아지는가 싶으면 금세 무슨 탈이 생기곤 하여 항상 가슴을 조이게 된다. 주변 열강의 이해관계에 따라 우리의 상황은 언제고 변할 수 있는데, 급한 마음에 임기응변만 하다가는 모두 망할 것이다.

지속적이고 진정한 한반도의 정치적 안정을 원한다면 미국이나 다른 열강의 손아귀에서 벗어나, 한반도의 주인인 남북한의 민중이 자신의 운명을 만들어 나가야 한다. 그렇게 해서 한반도의 사정이 안정된다면 많은 투자자들이 한국에 눈을 돌려 투자하게 될 것은 당연한 일이고, 미국 등 열강의 입김에 따라 변하는 안정에 비해서 훨씬 더 오래갈 것이다. 다시 말해서 한국은 영구적인 안정을 꾀해야 비로소 살게 된다는 말이다.

그러나 남북한이 싸우지 않고 평화롭게 살겠다고 말만 하면 열강들이 가만 놓아둘 것이란 철없는 생각은 말아야 한다. 특히 요즈음은 미국의 일방적 규칙에 의해 세상이 움직이고 있기 때문에, 미국의 장단을 맞추지 않고서는 위험천만한 발상이 될 수 있다. 이 때문에 고도의 외교능력을 지닌 지도자가 필요한 것이다.

미국은 항상 자유와 평화와 인권이란 대의명분으로 모든 나라들을 판단하고 제재를 가한다. 북한을 엄하게 벌주겠다는 것도 북한에는 인권이 없고 북한의 치정자들이 평등, 평화를 모른다는 것 때문이다. 만약 미국이 북한을 쳐들어간다면 당연히 북한의 인민들을 해방시켜 자유를 찾아준다는 명분을 내세울 것이다. 미국이 이라크를 침략한 것도 그곳의 인민을 해방시켜 자유와 민주주의를 누리도록 하려는 자비심에서였고, 파나마 침공도, 100여 년 전 스페인과 싸워 남미와 필리핀을 차지한 것도 모두 인권과 평화를 위한 정의 때문이었다. 적어도, 겉으로 드러나는 이유는 그러했다.

따라서 한반도 역시 미국의 방식대로 평화와 인권에 입각하여 남북이 싸우지 않고 평화롭게 살겠다는 결심을 세계만방에 공포하고 실행해야, 미국이 대의명분이 없어 손을 대지 못할 것이다. 자고로 적을 알면 적을 치기 쉽다고 했고, 앞으로 움직일 상대의 수를 대여섯자리 미리 안다면 일이 쉬울 것이다. 그렇기 때문에 미국이 한반도에 어떤 복안을 갖고 있는지를 알아야 한다. 여기서 말하는 것은 무조건 반미를 외치라는 말이 아니고, 반미 대신 미국의 물결을 타면서 미국의 논리를 이용하라는 말이다.

누차 이야기했지만, 미국이 한반도에서 한국 국민의 자유와 평화, 번영을 위해 어떤 정책을 만들고 행동한다는 것은 어불성설이다. 미군이 한국에 주둔하고 있는 이유도 한국을 위해서가 아니다. 책임 있는 미군 당국자가 한국민을 대하는 태도나, 미국과 무역마찰이 있을 때 미국이 한국에 취하는 태도를 보아도 이 정도는 알 수 있다. 자기네들이 한국에 주둔할 필요가 있으면 아무리 한국 정부가 나가라고 해도 구실을 만들어 계속 주둔하고 있을 것이다. 미국이 한반도에 관심을 갖는 것은 앞으로 세계역사를 창조해 나가는 데 어떤 필요가 있기 때문이다. 때가 되었을 때 아시아 대륙 동쪽 끝에서 전쟁을 일으키는 일이 그 일이라고 예측해 볼 수 있다.

만약 한국사람들이 전쟁을 피하려는 마음이 있다면 외세가 한반도에 발을 붙이지 못하도록 하는 일 이외에는 다른 방도가 없을 것이다. 이런 조건을 만족시키기 위해서는 남북한이 합하여 중립국선언을 하는 수밖에 다른 방도가 없다고 본다. 이렇게 되면 전쟁도 미연에 방지하고, 한반도에 정치적 안정이 찾아와 한국에 투자하는 외국기업들이 많아지는 것은 물론, 명실공히 동북아의 물류 중심이 되어 경제를 탄탄히 발전시켜 나갈 수 있을 것이다.

그러나 이런 방향으로 남북문제를 전개해 나가려면 남북한 대중의 의식구조가 먼저 바뀌어야 한다. 남한은 미국 일변도의 사고방식과 반공 사상으로 평화를 찾으려는 잠에서 깨어나야 하며, 북한은 북한대로 김일성 체제만이 이상사회의 조건이라는 생각을 버려야 한다. 그리고 송두율 교수 같은 경계인을 많이 배출하여, 남북간의 장벽을 낮추고 상대방의 이해와 협력을 양쪽 국민에게 설득시키며 새로운 사고방식을 심어주는 가교 역할을 맡겨야 한다. 여기에 한국의 앞날이 달려 있다.

【 용어해설 】

AIM(Artificial Ionospheric Mirror) 인조전리거울. 강력한 전자기파로 전리층에 열을 가하여 오목거울처럼 만든 조작된 전리층의 일부로, 마치 거울처럼 반사작용을 한다.

Air Force 2025 "2025년 기후를 소유하다 : 획기적 군사력 수단으로서의 기후"(Weather as a Force Multiplier-Owning the Weather in 2025)라는 미 공군의 기후조종 기술 개발 작전명으로 2025년을 목표로 지구상의 기후를 전략적으로 조종하도록 하겠다는 기획이다.

Behavior Modification/BehavMod 행위조작. 원래 타고난 사람의 성격을 조종자의 필요에 따라 인위적으로 바꾸거나 새로 만들어 조종자가 원하는 행동을 하도록 만드는 인간조종(Mind Control) 기술이다.

Carrier wave 반송파(搬送波). 말소리나 음악소리 같은 유용한 전파를 멀리 보내기 위해 접목시키는, 마치 수송 차량처럼 비교적 높은 주파수를 가진 기본 주파를 말한다. 이 반송파에 유용한 전파를 접목시키는 것을 modulate 한다고 한다.

Cell Phone Cellular Telephone의 준말로, 영어권에서는 휴대폰을 주로 이렇게 부른다. 휴대폰은 물론 무선이기 때문에 라디오나 TV처럼 반송파에 원하는 정보를 접목시켜 왕래하여 통화를 한다. 요즈음은 휴대폰으로 거의 컴퓨터 역할까지 하고 있다. 따라서 휴대폰을 이용하여 그 반송파에 우리 두뇌에 영향을 주어 행동이나 생각을 조종할 수 있는 전파를 접목시켜 특정 개인 또는 많은 다수에게 동시에 보낼 수 있다는 것이다. 또한 모든 휴대폰에는 GPS 장치가 내장되어 있어 각 개인의 현재 위치는 물론 이동기록을 저장할 수 있다. 따라서 이제는 휴대폰 사용자들에 대한 마인드컨트롤이 가능해진다. EU 의회에서는 이를 '정치적 관리기술'(Technologies of Political Control)이라 불렀는데, 휴대폰을 이용하여 사람들의 감정과 사고, 판단을 조종하는 기술을 가리킨다.

Charlotte's Syndrome 샬롯 증후군. 지진이 일어나기 전에 사람이 지진의 기미를 느끼고 듣는 현상.

Compartmentalization of Personalities 인격구획화(人格區劃化). 정상적인 사람을 한 육체에 여러 개성을 가진 다중인격자로 만들고, 마음속에 있는 각각의 개인은 서로 상대가 무엇을 하는지 모르도록 한 후, 조종하는 사람이 정해 놓은 암호에 따라 해당 인격이 나타나 행동하도록 하는 기술이다. 마치 벌집의 각 방에 사람을 잡아 넣어두고 부르는 대로 그 사람이 나와 벌집 전체의 주인인 것처럼 행동하는 것이다. 그리하여 어떤 사람을 인격구획화하면, 비밀을 전달하는 전령, 성 노리개, 노예 등으로 이용할 수도 있다. 이미 많이 사용되고 있는 '마인드컨트롤'의 중요 기술이다.

Compartmentalization of Organization 조직구획화(組織區劃化). 어떤 조직의 개인이나 팀을 점 조직으로 만들어, 전체의 윤곽을 알 수도 없고, 자기가 하는 일의 진정한 목적이 무엇인지도 모르게 만드는 것. 다만 디스 인포네이션 덕분에 자기가 하는 일의 목적을 잘 못 알고 있는 경우가 대부분이다.

DARPA(Defence Advanced Research Projects Agency) 첨단국방기술연구계획국. 미 국방성 소속으로 무기연구 개발을 총지휘하는 중앙관리 조직이다.

Dementia Praecox 과정성 정신분열증(過程性 精神分裂症). 보통 정신분열증이라고도 부르며, 문자적인 의미는 쪼개진 마음이란 뜻이다.

Earthquake-light 지진광(地震光). 지진이 일어나기 전, 도중 또는 후에 하늘에 이상한 빛이 발광하는 현상을 가리킨다. 어떤 경우에는 서치라이트 같기도 하고, 어떤 경우는 화염덩어리가 하늘에 떠 있는 듯하기도 하고, 또 어떤 경우는 번갯불이나 빛의 기둥 같은 때도 있다 심지어 어떤 경우는 지진이 일어나는 동안 하늘의 구름이 빛을 발하는 때도 있다. 주류 과학에서는 지진과의 정확한 원인을 아직 밝혀내지 못하고 있다.

ECHELON 에셜론. 1947년 영어권 5개국이 세계정보 수집을 위해 맺은 UKUSA 조약에 의한 코드명.

Echelon Dictionary 에셜론 딕셔너리. 전기를 사용하는 통신기기를 이용하는 지구상의 모든 통신을 음성감별과 영상감별장치를 가진 초특급 컴퓨터 에셜론 딕셔너리에 통과시키면 기록되어 있는 정치, 사회, 경제 등 첩보에 관한 어휘들을 여과한다.

EISCAT(European Incoherent SCATter) 1970년대 중반에는 전리층의 열을 상승시키는 연구를 위해 푸에르토 리코의 아레시보를 비롯하여 미국의 콜로라도 주 플랫스빌, 오스트레일리아 뉴사우스웨일즈 주 아미데일에 연구소를 세웠고, 1970년대 말에는 서독의 막스플랑크연구소가 노르웨이 트롬쉐 가까운 곳에 100메가와트짜리 전리층가열기를 세워 현재 서독, 노르웨이, 핀란드, 프랑스, 일본, 스웨덴, 영국이 공동으로 EISCAT라는 이름으로 운영하고 있다. 한편 이 기관은 에셜론의 한 가닥이기도 하다.

ELF(Extremely Low Frequency) 극초저주파. 30~3,000헤르츠 의 주파수.

EMP(Electro-Magnetic Pulse) 전자기파고동(電磁氣波鼓動), 전자기맥(電磁氣脈). 핵폭발시 발생하는 감마선이 주변 공기 중에 있던 분자들과 'Compton 효과'에 의한작용 으로 전자를 생성하게 되고, 그 결과 주변에 매우 강한 전기장을 만든다. 다시 말해서 전기장은 EMP에 의해 만들어지고 전기장은 전도전류(conduction current)를 생성하나, 그 방향이 전기장과 반대 방향이기 때문에 1나노세컨드(10억 분의 1초)정도의 매우 짧은 시간에 소멸하게 된다. 단 시간이지만 그 효과는 매우 거대하다. 예를 들어 중국 땅 중앙 300킬로미터 상공에서 수소폭탄이 터졌다고 하면 그기서 나오는 EMP는 약 50 kV/m 의 전기장은 빛의 속도로 전 중국 대륙을 감싸게 된다. 이 전기장은 전깃줄, 철도레일, 전화선, 라디오안테나, 파이프, 케이블, 철조망 등에 강한 전류를 흐르게 하고, 여기에 연결된 모든 기기, 즉 발전시설, 통신시설, 전화, 컴퓨터, 라디오, TV 등을 모두 파괴시키는 것은 물론, 달리던 자동차나 비행기, 선박도 모두 영구히 망가뜨리게 된다.

EMR(Electro-Magnetic Radiation) 전자기파 방사선. 전기가 흐르면 주변에 전자기장이 생긴다. 따라서 전기를 사용하는 모든 기구는 주변에 전자기장을 생성하게 된다. 이 전자기장이 공간과 물질을 통과하면서 생기는 진동에 의해 전자기 에너지를 운반하는 것을 전자기 방사선이라 부른다. 다시 말해서 이는 일반적으로 전자기파 또는 주파수라고 하여 통신에서 주파수로 흔히 표현된다. 그런데 이 같은 주파 또는 방사선은 인간의 생리적 요소 및 생각과 행동에 지대한 영향을 준다.

Environmental Modification 환경조작(環境操作). 기후 등을 원하는 대로 필요에 따라 인공적으로 조작하는 것이다.

EPT(Earth Penetrating Tomography) Technology 초고음파를 이용하여 지하나 해저를 촬영하는 X-레이라고 생각하면 된다. 마치 요즘 태아의 상태를 관찰하는 초음파 기계와 비슷하나 평면이 아니라 입체적이라는 점이 다르다 하겠다. 과거에 묻어 놓은 지뢰, 무덤의 상태, 등을 땅을 파보지 않고도 볼 수 있는 기술이다. 이미 군사적 용도를 거쳐 의학 분야에서도 이 기술을 막 이용하기 시작한 단계이다. 영국의 킹스칼리지 대학병원에서는 2003년 초에 심장의 박동을 입체적으로 투시하여 관찰하는 실험을 성공리에 끝냈다. 필립스사에서도 잠수함의 음파를 이용한 해군 항해기술을 응용하여, 원하는 신체부위에 갖다대면 내장, 뼈, 조직을 관찰할 수 있는 휴대용 EPT 스캐너를 개발했다고 한다.

FEMA(Federal Emergency Management Authority) 연방비상관리부. 사실상의 계엄사령부이다. 이 기관은 애초 천재지변과 같은 비상사태에 치안과 구조활동을 위한 목적으로 각 주마다 별도로 만들어졌다. 그러나 1979년 카터 대통령 때, 대통령령으로 연방정부의 특수기관으로 승격되면서 연방보험관리처(Federal Insurance Administration), 국립화재예방 및 통제관리처(National Fire Prevention and Control Administration), 국립기상관리지방준비프로그램(National Weather Service Community Preparedness Program), 연방일반재해관리처(Federal Preparedness Agency of the General Services Administration), HUD 산하 연방재해구조관리처(Federal Disaster Assistance Administration)를 모두 흡수하고 민간방위 역할까지 맡게 되었다. 다시 말해서 비상사태에서는 군, 경, FBI 등 모든 치안유지 기능을 가진 조직은 FEMA의 통제 아래 움직이도록 되어 있다. 그리고 9·11 이후에는 국내 안보를 위하는 목적으로 FEMA의 위상이 더욱 중요해졌다.

Fort Detrick 미 육군 생화학 기지창. 1931년 암세포의 인간감염에 대한 의학적 연구를 위한 록펠러 연구소의 프로그램 책임자로 코넬리우스 로즈 박사가 임명되었다. 그는 곧이어 매릴랜드 주, 유타 주와 파나마에 육군생화학 연구기지를 설치하였다. 1943년 일본의 731부대가 본격적으로 생화학-세균전 무기 생산연구에 돌입하자 그 반사작용으로 곧 매릴랜드 주의 포트 디트릭에 있던 생화학기지를 세균전 무기연구와 생산본부로 정하고 미국도 본격적으로 화학-세균전 무기연구와 생산활동을 강화했다. 1975년에는 포트 디트릭 생화학무기(연구)기지창의 바이러스 부문을 '프레드릭 암연구센터'로 개명하고 행정적으로 '국립암센터' 산하에 두고, 암의 원인균을 개발하기 위해 미 해군과학자 팀이 들어와 연구를 시작했다. 면역이 불가능한 소위 HTLV(Human T-cell Leukemia Virus)라는 균을 분리·배양하는 데 성공한 곳이 이곳이다. 물론 여기서는 탄저균(Anthrax) 같은 세균도 무기용으로 만들었다.

Geomagnetic storm 자기폭풍. 태양에서 나오는 강한 태양풍에 의하여 지구의 자기권이 압축당할 때 지구상에 자장폭풍이 일어난다. 이때 오로라 현상이 일어나고, 심할 때에는 전기 송전 체제를 마비시키게 된다. 이는 마치 발전기에서 정상적인 자장을 가로지르는 작동에 의해 전기가 생성되듯, 지구 표면에 있는 정상적인 자장이 태양풍에 의해 요동을 일으킴으로써 GIC(Geomagnetically Induced Current)라는 지구자장에 의한 전류가 생성되어 송전 전깃줄에 통하게 되는 것이다.

GIA(Government Information Awareness) MIT 미디어 연구실에서 시작한 웹사이트로 개인이 미국 정부에 대한 자세한 내용을 알고 싶을 때 그 정보를 얻는 것이 목적이다.

GIG(Global Information Grid) 전 세계 전쟁정보망. 미국은 '합동비전 2010'(Joint Vision 2010)이라는 작전명 아래 2010년까지 미군이 전 세계를 대상으로 육해공 모두 융합되어 월등한 정확도, 고도의 효능, 압도적으로 우월한 군수·병참 작전으로 전투 기본력을 구축하는 것을 목적으로 하고 있다. 즉 공중과 우주를 제압하는 절대적인 우월성, 전 지구를 상대로 한 공격력, 신속한 세계적 기동력, 정확한 대응, 정보의 우월성, 민첩한 전투 지원을 근간으로 한다. 이를 위해 미군만이 할 수 있는 우월하고 안전한 군대의 IT화, 중앙통제 시스템을 만들고, 과학의 우수성을 이용하여 전 지구를 상대로 전쟁을 수행할 수 있도록 만들겠다는 정보망을 기본으로 하는 전투관리 군사 시스템 GIG라 할 수 있다.

HAARP(High frequency Active Auroral Research Program) 고주파 활성 오로라 연구 프로그램. 알래스카 가코나에 미 국방성은 180개의 안테나 밭을 설치해 놓았다. 이 안테나는 IRI, 전리층 가열기 또는 활성 전리층 연구기기라고도 부른다. 이 안테나들은 지구 북반구에는 어디든 위력을 발휘할 수 있고, 원하면 지구를 사과 쪼개듯 쪼갤 수 있는 위력도 갖고 있다. 이 시설을 이용하여 전자레인지처럼 원하는 위치의 전리층을 가열하여 여러 모로 이용할 수 있으며, 제트기류도 조절할 수 있다. 그런가 하면 전기의 송전이나 정전을 마음대로 조정할 수도 있고, 방사선을 발사할 수도 있고, 전자운을 만들어 보낼 수도 있으며, 심지어는 북반구의 일부 또는 전체 인구의 마인드컨트롤도 가능하다.

Hard Warfare 경무기 전쟁. 'Hard'란 말은 컴퓨터의 하드웨어처럼 딱딱하고 눈으로 보고 만질 수있는 것을 가리킨다. 전쟁무기에서 경무기는 권총에서부터 원자탄이나 수소폭탄에 이르기까지 폭발에 의한 재래의 무기를 말한다. 즉 우리가 보통 생각하는 무기를 말한다.

HUMANOID, Neuro-Linking 인간의 생각과 판단과정을 컴퓨터와 연결시키는 것. 2005년

1월 뉴스를 통제 UCLA에서 로봇의 실리콘 칩에 쥐의 세포를 부착하여 근육을 기르는 나노 기술을 발표했듯이, 이미 인간은 두뇌를 전자회로화하는 기술을 개발하고 있다. 샌디에고의 솔크 연구소(SALK Institute)는 신경세포와 두뇌세포를 실리콘에 배양시켜 생명체를 만들었고, 이들을 전자와 접목시켜 명실공히 인간과 기계를 연결시키는 실험을 이미 끝냈다. 따라서 기계와 인간을 합친 휴머노이드 또는 사이보그를 공상소설이 아닌 현실에서 만날 날도 머지않았다.

IAO(Information Awareness Office) 펜타곤 DARPA 산하의 한 부서로서 레이건 대통령 당시 백악관 국가안보 보좌관이었던 포인덱스터 제독의 발안으로 신설되었다. 미국 시민은 물론 미국과 관련있는 모든 외국인의 신분과 일거일동을 기록하는 시민첩보사찰기관. 포인덱스터는 2002년 소위 테러와의 전쟁을 이유로 IAO를 조직하고 자신이 책임자 자리에 앉았다.

Interferometer 파장의 표면, 파면(wavefront)을 재기 위해 광파의 간섭을 이용하는 기구를 말하기도 하고, 스칼라 간섭파를 말하기도 한다. 천체망원경에서 거리를 측정하는 데 요긴하게 사용되기도 하지만, 이 책에서 말하는 가공할 무기의 용도로도 사용될 수 있다.

Interferometry 간섭파상교차 또는 이를 연구하는 학문. 두 개의 스칼라 전파줄기를 원거리에서 교차시키면 스칼라 간섭, 즉 '인터페로미터'(interferometer)가 생성된다.

Ionosphere 전리층. 전리층은 D, E, F 세 개의 영역으로 구성되어 있다. D-영역은 약 75~95킬로미터, E-영역은 약 95-150킬로미터, F-영역은 150~1,000킬로미터 상공에 위치한다. 그래서 일반적으로 약 80~640킬로미터 상공인 (중간층) 위에 존재한다고 한다. 통신 전파는 모두 전리층에서 반사하는데, 여기에는 많은 원자가 전자를 잃거나 얻어 대전되어 있는 상태이다. 그런 연유로 이곳에서 오로라 현상이 일어나며, 태양에서 오는 양성자를 여기서 거의 흡수하게 된다.

IRI(ionospheric research instrument) 전리층 연구기구. HAARP의 안테나 이름으로 다른 표현으로는 전리층 가열기(ionospheric heater) 또는 활성전리층 연구(Active Ionospheric Research)라고도 부른다.

LASER(Light Amplification by Stimulated Emission of Radiation) 이는 양자역학적 효과와 자극방사법을 이용하여 일반적으로 한 방향으로 발산하는 단색의 일관성 빔으로 만든 빛줄기를 말한다.

Longitudinal Wave 종파(縱波). 음파는 모두 종으로 에너지가 옮겨가는 파장이다. 슬링키를 마루에 길게 늘여 놓고 진동을 주면 각 코일의 진동이 길이방향으로 전달되어 에너지의 방향이 길이방향으로 움직이고 있음을 볼 수 있다. 슬링키는 코일로 된 전화줄 모양의 플라스틱 장난감이다.

Magick 천기묘법. 마술이란 뜻의 'magic'과 어원은 같으나 구별하여 사용하기 위해 철자와 발음을 조금 달리했다.

Magnetophosphene Gun 자기권총. 이 총에 맞으면 마치 몽둥이로 머리를 얻어맞을 때 눈에서 번쩍하고 빛이 나오는 것과 같은 효과를 낸다.

Magnetosphere 자기권. 일명 플라즈마층이라고도 하며, 외기층 바깥쪽 외계에서 형성되는 태양풍 플라즈마의 영향을 받아 약 6만 킬로미터 밖에서 지구의 자계(磁界)를 밀집시켜 놓은 마치 태양을 향해 헤엄치는 오징어 같은 형상이다.

MASER(Microwave Amplification by Stimulated Emission of Radiation) 메이저 광선. 1950년대에 콜럼비아 대학의 타운스(Charles Hard Townes) 박사가 짧은 초단파를 생성하는 과정에서 만들게 된 광선으로, 레이저 광선을 만드는 기초가 된다.

MKUltra CIA에서 마인드컨트롤 연구를 위해 만든 코드명. 원래 나치 독일 당시 베를린 빌헬름 의료연구소에서 족쇄 없는 노예를 만드는 방법으로 마음을 조종하는 연구에 몰두한 것이 시발이라고 한다. 2차 세계대전이 끝나고 약 900여 명의 나치 과학자와 의학연구 인사들을 미국으로 데려와 CIA의 감독 아래 Bluebird, Artichoke 등의 작전명으로 계속 연구를 하다 1953년 5월 MKDelta로, 1966년 경에 MKUltra로 다시 이름을 바꾸었다.

Montauk Project 존 뉴만(원래 이름은 Janus Eric von Neumann)이란 천재수학자는 1930년대에 미국으로 이민와서 대학에서 가르쳤다. 또한 그는 니콜라 테슬라의 뒤를 이어 '필라델피아 실험'의 책임자가 되기도 했고, 뉴욕 주 롱아일랜드의 브룩헤이븐에서 주관한 비밀 연구 '몬토크 프로젝트'의 책임자도 되었다. 이 프로젝트는 사람의 마음과 컴퓨터를 연결하는 정신공학 기술개발에 성공했고, 뉴만은 한발 더 나아가 인조 블랙홀을 통해 1943년의 필라델피아 실험으로 돌아가는 시간 여행도 가능하다고 장담했다.

MPD(Multiple Personality Disorder) 다중인격장애. 소설 『Sybil』 또는 이 소설을 각색한 대니얼 페트리 감독의 1976년 영화 「악몽」에서는 한 육신에 16명의 각기 다른 인격이 들어 있는 여주인공이 등장한다. 또는 로버트 로이스 스티븐슨의 1886년 『지킬박사와 하이드씨』는 상반된 두 인격을 지닌 주인공의 갈등을 잘 묘사해 냈다. 이런 경우는 물론 병적이라고 할 수 있다. 그런데 CIA 같은 정보기관에서는 정상적인 사람을 인위적으로 다중인격자로 만들어 여러 가지 용도로 실험하고 있다. Compartmentalization 참고.

NANO-TECHNOLOGY- MATRIX 나노 테크놀로지에 의해 매트릭스화한 인간. C-Span 회사의 커츠가 개발하는 '신경세포 트랜지스터'(Neuron-transistors)라는 새로운 나노 기술은 신경세포 각각을 억제하거나 작동시킬 수 있는 능력을 지닌 나노 신경입자를 말한다. 이 신경세포 트랜지스터 1,000억 개를 두뇌에 주사하면 128비트 IP 주소를 가진 마이크로 네트워크가 형성된다. 이렇게 해서 사람의 두뇌를 평생 컴퓨터와 연결시키게 된다.

Neurophone 신경전화(神經電話). 초고주파 음파로 두뇌신경을 자극하여 심경을 변화시킬 수 있는 패트릭 플래내건의 발명품. 명상 도우미, 집중력이나 기억력을 증진시키는 역할, 또는 청각장애인들이 청각을 통하지 않고 뇌를 통해 직접 소리를 들을 수 있는 기능 따위가 있다. 뉴로폰을 이용하면 청각장애인의 약 절반 정도는 장애를 해결할 수 있다고 하며, 지금 핀란드에서 실용화 연구를 하고 있다는 반가운 소식이다.

Non-ionizing radiation 이온화되지 않은 방사능. 방사능은 광범위한 전자기파의 스펙트럼을 갖고 있다. 가시광선을 기준으로 주파수가 높은 쪽은 자외선, ionizing radiation이라고 부른다. ionizing radiation은 원소의 화학적 결속을 끊을 수 있을 정도로 에너지가 왕성하여 DNA를 파괴시킬 정도이며, 보통 우리가 방사능이라고 말하는 것이 여기에 속해 자외선, X-레이, 감마선을 예로 들 수 있다. 한편 분자 속에 원자의 진동을 일으킬 수 있는 충분한 에너지를 갖고는 있지만 화학적으로 변경시킬 정도의 에너지는 아닌 경우를 non-ionizing radiation이라고 부르는데, 가시광선 바깥 주파수가 낮은 쪽, 그러니까 적외선에서 시작하여 microwave, radio 주파, ELF 따위가 여기에 속한다.

Non-Lethal Weapons 비살상무기. 원래는 인체에 해를 주지 않고, 정신을 잃게 하던가 정신은 멀쩡해도 사지를 마음대로 움직이지 못하도록 하여 일시적으로 상대를 제압하기 위한 무기이다. 그러나 이름과 달리 실제로는 가공할 비밀무기들을 이 범주에 포함시켜 개발하고 있다. 그런데 우리말로 비살상무기라고 옮기면서 원래도 잘못된 인상을 주는 영어단어를 더욱 오해하게 만든 것 같다. '살상'이라는 말은 죽이거나 상처를 입힌다는 뜻이어서 '비살상'무기라고 하면 상처마저 입히지 않는 무기로 오해되기 쉽게 만들었다는 것이다. 미군의 정의에 따르면, 25퍼센트 미만의 살해능력, 즉 다친 사람의 1/4 이상 죽이지 못하면 비살상무기로 분류된다. 한국에 비하면 미국에서는 훨씬 덜 사용하고 있는 대표적 최루탄인 페퍼가스탄의 예를 들어보자. 페퍼가스탄이 유발시키는 폐장애로 사망하는 미국인은 연간 100명에 불과하므로 이역시 비살상무기로 분류되며, 전 세계적으로 매주 200명의 인구를 희생시키는 지뢰도 마찬가지다. 미국 비살상무기 개발의 선구자라고 할 수 있는 알렉산더 대령(John B. Alexander)이 21세기의 주 무기가 될 것이라고 할 정도로 앞으로 중요한 위치를 차지할 무기다.

NRO(National Reconaissance Office) 미국의 스파이 인공위성을 관리하는 기구이다. 국가첩보실.

OBE(Out of Body Experience) 유체이탈(幽體離脫) 또는 체외체험(體外體驗). 육신을 수면 상태로 놓아두고 혼이 육신으로부터 빠져나와 시간과 장소 또는 거리의 구애를 받지 않고 마음대로 다니면서 구경하는 경험 또는 기술을 말한다.

Orwellian society 오웰식 사회. 조지 오웰이 쓴 『1984년』이란 소설에 나오는 사회를 칭하는 말. 스탈린 치하의 소련보다 훨씬 더 심각한 경찰국가 사회 같은 이곳에서는 모든 자유가 박탈되며, 경찰청을 사랑청이라 하여 너무 국민을 사랑하기 때문에 잘못된 길로 갈까 두려워 고문을 한다는 식의 미화된 어법을 사용하는 것으로도 유명하다.

OSS(Office of Strategic Services) CIA의 전신. 2차 세계대전이 발발한 다음해인 1940년 루스벨트 대통령은 뉴욕의 변호사 윌리엄 도노반에게 COI란 직책과 조직을 주어 장군으로 임명하고 정보활동을 하게 했다. 그리고 1942년 6월에 OSS라는 정보조직을 세웠다. 더욱 체계적인 조직의 필요성을 느낀 도노반은 CIA의 청사진을 대통령에게 제기했으나, 결과적으로 1945년 9월 20일 루스벨트는 그를 해임하고 앨런 덜레스를 책임자로 하여 CIA를 창립한다.

OTH-B(Over The Horizon Backscatter) '과지평선 역반향분산' 또는 '반난사 OTH'. 전리층의 반난사 원리를 이용하여 전파수신이 어려운 곳에서도 OTH 레이더를 잘 받을 수 있게 만든 장치이다. 이것은 적국에서 오는 OTH의 전파를 분산시키는 역할도 한다.

Over-the-Horizon Radar 과지평선 레이더. 대기의 굴절현상과 반사현상을 이용하여 지평선이나 수평선 넘어 더 먼 곳까지 감시할 수 있는 레이더 체제를 말한다. 보통 'OTH'라고 부르며 정반향분산(forward scatter) 또는 역반향분산 체제를 이용한다. 지평선을 지나 눈에 보이지 않는 곳은 레이더를 사용할 수 없도록 국제협약을 맺어 놓았다. 그러나 불법적으로 전리층을 이용하여 지평선 저편에서 날아오는 비행기나 미사일 같은 것을 감지할 수 있는 레이더를 몰래 사용하려는 시도가 있다. 이렇게 하면 자국 영토에서 수천 마일 떨어진 곳, 또는 미사일 발사 지역 가까운 곳에서 미사일을 파괴시키거나 공격에 대비할 수 있는 시간적 여유를 얻을 수 있다.

Paranoia 편집증 또는 피해망상증이란 정신병으로 남을 의심하고 불신하는 정도가 극도에 달한 사람을 말한다.

Parapsychology 초심리학(超心理學). 인간생활에서 일어나는 기이한 일들을 과학적으로 이해해 보려는 학문이다. 예를 들면, 귀신의 출몰, UFO 외계인에 의한 납치 등 현재 인간의 지능으로 납득되지 않는 것들에 대한 학문적 연구를 말한다.

Peace Pill 평화환(平和丸). 복용하면 마음이 행복해지고 평안해진다고 해서 CIA에서 만든 이 마약들을 'Peace Pill' 또는 'Truth Drug'라고 불렀다. 예를 들면, 스코폴라민, 몰핀, 메스칼린, 벤제드린, 바비투레이트 계열 마약, 마리화나 같은 대마초에서 추출한 마약 등이다. Truth Drug 참고.

PHS(Post Hypnotic Suggestions) 후최면암시(後催眠暗示). 최면을 통해 어떤 지시를 받고, 최면에서 깨어난 다음에도 그 지시에 의해 행동하는 것을 말한다. 예를 들면, 어떤 사람을 최면에 걸리게 한 다음 "내가 '이재순'이라고 말하면, 너는 '이겨라'라고 소리쳐라"라고 명령하고 최면에서 깨우면, 수년 후에 그 사람을 만나 "이재순"하면 그 사람은 "이겨라"라고 소리칠 것이다. 마인드컨트롤 조종자들에 의해 악용된 사례가 있다.

Piezoelectricity 압전기(壓電氣) 또는 '피에조-전기'. 특정한 조건하에서 수정(水晶)에 고압을 가하여 생성되는 전기로 알려져 있다. 그러나 일반 지층에 천문학적인 고압을 가할 때에도 압전기가 일어난다는 이론으로 확대 해석할 수도 있다. 다시 말해서 지진이 일어나려고 할 때 엇갈리는 지층의 압력으로 일어나는 전기라 할 수 있는데, 어떤 사람은 이 전기를 느끼거나 소리로 들을 수 있다. 대개 지진이 일어나기 전 동물들이 미리 피하는 것은 동물들이 이 압전기를 느끼기 때문이라고 짐작된다. 그리고 흔히 지진광(地震光)이라고 하는 것도 바로 이 압전기 때문에 일어나는 현상이다.

Plasma weapon 플라즈마 무기. 초보적인 플라즈마 무기는 1989년에 특허를 받은 불덩어리 무기인데 대륙간 탄도탄 같은 미사일을 공중에서 폭파시키는 데 사용한다. 이 불덩어리는 초속 298,000킬로미터, 즉 거의 빛의 속도로 움직인다. 초속 500미터도 되지 않는 미사일에 비하면 60만 배 이상 빠른 속도이다. 그리하여 인공위성에서 발사되는 미사일을 감지만 하면 수초 안에 이 플라즈마 불덩어리가 발사되어 발사 당국의 상공을 채 벗어나기도 전에 공중 폭파될 것이다. 이것이 전자기파 무기의 우월성이다.

PNAC(Project for New American Century) 펜타곤에서 만든 미래 계획 중의 하나.

Psychokinesis 다른 사람의 생각하는 과정을 방해하거나 아예 생각하지 못하게 하는 기술이다. 첩보활동에서 유용하게 사용할 수 있는 기능이기 때문에 당국에서 연구하고 가르친다.

Psychosurgery 정신수술 또는 뇌수술. 의학에서 처음으로 뇌수술을 실시한 것은 1894년 스위스의 버크하트라는 의사가 미친 증상을 나타낸다고 알려진 전두엽(前頭葉)을 제거한 것이었다. 사람의 마음을 수술한다는 의미에서 'Lobotomy', 즉 뇌엽절제수술(腦葉切除手術)로 불린 이 방법은 20세기 중후반까지 수많은 사람들에게 시술되었고, 수술을 받은 대부분은 감정이 없는 산 송장이 되었다. 요즈음은 과학의 발달로 좀더 세밀한 수술이 가능하여 광폭한 사람이나 파킨슨씨병 따위를 고친다고 한다. 그러나 여기서 말하는 정신수술(뇌수술)은 인간을 조종하기 위한 마인드컨트롤의 일환으로, 지도층의 이상에 맞지 않는 인간을 뇌수술하여 개조하는 것이다.

Psychotronics 정신공학(精神工學). 몸과 마음을 하나의 대상으로 하는 학문을 말한다. 음파, 극초단파, 레이저 따위를 이용하여 사람의 생각, 감정, 행동 따위를 조종하는 학문이다. 눈먼 사람이 볼 수 있고, 벙어리가 말하게 할 수도 있으며, 귀먹은 사람이 듣게 할 수 있고, 사지를 못쓰는 사람이 다시 걷도록 할 수 있는 신비스러운 공학이기는 하지만, 실제로는 이런 방면으로 사용되는 것이 아니라 비밀무기로 우선적으로 사용된다. 이 기술을 이용하면 아무런 접촉 없이 사람의 생각과 말과 행동을 감시할 수도 있고, 그 사람의 몸과 마음을 소유하여 조종할 수도 있으며, 고문하고 심지어는 죽일 수도 있는 가공할 공학이다.

Psychotronic generator 강력한 전자기를 생성하여 전화선, TV, 라디오, 수도 또는 가스 파이프, 백열전등 등을 통하여 전자기파를 내보내는 기계이다.

Psychotronic weapons 정신공학무기/심리전자무기. 본문에서 설명하듯 피해자에게 정신적으로 고통을 주는 무기를 말한다. 주로 컴퓨터를 응용한 자동조절에 의해 10~150헤르츠 사이에서 작동하며, 특히 10~20헤르츠의 초저음파 진동으로는 모든 생물을 파괴할 수 있는 능력도 가질 수 있다. 또 신경계 발생기(Nervous system generator)는 곤충의 중추신경을 마비시킬 목적으로 만들어진 것인데, 이를 약간 변조하여 사람에게도 적용할 수 있을 것이다. 초고음파 방송기기를 개발한 연구소는 이를 이용하면 흉터나 흔적이 없을뿐 아니라 피 한방울 흘리지 않고 내장을 수술할 수 있다고 한다. 물론 이런 기능을 악용하여 소리소문도 없이 사람을 죽일 수도 있을 것이다.

REM sleep(Rapid Eye Movement Sleep) 각성수면. 수면 중 정신적으로 활발하게 작동하면서 자는 수면, 즉 예를 들면 꿈을 꾸는 수면 같은 것을 말한다.

Remote Viewing 원격투시. 훈련에 의해 특정한 정신 상태를 초래해서 시간, 거리 또는 차폐물에 관계 없이 원거리의 어떤 대상을 볼 수 있는 기능을 말한다. 1971년 스탠포드 대학교의 유명한 SRI-국제란 연구소에서 CIA와 합작으로 소련 등 적국의 중요 군사시설을 알아보기 위한 목적으로 본격적인 연구가 시작되었다. 물론 소련에서도 동일한 연구가 진행되었다. 그러나 지금은 많은 부분이 양성화되었고, 민간 차원에서도 실험과 연구가 진행되고 있다.

Resonance 공명(共鳴). 발진체의 진동수와 진동체의 진동수가 같을 때 정지해 있던 진동체가 발진체의 에너지를 받아 발진체의 진동수와 같은 진동수로 진동하는 것을 말한다. 이런 현상은, 소라껍질을 귀에 대면 바다소리가 들리는 것처럼 자연현상에서 흔히 볼 수 있으며, 과학의 여러 영역에서 활용되고 있다.

Resonance, Cyclotron 사이클로트론 공명. 에너지가 큰 하전입자를 발생시키는 장치를 사이클론이라고 한다. 그리고 사이클로트론 공명은 어떤 물질의 고정 주파수(진동수)에 공명을 일으키는 외부 주파를 보냄으로써 원래의 고정 주파수보다 수십, 수백 배 강력한 증폭을 일으키는 작용을 말한다.

Resonance, harmonic 조화공명(調和共鳴). 같은 시간과 간격으로 되풀이하는 주기적 진동이 공명을 일으켜 거대한 규모의 증폭을 이루는 현상을 말한다.

Resonance, sympathetic 동조공명(同調共鳴). 예를 들어, 소리굽쇠를 진동시켜 중간 C의 진동을 냈다고 하자. 이 소리굽쇠를 그랜드 피아노의 뚜껑 밑에 갖다 대면 피아노줄의 중간 C에 해당하는 줄이 반응하여 같은 소리를 내게 된다. 이것을 동조공명기라고 한다. 마찬가지로 우리 인체의 모든 세포는 소리의 공명체라고 할 수 있다. 따라서 인체의 세포들은 외부의 소리에 동조공명하게 된다. 이러한 현상은 감정, 정신상태 등의 이성에 영향을 준다. 인체는 생체-전기적 기기와 같아서, 어떤 음향주파수로 생체전기에너지를 생성할 수도 있고, 근육을 움직이도록 할 수도 있으며, 변경시킬 수도 있고 에너지를 증폭시킬 수도 있다. 이런 일은 공명의 질에 따라 조종할 수 있다. 역시 마인드컨트롤을 연구하는 사람들에 의해 오용될 소지가 있다.

Retinal Scanner 망막판독감별기. 지문을 찍어 감별하는 것보다 눈의 망막을 감별하여 개인을 식별하는 것이 훨씬 쉽고 정확한 방법이다. 영화나 TV에서 보듯이 눈동자를 스캔하는 기계로 식별할 수도 있지만, 초고주파 또는 초저주파를 사용하여 장애물이 가로막힌 원거리에서도 사람의 망막을 식별할 수 있다.

RFR(Radio Frequency Radiation) 라디오 전파방사선. 3킬로헤르츠~300메가헤르츠 사이의 주파수를 라디오 전파 또는 전자파라고 하며, 이들은 방사능을 방출하게 된다. 그러나 이 방사능은 non-ionizing radiation이다. 또 극초단파 방사능은 300메가헤르츠~300 기가헤르츠 사이의 전자파로 역시 non-ionizing radiation이다. 피부표면에 흡수되지만, 라디오 전파방사능은 인체 깊이 장기에까지 침투하게 된다. 지금까지는 받는 물체가 내부에서 높은 열을 발산하기 때문에 이에 관심을 두고 안전규칙을 세웠지만, 점차 과학계에서는 라디오, 휴대폰, 전자레인지, 비닐용접기, 고주파 용접기, 감응히터, 통신송수신기, 레이더 송수신기, 건조기 등등의 기기에 대해 우려하는 중이다.

RHIC(Radio Hypnotic Intercerebral Control) 대두뇌 전자기 최면조종. 라디오 전파와 최면을 혼합시켜 두뇌를 연결하고 조종한다는 마인드컨트롤의 한 기법이다.

Scalar energy 스칼라 에너지. 대기권 밖 진공상태에서 무한한 4차원 우주의 전자기 파장에너지를 모아 지구의 3차원 세계로 끌어들이면 공짜로 전기를 만들어 사용할 수 있는 에너지원이 된다. 이를 '스칼라 전자기'(scalar electromagnetics), 또는 지구가 생기기도 전부터 존재해 있던 절대무(絶對無)의 에너지라는 뜻에서 영점에너지(zero point energy), 또는 공짜에너지(free energy), 또는 공간에너지(space energy)라고도 부른다. 그리고 이 새로운 에너지파(波)를 횡파(transverse wave)와 구별하기 위해 종파(longitudinal wave)라고 한다. 횡파라는 것은 우리가 흔히 알고 있는 사인파(sign波)로 횡축을 따라 상하 또는 좌우로 진동하기 위해 왕복운동을 하는 파장을 말한다. 따라서 종파라는 것은 음파(音波)처럼 운동의 방향과 진동의 방향이 같은 것을 말한다.

Schumann Resonance 지구표면에서 전리층(고도 약 80킬로미터) 사이를 '슈만층'(Schumann cavity)이라 하고, 여기에 흐르는 약 8헤르츠(정확히 7.8헤르츠)의 전자기파를 슈만공명 또는 '지구 자장의 맥박'이라 한다. 지구의 자장 때문에 생기는 이 파장은 지구 표면의 슈만층 어느 곳에나 전혀 약화되지 않고 돌고 있으며, 우리의 인체도 7.8헤르츠의 주파수를 갖고 있다. 테슬라는 이 슈만공명을 채취하여 전기를 만들어 무료로 공급하면 인간이 필요한 모든 전기문제는 해결될 수도 있다고 주장했다. 또 뇌파를 슈만공명 주파수에 동조시키면 유체이탈 등 지금까지 일반 사람들이 초자연적으로 여겼던 현상을 일으킬 수 있다 하여 과학자들이 연구를 하고 있는 중이다.

Sensory deprivation 감각퇴폐(感覺頹廢). 세뇌공작 기법의 하나. 사람의 정신상태를 다른 차원으로 쉽게 변환시키기 위해 외부로부터의 환경적 조건을 알아차리는 감각능력을 차단시키는 방법 또는 기술이다. 이 방법을 사용하면 두뇌는 모든 상황을 식별하는 기능이 차단되고, 공백 상태로 변하기 때문에 새로운 사고방식과 지식을 주입하는 데 매우 용이해진다.

Silent Cassette 잠재음향 카세트. 평범한 말 속에 숨은 명령을 집어넣어 듣는 사람의 행동을 조종하는 행위조종의 한 방법이다. 예를 들어 백화점에서 음악을 들려주면서 그 속에 물건을 훔치는 말라는 명령을 넣으면 고객들이 잠재적으로 그에 반응하기 때문에 도난을 막을 수 있다.

SLA(Symbionese Liberation Army) 공생해방군(共生解放軍). 1973년 가을에 대학 교육을 받은 중산층 가정 출신 백인청년 10여 명이 흑인 전과자를 두목으로 삼고 사회의 지배층에 반항하기 위해 만든 일종의 테러조직. 그들은 7개의 머리가 달린 뱀을 로고로 만들고, "인민의 피를 빨아먹는 파쇼 벌레들을 죽여라"라는 구호를 외쳤다. 1973년 11월 6일 오클랜드 시 교육청 교육감이 경찰의 건의에 따라 학생들로 하여금 신분증을 지참하고 다니도록 했다는 이유로 그를 살해한 것을 시작으로 엽기적인 테러로 악명을 떨쳤다. 가장 유명한 사건이 본문에서 소개한 허스트 납치사건이다.

SOD(Special Operations Division) 특별작전부. SOD라는 이름의 조직은 각 주 또는 연

방정부 산하 여러 부처에 많이 존재해 있는데, 그들은 서로 관련이 있을 수도 있지만 그저 명칭만 같은 경우도 많이 있다. 여기서 말하는 SOD는 마약 등 여러 특수임무를 가진 별개의 조직을 횡적으로 연결시키는 연방조직을 말한다. SOD 밑에 DEU(Drug Enforcement Unit), DPU(Directed Patrol Unit), SRT(Special Response Team), CIT(Crisis Intervention Team) 그리고 다양한 특수훈련을 받은 경찰견 부대(Canine Unit)가 있다.

Soft Warfare 연무기 전쟁(軟武器 戰爭). 경무기, 즉 폭발에 의한 재래식 무기를 제외한 무기를 가리키며, 대개는 통상적인 무기라는 생각이 들지 않는 형태를 띤다. 생화학-세균전 무기로 인한 질병과 독극물로부터 전자기파, 음파, 지진, 폭풍, 폭우, 가뭄 등을 야기하는 기후 무기와 식량, 물, 에너지 같은 사람을 죽이고 고통을 주는 모든 수단을 말한다.

Solar Flares 태양풍. 태양의 채층(彩層)이나 코로나 하층부에서 돌발적으로 다량의 에너지를 방출하는 현상. 태양은 항상 끓는다. 그러나 어떤 경우에는 더욱 심하게 끓어 마치 끓는 기름이 크게 튀는 것 같아 폭발이라고 표현하기까지 한다. 이때 지구에는 지구자기폭풍이 일어난다. 즉 대전된 분자들이 구름처럼 태양풍을 타고 지구 주변을 휩쓸기 때문에 지구의 자기장에 커다란 영향을 끼치게 된다. 이런 경우 우리가 사용하는 통신계통은 물론, 심한 경우에는 전기송전 기능까지도 마비시킨다. 또 인공위성을 고장내고 그 궤도를 변경시키기도 한다. 1997년 캐나다 퀘벡의 송전시설을 마비시켜 600만의 미국 시민들이 암흑에서 지낸 일도 있으며, 2003년 8월에 있었던 동부 미주 대륙의 사상 최대 정전사태도 마찬가지 원인에 의한 것이었다.

Sound Spotlight 음성투사기(音聲投射機). 마치 스포트라이트 전등을 비추는 것처럼 어느 목표를 향해 음향을 집중적으로 쏘이는 것을 말한다.

Stimoceiver 델가도 박사가 1950년대에 발명한 두뇌에 심는 전자수신기.

Stratosphere 성층권. 대류권과 중간권 사이에 있는 층으로, 17-50킬로미터 상공에 존재한다. 성층권과 중간권 사이에는 얇은 오존층이 있다.

SuperDARN(Super Dual Auroral Radar Network) HAARP와 상호협조하는 '상층 대기권 초강력 고주파 레이더'(High Altitude high frequency radars)망이라고 말할 수 있다. 상층 대기권에서 태양풍 등 여러 장애에 내성이 강하게 만들어 상층 통신, 전기배열 그리드, 인공위성 궤도의 안전, 또는 전투 등에서 더욱 완벽한 조종이나 통제를 위하는 것이 그 목적이라고 한다. 이 네트워크는 남극과 북극 지역을 바둑판처럼 '그리드'화하기 위해 북극과 남극 부근 각 요소에 안테나를 설치했으며, 그 위치는 북반부에 9개, 남반부에 6개, 모두 15개이다.

Tabula Rasa 타불라 라사. 타비스톡의 기안자인 쿠르트 레빈 박사가 세상을 통일하기 위해서는 먼저 세계를 타불라 라사의 상태로 만들어야 한다고 했다. 타불라 라사라는 말은 라틴어로 지워진 칠판이라는 뜻이다. 즉 지식을 가득 써놓았던 칠판을 깨끗이 지워 다시 사용할 수 있도록 만든 백지 상태의 칠판이란 뜻이다. 이처럼 우리 인간의 마음을 백지, 즉 공백상태로 만들어 놓으면 새로운 사상을 주입하거나 세뇌시키기가 매우 용이해진다.

Telegeodynamics 원격지구동역학(遠隔地球動力學). 인조지진 또는 조종된 지진.

Telekinesis 정신력 또는 차력으로 물건을 변형시키거나 움직이는 것을 말한다. 첩보분야에서 주로 연구하며, 적국의 무기를 사용자의 의지에 관계없이 조종한다거나 대량살상무기를 파괴시키는 목적으로 사용한다.

Telepathy 텔레파시, 즉 즉석으로 원거리에 생각을 주고받는 기술이다. 첩보활동에서 비밀작전을 수행하는 데 요긴한 기술이다.

Tesla Effect 테슬라 효과. 대기권을 인위적으로 혼란스럽게 만드는 일.

Tesla Howitzer '테슬라 하윗처' 또는 종선전자기파(longitudinal electromagnetic wave)라고 한다. 1997년 미 국방장관 코헨(William Cohen)은 이와 관련하여 "테러분자들은 앞으로 환경을 이용한 테러를 행할 것이다. 즉 기후를 변화시키거나 지진을 일으키거나 또는 전자기파를 이용해서 원거리에 있는 화산을 폭발시키거나 하는 식으로 말이다……. 이는 가상이 아닌 현실이다. 그래서 우리가 총력을 다해 테러를 막겠다고 하는 의도가 여기에 있는 것이다"라고 했다. http://www.cheniere.org/books/ferdelance/s67.htm에 들어가면 그림을 볼 수 있다.

Thermal Gun 열총. 용의자에게 쏘면 그의 몸은 40~42도로 올라가, 정신이 혼미해지고 신체 기능이 심히 저하되기 때문에 쉽게 체포할 수 있게 된다.

Thermosphere 열권. 중간권의 위에 있는 층으로 지상 85킬로미터 상공에서 시작하며 전리층의 중간 오로라가 형성되는 부근부터 외기권을 포함하고 있다.

TIA(Total Information Awareness /Terrorist Information Awareness) 펜타곤의 IAO의 범위를 확산시켜 테러를 방지한다는 명목으로, 필요하다고 생각되는 모든 사람의 신상정보(도청 포함)를 수집하는 프로그램이다.

TMT(Tesla Magnifying Transmitters) 테슬라 확대송신기. 이는 일종의 resonant transformer 혹은 harmonic oscillator라고 말할 수 있으며, 많은 사람들은 이것을 테슬라의 가장 위대한 발명품이라고 믿고 있다. 테슬라는 이것을 처음에 콜로라도 스프링스에 만들어놓고 여러 가지 실험을 했다. 직경 17m의 거대한 버섯처럼 생긴 TMT는 세 개의 코일이 포함되어 있으며 수백만 볼트의 전기를 생성해 냈고, 꼭대기에서는 41미터의 불꽃이 항상 일고 있었다. 그는 이것으로 전선 없이 수 만 와트의 전기를 송전할 수 있었다.

Trifecta World 세 가지 방법을 모두 사용해야 새세계질서를 이룩할 수 있다는 프리메이슨의 말이다. 세 가지는 1) 제식을 위한 희생, 2) 불완전한 세계의 파괴와 새세계질서의 창조, 3) 왕(king) 죽이기이다.

Troposphere 대류권(對流圈). 대기권에서 가장 낮은층으로 지구표면에서부터 약 17킬로미터 상공까지를 말하며, 이 안에서 구름이 형성되고 비와 눈이 내리게 된다.

【 참고문헌 】

"Company Spies", Robert Dreyfus, *Mother Jones* 6/7, 1994.

Dale and Walter Baumgartner, *Nikola Tesla's Eearthquake Machine Pond.*

"E-Mail & Travel Surveilance", *NEXUS 2000* 6/7, p. 7.

George Trinkaus, *Radio Tesla-the Secret of Tesla's Radio and Wireless Power.*

——————————, *Tesla Coil.*

——————————, *Tesla-Lost Inventions.*

Inez Hunt and Wanetta W. Draper, *Lightening In His Hand-The Life Story Of Nikola Tesla.*

"Infrasonic Weapon", *NEXUS 2000* 6/7, p. 35.

Jeane Manning and Nick Begich, *Angels Don't Play This HAARP.*

Jim Keith, *Mass Control-Engineering Human Consciousness.*

Jim Moore, *Operation Mind Control.*

Marc J. Seifer, *The Life And Times Of NIKOLA TESLA-Biography of a Genius.*

Nikola Tesla, *The Fantastic Inventions Of NIKOLA TESLA.*

The Phoenix Foundation, *History of Mind Control.*

"Trolling for Secrets-Economic Espionage is the New Niche for Government Spies", Bruce Livesey, *Financial Post*, Canada Feb. 28, 1998.

William Lyne, *Occult Ether Physics-Tesla's Hidden Space Propulsion System and the Conspiring to Conceal It.*

【 미주 】

1. *The Ties That Bind-Intelligence Cooperation between the UKUSA Countries*, Desmond Ball & Jeffrey Richelson, Allen & Unwin, Boston 1985, pp. 137~138.

2. *Secret Power-New Zealand's Role in the International Spy Network*, Nicky Hager, Craig Potton Publishing, Nelson, NewZealand, 1996, pp. 35~36, p. 150.
   The Ties That Bind-Intelligence Cooperation between the UKUSA Countries, Desmond Ball & Jeffrey Richelson, Allen & Unwin, Boston 1985, pp. 204~207.

3. *Spy World-How CSE Spies on Canadians and the World*, Mike Frost and Michel Graton, Seal/McClelland-Bantam, Toronto, 1995, p. 35.

4. "An Appraisal of Technologies of Political ControlSteve Wright," Scientific and Technological Options Assesment Committee, European Parliament, Luxemburg, 1998. 1. 6. p. 19.

5. *America's Big Ear on Europe*, Duncan Campbell & Linda Melvern, New Statesman, 1980. 7. 18. pp. 10~14.

6. "EU Simmers over Menwith Listening PostSimon Davies", *Telegraph*, London, 1998. 7. 16.

7. "Spy Station F83", *Sunday Times*, London, 1998. 5. 31.

8. *BT Condemned for Listing Cables to US SIGINT Station*, Duncan Campbell, 1997. 9. 4.

9. *BT Condemned for Listing Cables to US SIGINT Station*, Duncan Campbell, 1997. 9. 4.

10. External Collection Program, US Senate, Selected Committee on Intelligence, "Supplementary Detailed Staff Reports on Intelligence and the Rights of Americans", *Final Report Book III*, 1976. 4. 23. p. 765.

11. U.S v. Sinclair — U.S. v. District Court for Michigan, 321 F. Supp 1074(1971). The "Keith" Decision.

12. *The Puzzle Palace-Inside the National Security Agency, America's Most Secret Intelligence Organization*, James Banford, Penguin Books, New York, 1983, p. 381.

13. *The Lawless State*, Morton Halperin, Jerry Berman, et al., Penguin, New York, 1976, p. 146.

14. ibid., p. 153. "US Commission on CIA Activities within the United States, Report to the President", US Government Printing Office, Washington, DC. 1975, p. 144 n3.

15. *Spy World–How CSE Spies on Canadians and the World*, Mike Frost & Michel Gratton, Seal/McClelland–Bantam, Toronto, 1995, pp. 234~238.

16. "Company Spies", Robert Dreyfus, *Mother Jones*, 1994. 6/7월호.

17. "Trolling for Secrets–Economic Espionage is the New Niche for Government Spies", Bruce Livesey, *Financial Post*, Canada, 1998. 2. 28.

18. 2004. 10. 24. statewatch.org. http://tinyurl.com/58at6.

19. *New York Times*, October 19, 1931.

20. "The Fire Came By", Spenser Russell. *The Royal Meteorological Society Quaterly*, 1930.

21. "The Tesla's High Frequency Oscillator", Winfield H. Secor, *The Electrical Examiner*, March, 1916. p. 615.

22. "The Language of Nuclear War–An Intelligent Citizen's Dictionary", Harper & Row, 1987.

23. *Synthetic Telepathy*, Judy Wall, 1996.

24. "Electromagnetic Pollution–A Little Known Health Hazard. A New Means of Control–Preliminary Report, Greenham Common Woman's Peace Camp, Kim Besly.

25. "The Russians lead in radio frequency weapons", *Executive Intelligence Review*, July 3, 1987.

26. "How Russia's Radio Frequency Weapons Can Kill", *Executive Intelligence Review*, July 17, 1987.

27. *The Big Brother Book of Lists*, Price, Stern, Sloan, 1984.

28. "Messing with the Mass Mind", *American Journal of Psychology*, 1989, Lee and Shlain.

29. Congressional Record, No. 26., Vol 118.

30. "Global News", *Nexus*, Oct/Nov, 1996.

31. My Life Depends on You, Martti Koski.

32. "An Open Letter to the Swedish Prime Minister Regarding Electromagnetic Terror", Robert Naeslund, *Mediaecco*, 1993 Stockholm.

33. David Fratus가 1988년 10월 18일자 인터넷에 띄운 글의 내용에 대한 Jim Keith 의 설명.

34. *Mondo 2000*, Dec., 1994. Alex Constantin의 기사.

35. 사라진 인터넷에서 얻은 글.

36. "Modern Human Experimentation/Torture", Dave BaderJim Keith 소장 인터넷 기사.

37. *Information Services Company*, July, 1980, John Judge.

38. "The New Inquisition–Cult Awareness or the Cult of Intelligence?" Judge, Krawczyk, Glenn, *Nexus*, Dec. 1994/Jan. 1995.

39. Poolside with John Judge.

40. "Jim Jones Still Alive in Brazil?" Krawczyk, *The Globe*, May 12, 1981.

41. *The New Satanists*, Linda Blood.

42. *Secret Societies and Psychological Warfare*, Michael A. Hoffman III.

이미 시작된 인간의 지배 음모
그림자 정부

초판 1쇄 2005년 4월 25일
초판 11쇄 2007년 11월 30일
2판 1쇄 2008년 4월 20일
2판 14쇄 2024년 6월 5일

지은이 | 이리유카바 최
펴낸이 | 송영석

펴낸곳 | (株)해냄출판사
등록번호 | 제10-229호
등록일자 | 1988년 5월 11일

04042 서울시 마포구 잔다리로 30 해냄빌딩 5·6층
대표전화 | 326-1600 팩스 | 326-1624
홈페이지 | www.hainaim.com

ISBN 978-89-7337-960-6
ISBN 978-89-7337-957-6(세트)